黑白一心

吴清源的AI思维

的AI思维

胡波◎著

青岛出版集团　青岛出版社

图书在版编目（CIP）数据

吴清源的AI思维.黑白一心 / 胡波著. -- 青岛：
青岛出版社, 2024.7
ISBN 978-7-5736-2321-8

Ⅰ.①吴… Ⅱ.①胡… Ⅲ.①围棋－对局（棋类运动）
Ⅳ.①G891.3

中国国家版本馆CIP数据核字（2024）第098058号

WU QINGYUAN DE AI SIWEI · HEIBAI YIXIN

书　　　名	**吴清源的 AI 思维·黑白一心**	
著　　　者	胡　波	
出 版 发 行	青岛出版社	
社　　　址	青岛市崂山区海尔路182号（266061）	
本 社 网 址	http://www.qdpub.com	
邮 购 电 话	0532- 68068091	
责 任 编 辑	陈　宁　陈卉敏　聂　昕	
制　　　版	青岛乐喜力科技发展有限公司	
印　　　刷	青岛乐喜力科技发展有限公司	
出 版 日 期	2024年7月第1版　2024年7月第1次印刷	
开　　　本	16开（850毫米×1092毫米）	
印　　　张	21.5	
字　　　数	350千	
书　　　号	ISBN 978-7-5736-2321-8	
定　　　价	98.00元	

编校印装质量、盗版监督服务电话：4006532017　0532-68068050

目录

第一章　少年之光

首战京门名手汪云峰

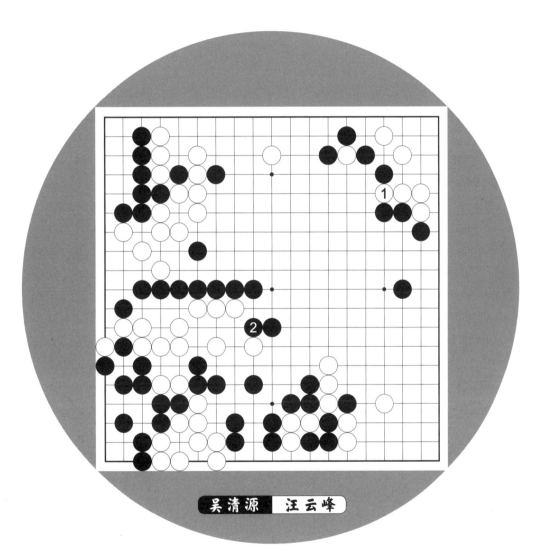

吴清源　汪云峰

- 棋坛上的经典对决，不止如黄龙周虎、当湖激斗等年纪相仿的双雄之争
- 传奇名宿与新星之间的碰撞，依然充满着激情与传奇，演绎着别样精彩
- 它超越胜负，穿越时空，更是一种论道与情怀、传承和交接
- 现在，汪云峰将珍藏多年的弈林旗帜交到少年吴泉的手中

　　我国地处东南沿海的众多城市之中，福州是一座独特的历史文化名城。它因境内一座福山而得名，城内三座秀峰于山、乌山、屏山三山傲立，闽江宛如绿带穿城而过。福州"三山鼎峙，一水环流"，古往今来，在这片灵秀的土地上，出了不少历史名士，有一位围棋圣手，就诞生在这片土地上。

　　此人就是被誉为"昭和棋圣"的围棋大师吴清源。唐人称誉诗圣杜甫的诗为"诗史"，而吴清源的围棋世界，则是一部横跨整整一个世纪的"棋史"。

　　吴清源的围棋对后人的影响不仅是在棋艺方面，还在人文和精神层面，它感动着、激励着、影响着一代又一代热爱围棋的人们。

　　回溯到1926年的北京，这座浸满了沧桑的古城经历了几个王朝的更迭，此际如同这寒意料峭的初春时节，一些穿越漫漫严寒的力量正在悄无声息地勃发，孕育着幽微的新芽。

　　京城之中，繁华热闹的去处甚多，但最具人气之处非茶馆莫属。正如老舍先生笔端所绘，无论是名流富商，还是平民素人，都会来到茶馆品茗歇息、清聊漫谈。此刻，一处名为"来今雨轩"的茶馆人声鼎沸，喧嚣闹腾的人气抵消着春寒的凛冽。

　　论起棋客云集的地界，全北京城只三处最为著名：宣内大街的"海丰轩"、北海公园的"漪澜堂"以及中山公园的"来今雨轩"，这几处茶馆之内常设棋席，自是棋客们的乐土。"来今雨轩"之名也有出处，诗圣杜甫《秋述》一文中有"旧雨来，今雨不来"之句，谓宾客旧日遇雨也来，而今遇雨未至，感慨初亲后疏，后人便用"今雨"代指新交的朋友。

　　馆内一席棋桌边，早已被人们围了个水泄不通。人群之内，一老一少端坐于一张方桌前，上面摆着一幅厚厚的棋盘，黑白棋子分置两端。观者云涌，早有好事者拿出纸笔，准备记录这场待发的大战。

老者名叫汪云峰，已是年近六旬。汪先生纵横棋坛几十载，平生对局极多，棋艺精湛且名望高，被弈林推为"京门第一人"。

汪云峰看着这眼前的少年，他面容清秀、眉眼细致，身形消瘦，单薄得如同一叶芦苇。汪云峰仰天沉寂许久，陷入深思，对这一天他似乎早有预感，未料到的是这一刻竟来得如此之快。

想起初次见到这少年，那时他未脱稚气、羞涩惧生，眉宇间自有一种灵慧内质。此际，少年已端坐于盘前，活脱脱像变了个人：双目微闭，表情沉稳，在攒动的人群里泰然自若，有一种身经百战的老成之气。

三年前，这孩童年方十岁，跟在父亲身后，走进高手云集的"海丰轩"。孩童父亲移步近前，谦恭地向汪云峰深作一揖道："先生，能否指教犬子一局？"

汪云峰自然识得这位父亲，他姓吴名毅，年方而立，出身于福建福州名门，早年留学日本，颇好弈道，乃是京城棋圈的常客。再看这孩童，身穿一袭青布大褂，皮肤白皙，身材消瘦，一双眸子炯炯有神，散发出一股聪颖之气，汪云峰当即欣然应允。

听闻老先生授意指导，少年腼腆而清浅的笑容在红扑扑的脸上微微漾开。童稚的欢快霎时扣动着老者心扉，"你叫什么？"汪云峰眯着眼睛笑问。

"吴泉！"这孩儿答道，声如铜铃般清脆。

那一局，汪云峰让少年五子，原以为输赢几无悬念，孰料双方竟杀得难解难分。观者愈来愈多，进程愈演愈奇，一众棋客渐渐将这场地围了个水泄不通。少年腕力十足，出手果断，盘中战斗丝毫不怵，没多久竟中盘获胜！举座皆惊，于是改让四子，再弈一局。这一次汪云峰铆足心力，结果还是告负。他稍显窘迫，围观众人更是目瞪口呆、奔走相告——京城弈林冒出个天才少年！当然，围观人群中最开心的，还是这孩童的父亲。

原来，这少年的棋力不凡，自与其父对他的日常训练分不开。吴家有三兄弟，吴泉在家中排行老三，吴毅把大量精力花在孩子的教育上，在孩子很小的时候就教他们下围棋。

围棋乃是吴毅生平的最大爱好之一，他早年留学日本，屡次出入当时著名的日本围棋团体。他归国之时其他物品未携，只带了些棋谱和棋书。

围棋盘方子圆，纵横十九路，交叉三百六十一点，变幻莫测演化无穷，是以有"千古无同局"之谓。正因如此，世上最复杂的智力游戏非围棋莫属。吴浣、吴炎和吴泉兄弟三人，一接触这黑白二色的方圆世界，便被深深吸引。尤其是吴泉，恰似唤醒前世记忆一般，自初识木野狐，便一发不可收拾。

父亲吴毅把中国古谱《桃花泉弈谱》《弈理指归》，以及从日本带回来的《敲玉余韵》等棋书送给吴泉，这孩儿便似得着宝贝一般，与这些书朝夕相伴、形影不离，从未有丝毫厌弃。黄龙士、范西屏、施襄夏、道策、秀策、秀荣……这些中日历代名手，就像是吴泉的一个个旧友。其中，少年吴泉对秀策的棋艺尤为倾心着迷。

太阳东升西落，吴泉每天一只手拿沉重的棋书，一只手往盘上置子研局，每摆一子，便细细揣摩。有时，父亲会为他翻译日文的围棋解说，还唤吴浣跑去邮局购买围棋月刊《方圆新报》的合订本让吴泉学习。吴泉超强的记忆力、注意力与理解力非常人能及，摆过一次的棋局便能从头复出，见过一次的定式更是过目不忘。他本就天资聪颖，加之勤奋刻苦，棋力自是一日千里地猛涨。兴趣就是最好的天赋，而天赋异禀的少年更是付出了常人难以想象的努力，渐渐地，两位哥哥和父亲都下不过他了。

此后，吴泉多次来往于棋馆茶肆，在棋席中进行实战演练。大家乐于与这位小兄弟对弈，由于他个子太小，常常站立着对弈。在茶馆棋席的无数乱战之中，他羽翼日渐丰满壮硕，成了名副其实的小高手。

"天将降大任于斯也，必先苦其心志。"就在少年棋力飞速飙升之时，不幸的命运陨石却毫不留情地砸向了他——父亲吴毅在正值盛年时却因病去世，吴家瞬间天塌地陷。父亲弥留之际在床榻上将所有的棋书都给了吴泉。刚刚11岁的少年，整日呆坐在棋盘前不发一语，望着这些承载着父亲无尽期望的棋书、棋具惆怅。

自此，棋馆席间不见少年身影，棋友十分惦念，众人颇有怅然若失之感。经过打听，方晓得少年家遭厄运。难道就这样看着一个天才一蹶不振吗？京城名手顾水如站了出来，他将少年举荐给了段祺瑞。

围棋名手顾水如曾东渡日本学习围棋理论，可称"赴日学棋第一人"。顾水如赴日期间，与广濑平治郎、野泽竹朝等日本职业棋士交手均被授以三子，但仍是负多胜少，棋力差距可见一斑。某日交手，女棋手喜多文子让他二子，顾水如依然不敌，这一败，直把他浇了个透心凉。堂堂一国名手遭此败绩，传出去岂不被人笑话？顾水如从此心灰意冷，不久便匆匆回国，最后进入段府，成为围棋顾问。

吴家遭受巨大打击，因几乎断了生活来源而陷入绝境。吴泉母亲张舒文思前想后，决定拜访顾水如，希望他能带吴泉拜谒段祺瑞。段祺瑞一直对吴泉只闻其说而未见其人，早就想好好见见这位围棋神童了，经顾水如转告，当即痛快答应。

那日，吴母带吴泉来到段氏府邸，正巧遇一棋客坐在盘前，少年当即邀战，棋客爽快应战。对阵当即展开，棋局一开始，吴泉布局轻快，攻守自如，棋客却已力渐不支。不一会儿，吴泉展露凌厉攻势，逐步占据上风。段祺瑞不知何时已在旁边观摩起来，频频点头。一局终了，少年淋漓快胜，段祺瑞拂须微笑，说道："报纸上的天才少年耳闻已久，却未睹真人，今日相见，果然名不虚传啊！"段祺瑞望着收拾棋子的少年："我给你提供奖学金，每月 100 大洋如何？"

段祺瑞对这位性格内向、聪慧颖异的少年甚是喜爱。在当时，100 大洋十分可观，成了吴家的全部收入。自此少年出入段府，每个月领到沉甸甸的 100 大洋。一个十多岁的孩子，撑起了这个本已摇摇欲坠的家。

过往如烟，弹指刹那。汪云峰将思绪拉回到现实中来。今日，少年终于来了，此刻他已坐在枰间。一场弈林瞩目的巅峰对决即将擂鼓开战……

第 1 谱 座子开局

　　但凡高手对垒，必有棋客观战。围棋传为尧造，流传演绎几千年，历代更迭名手辈出，好棋乐弈者更是云屯雨集。他们痴迷咫尺枰间，情系黑白二色，迷尽方圆一生。棋客喜好弈棋，尤好观摩高手对垒，挤进茶馆把盏清茶，呷着热汤，品着棋味，逢着斗力厮杀的对局，更是瞠目结舌，若逢得胜，便与棋友畅叙枰中惊奇，以为至乐；若是战败，则垂手灰心怅然若失，此间五味杂陈，不足为外人道也。

　　"来今雨轩"甚为宽绰，一众看客却已是摩肩接踵，一场老少对决蓄势待发。

　　不过，以什么棋份下预先得商量好。在棋界，由两名对弈者间的水平差距而决定的棋份，是马虎不得的事情。

　　面对众人撮合，汪云峰就算身经百战，也不免有了压力。不过这一次，老先生隐隐感觉到——这棋份已不会是让子，而是以平分对垒的对子局开始。

　　"如果是座子棋的话，倒还可以试一局。" 汪云峰道。"座子棋"是中国古代围棋下法，开局前，须先在四个角部的星位交错放置黑白各二子。汪云峰为何执拗地坚持与少年"座子棋"开局呢？

　　原来，围棋盘上起手千变万化，序盘定式更是纷繁万种。高手们必将盘端变化拆解个熟烂，方敢在实战中一展身手。百年前在日本，就连有"后圣"之称的秀策，在面对自家坊门的拿手定式"千变大斜"时吃了大亏。当时他的对手，乃是井上家十一世幻庵因硕。因硕在序盘施出准备已久的新手，虽不是刀光剑影的争局，但让秀策在开局吃了大亏。这件棋界轶事，在中国棋坛也是人人皆知。

　　汪云峰师从名手刘云峰，棋坛众人呼其师为"大峰"，汪为"小峰"。汪云峰熟谙中国古代围棋的座子战法，精通星定式，却对无座子的日本下法不甚了解。中国古棋中，在棋盘四角交错放置黑白子作为座子开局，究其缘由，可能是为了有效防止模仿棋而设，但因这四子先占星位，减少了开局变化，据传被本因坊算砂废除。

　　对于汪老先生提出的要求，少年自当应允，默然取出黑白各二子放在盘上四角的星位。

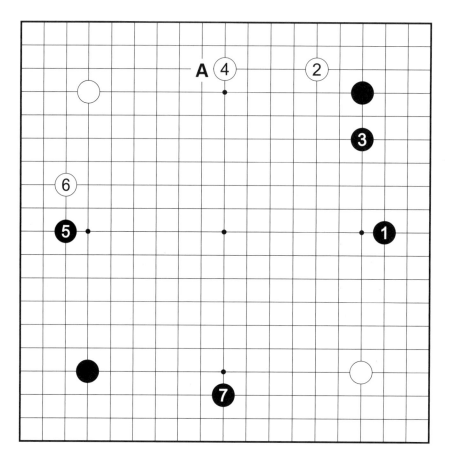

第 2 谱（1—7）

本局虽是座子棋，却稍有不同。中国古代围棋座子棋的对局中，如"当湖十局"等，皆是起手白先。本局吴清源执黑棋，年长的汪云峰作为前辈，饶少年吴清源先行。在彼时，布局的革新思想充斥在社会的每个角落，本局既以座子开局，又沿用日本围棋执黑先行的规则，堪称趣味。

黑 1 落子于右边星的右一路。此手在中国古代围棋中往往有在 A 位的下法，称作"九三分投"，清代棋圣施襄夏称这样的下法"使敌无大块及拆三之地，布局最醇"，颇具中庸之道。实战中，少年吴清源不着急打入而在右边拆边，开拓自己的疆土。

白 2 挂角后黑 3 单关跳起，白 4 再拆三。在右边数颗黑子的映照下，白 4 这一手棋给黑棋留下了明显的打入点，此手展现了中国古代围棋的行棋风格：能扳则不长，能拆宁更阔。每一步都撑得极满，你若打入角力，则他大力欢迎。

黑 5、黑 7 继续拆边扩大模样，两翼同振，颇有万里长风的气势。

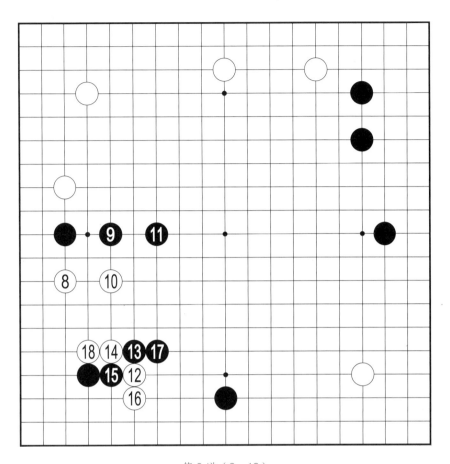

第 3 谱（8—18）

白 8 自左方打入，这种早早就打进对方阵营的下法正是中国古代围棋的下法，黑棋则连续跳起，以扩张势力为首要。汪云峰白 12 高挂，在黑势中欲反守为攻考验少年的腕力。吴清源思考片刻，当即黑 13 靠上，在上边黑棋三子的呼应下，瞬间将白棋分隔开来。这手棋汪云峰虽有所预料，但当真正拍于枰上，还是让他深深呼出一口气来。以下双方出手迅疾，互相切断。白 18 紧紧贴住，序盘的战火在棋盘的左下角趁势作燃。

"断开了！"众人惊呼，角上黑白数子瞬间分作四块。

汪云峰平时对局落子如飞，尤其擅长乱战，此局早早来到序盘战，他自然欢迎。角上黑棋二子被紧紧贴住，少年会如何处理呢？

时光荏苒，百年之后的科技日益进步，古老神秘的东方智慧游戏在科技的赋能下迅猛发展。围棋人工智能已远超人类的计算力和判断力，以及不囿于人类观念的窠臼，向人们展示出更接近"围棋之神"的答案。

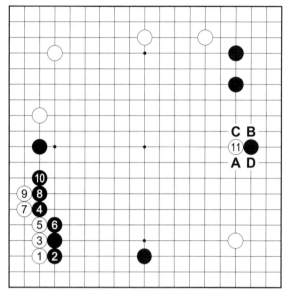

变化图 3-1

面对左下黑棋两翼张开的阵势，白棋的最佳侵分手段在哪里呢？今以 AI（围棋人工智能的简称，以下皆同）的视角观之，给出局面最佳的选点。AI 推荐的下法是白 1 点"三三"。

黑 2 挡，白棋便从另一边爬，黑 4 如在 6 位长，白棋简单 7 位飞；黑棋若 4 位飞封，白 5 至白 9 先手定型，再 11 位碰，简单干脆。黑棋如 A 位扳则白 B 位扳，黑棋如 C 位扳则白棋 D 位扳，白棋皆可腾挪。

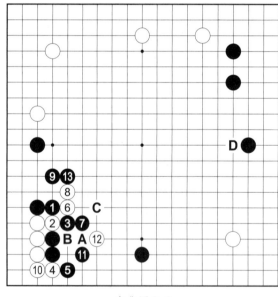

变化图 3-2

上图中黑棋如不愿被白棋先手爬，在本图 1 位退也是强手。以下白 2 冲后再白 4、白 6 扳断是好次序。至黑 11，是双方正常应对。白 12 点，试探黑棋应手。黑棋若在 A 位挡则白棋在 13 位压。黑 13 贴是强手，白棋以后可在 B 位打，黑棋在 A 位粘，白棋可在 C 位封住，也可在 D 位碰，白棋依然生动。

　　面对实战白 12 高挂，在 AI 提供的黑棋选点里，实战黑在五路靠正是其中之一。

　　接下来，白棋在本图 2 位扳，黑 3 退，白 4 若挺头，黑 5 断，势所必然。以下白 6 打吃并一路贴下，黑棋收获角地，白棋则得到一道厚壁，下边黑子顿显薄弱。此后黑 11 刺与白 12 交换一手，机敏。至黑 17，呈两分之势。

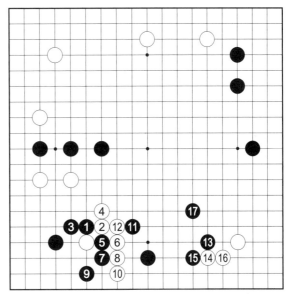

变化图 3-3

　　黑 1 靠时，白棋点角亦不失为灵巧之举。以下黑 3 若挡，白 4 爬回，以下黑 7、黑 9 弃子，至白 18，双方各持一端，分垒抗衡。

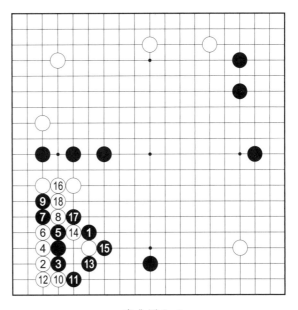

变化图 3-4

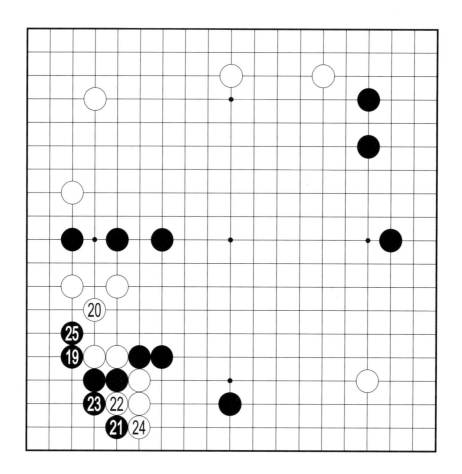

第 4 谱（19—25）

面对白棋紧贴，黑 19 扳正中白棋棋形要点。眼见白棋二子危急，白 20 不得不回补一手，但棋形稍显重复。这两手交换，显然是黑棋更为满意。

黑 21 跳下，白棋冲后再从二路挡住，少年从 25 位趁机长入也是棋形要点。

黑棋固守一隅，与上边黑棋三子相呼应，白棋五子棋形局促，不免被黑棋压制。再看下方战场，星下黑棋一子远远逼住白棋左边四子，无疑黑棋更显生动。

各竭心力，方为棋势。黑棋除实战19位扳外，黑在本图1位单退平淡而有力，也是可选之手。以下白2贴，必然。黑3、黑5扳粘定型要紧。白6跳出后黑7先点是小巧的试应手，与白8交换后留下余味再9位跳出。此后白14小尖出头，白棋左边难免受黑欺凌。

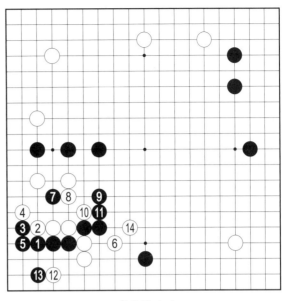

变化图 4-1

接上图。轮到黑棋在左边出击，黑1冲击白形，这里白也有妙手——2位挖出。此时黑3不给白棋借力单冲下为善，以下形成转换。黑再得先手在5位小尖是攻击要领，将下方安顿好后再与白棋在中腹竞相出头，亦呈激烈之变。

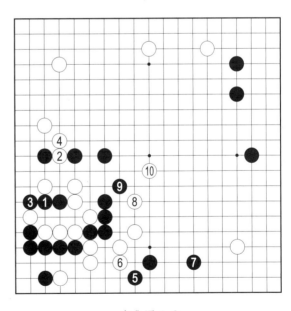

变化图 4-2

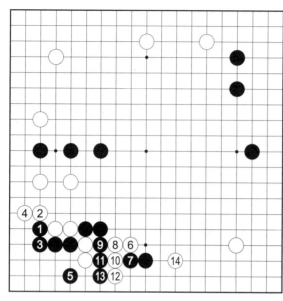

变化图 4-3

黑1扳，紧凑而果敢，正是 AI 的第一推荐选点。如此要处，少年吴清源不会错过。白2挡，黑3粘后白4立下，必然。以下黑5跳下护角，白6肩冲依然是形之要点，黑7如爬，白8退，黑9只得冲，白顺流而下将两块黑棋分割开来。至白14逼住为棋势所至，白无不满。

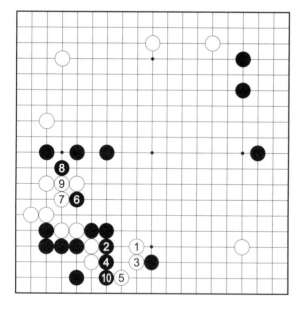

变化图 4-4

回头来看，上图白在本图1位肩冲之时，黑2直接拐下更善。以下形成转换，白5尖时，黑6、黑8次序巧妙，再回首黑10补吃白二子，黑稳守先行优势。

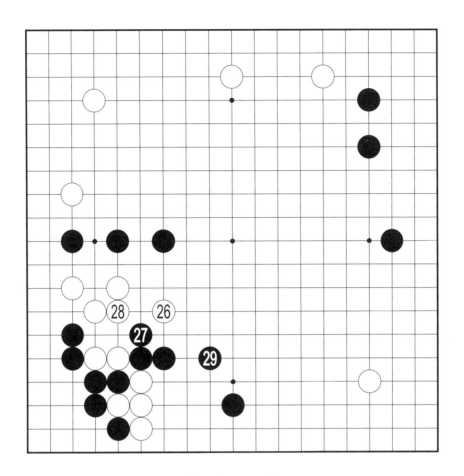

第 5 谱（26—29）

白 26 出头，棋形优美，姿态轻灵。黑 27 曲出一个"空三角"，也迫使对手团了一个"空三角"。接下来黑 29 跳，左引三子，并与下方一子联合形成阵势。

黑 29 这一手，高高罩住下方白棋四子，却不逼近，远远窥视左边白棋七子去留，可以说是看似质朴却蕴味深远的一手。

通观全盘，黑棋四处布阵完善，而左边、下方两块白棋被黑棋切割开，右下白棋座子两边的黑棋间隔虽远，但白子已隐隐显出薄味来。

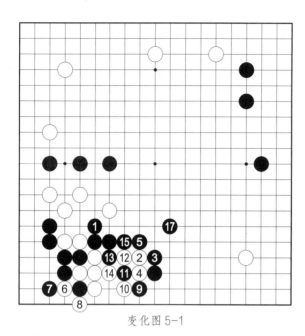

变化图 5-1

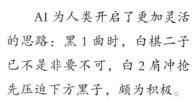

AI为人类开启了更加灵活的思路：黑1曲时，白棋二子已不是非要不可，白2肩冲抢先压迫下方黑子，颇为积极。

接下来黑3若贴，白4便贴下，黑5扳头后白棋顺势打拔一子。接下来，黑9以下滚包后黑17飞补，左边攻防将成为后续焦点。

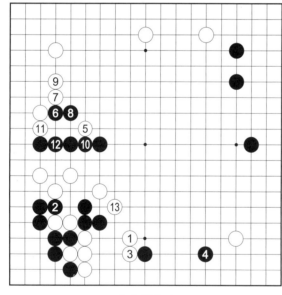

变化图 5-2

既然白1脱先置分断黑棋的棋筋于不顾，黑2直接吃二子如何？这样白3贴下，黑4挂角消解白势。接下来双方在左边再动刀兵，白5刺，黑6靠出反击，至白13尖封锁，局面依旧胶着难解。

有时候分断对方子力的"棋筋"之价值，绝非一成不变，必要时不无可弃，白1灵活轻巧的反击值得深刻体会。

实战黑29若于本图1位粘住也是极大的一手棋。

白2跳出，黑3、黑5后再黑7、黑9封锁左边白棋，抢先施压。

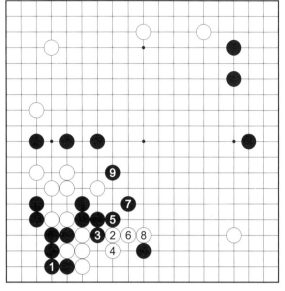

变化图 5-3

接上图。白1、白3、白5次序严谨，黑6转手从下方侵分白阵。

至黑16，黑棋盘活下方，白17再补厚自身，左边激烈的战斗告一段落。此役虽是双方两分，但黑棋稳拿先行之优势。

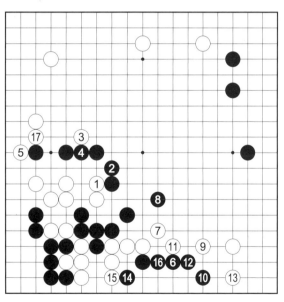

变化图 5-4

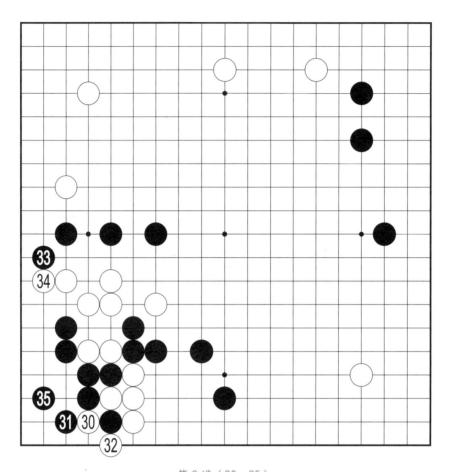

第 6 谱（30—35）

黑棋未粘，白 30 打拔黑棋一子便成必然，下方白棋顿成活形。黑 33 尖，作势渡过，白 34 顺手挡住，此处交换，黑棋已阻断白棋渡过的"后门"，黑 35 虎补角部，自无不满。

放眼左下角，黑角已然活净，白棋下方除铁眼一只外，借着黑棋缺陷，另一眼绝不难寻。但随着棋局发展，此处总潜藏着隐患。

嘈杂的人群之中，有一位青年棋客，于另处独起一枰，自顾拆解。边上的棋客们，频频将实战进程报于他。

这青年眉深目阔，方脸平头，他拆解的正是这盘老少对决的棋局。若是有人询问，青年必不厌其烦一一解答。

青年姓刘，名棣怀，十六岁时已在棋坛崭露头角，后迁居北京，常与汪云锋、顾水如等名手切磋棋艺。刘棣怀棋风不循常规，自由奔放，人送绰号"刘大将"。

刘棣怀紧锁眉头，目光所及之处，正是盘中左下角："汪老还是弈得太快啊，黑1尖时，白2若于角部先夹，则黑3、黑5只得虎、粘应对，如此白棋打吃占得便宜，再从6位尖攻击，岂非更好？"

"大将此图高啊！"一旁的数位棋客点头附和，纷纷称赞。白棋得以如此交换，与实战让黑棋虎补相较，本图黑棋角部不仅实地大损，还有生死安危，确实白棋更为紧凑。

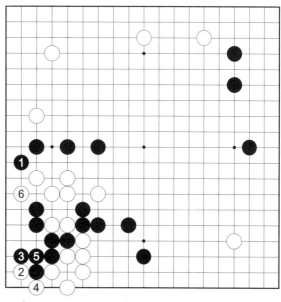

变化图 6-1

刘棣怀边摆边讲："你们知道下方这一队白子生死如何？黑1如挡，数块棋子纠缠在一起，诸位必为此苦恼罢？角内对杀变化复杂，白2若先刺再跳补下方是紧凑之着，黑5若发难，白6挖即可化解。"众人看到此手眼前一亮，无不称奇。

这青年又道："以下黑7外打白退，黑9如粘补，则白10虎出，双方各得其所；如黑棋不在9位粘，而在A位冲的话，只得逼得白棋从9位断。"

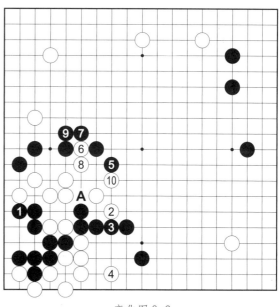

变化图 6-2

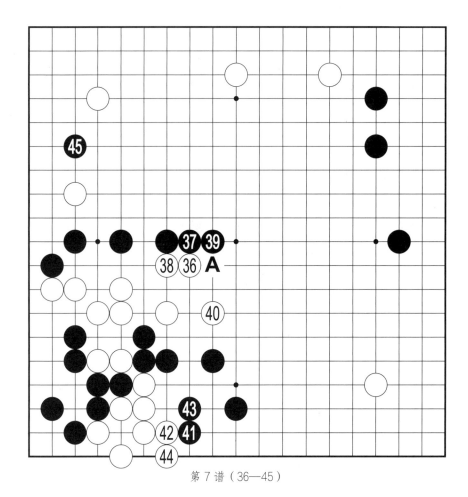

第 7 谱（36—45）

刘棣怀时而研究，时而讲解，众人连连称妙，而旁边一老一少激战正酣，浑然不觉。

但听"啪"的一声，汪老先生将白子重重地拍在棋盘上——白36飞向中腹。接下来黑37挡，白38贴回。白38若是向前A位长出，则黑拐在38位还是先手，白棋不能接受。

黑39厚重长出，白40稳稳跳补中腹，这是形之要点，此一带双方皆为正常应对。

人群之中，少年双目如炬。黑棋得先手在41位飞下，白42顶后再44位立下，简单做出一眼。黑41飞当然也是AI的第一选点，能先手逼得白棋两眼做活。此时局面毫无疑问已是少年大优。

汪老先生并未弈出漏算之着，但以AI视角来看，胜率骤然大跌。原来，白36、白40等中腹下法，看似堂堂正正，实则是缓手。

实战白 36 从中腹飞出，之后黑棋飞到下方，白棋被逼得后手两眼活，委屈之极，局部大亏不言自明。此时，白棋可如本图 1 位先跳补下方，再看黑棋动向。黑如从 A 位尖封，白棋可在 B 位挖。黑 2 靠声东击西，也是积极的攻击手段，伺机重拳出击中腹白棋。之后白 5 靠后再 7 位飞出，黑 10 飞补，黑 12 扭断，又将是一番搏斗。

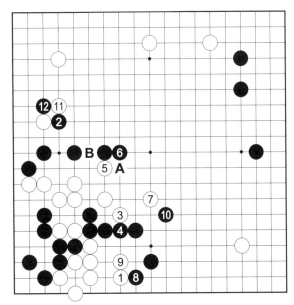

变化图 7-1

此处，白棋还有更加炫目的手段。白 1 挖，是为强手！黑 2 如打，白 3 长出后，黑 4 如粘，白 5、白 7 顺势出头，至白 11 长，白棋比实战委曲求全要好不少。

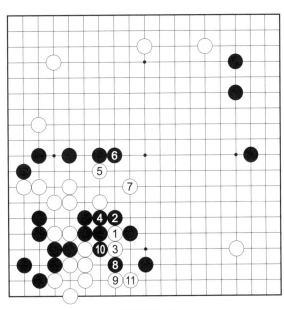

变化图 7-2

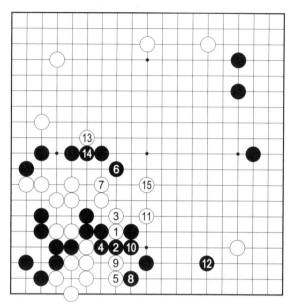

变化图 7-3

白1挖时，黑从下方2位打又会如何？白3长，黑4如粘，白5再从下方跳补，下方黑棋已现薄味。以下黑6尖封，白7双即可，黑8、黑10不得不补，接下来白11至白15补厚中腹白棋，心情畅快。

由上两图可见，从白棋挖开始，双方着法丝丝入扣，毫不松懈，AI时代的激弈风貌跃然盘上。

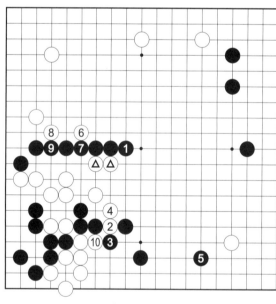

变化图 7-4

实战黑39长出后，白棋跳补也是缓着。此时，白棋从本图2位挖入同样有效，紧紧缠住黑棋弱点，方能争取更大利益。因有上方白△两子作援，黑棋只能从3位打，白棋长后，黑棋如在10位粘，将演变成上图，黑棋不便宜。

黑5脱先为善后之思，白6、白8刺后，再回手吃住黑棋三子。再看黑棋左边一队子力干枯乏味，黑1挺头之势更无用武之地，此皆白2挖入之功。

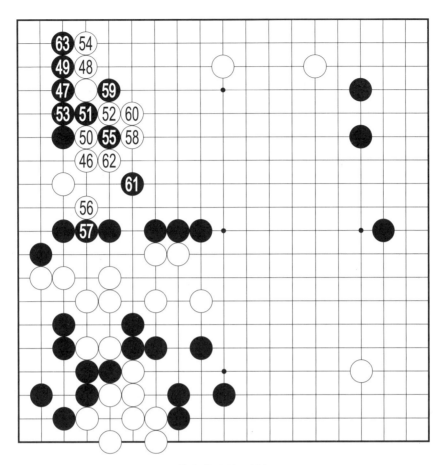

第 8 谱（46—63）

持续数十手的激斗终于告一段落，左下角错落着黑白数子，盘中别处却空空如也。少年抽得先手，潜入左上角，白46尖封，欲分割黑棋。黑47托角之后，白48淡淡一退。双方接下来弈得极快，黑51、黑53挖粘是不可错过的棋形要点，这种棋形，谁先挖到谁后挖到，简直是云泥之别。

看到汪云峰走到白54立下，刘棣怀道："饶是泉的力量与日俱增，此处白棋寻常定型总是二路扳粘吧。"他将左上一堆棋子拨往一旁，又接着再摆变化。刘棣怀双手托腮，自语道："不论白棋是立是扳，黑有断的强手啊，中腹这一道厚壁，终是力道生猛，黑善战，黑善战！"

再看一老一少的局中格斗。少年依旧出手果断，汪老先生虽面不改色，左手却不断捻动着颚下渐已发白的须髯。白56刺，黑57粘，苦境中的白棋为寻觅战机，不得不做此稍损的交换。

少年出手决绝，断、飞、挡，每一着都带着满满的自信。

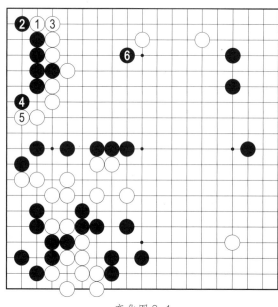

变化图 8-1

"作寻常计，白在二路扳总是更为紧凑，如此扳粘之后黑 4 位尖盘活，白挡后黑 6 再侵消上方，诸公以为如何？"刘棣怀像是征求旁边棋客的意见，但能和这位"刘大将"研讨棋局的，周遭又有几人？大家都点头称是，只顾看着他摆棋。

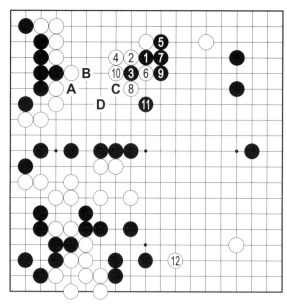

变化图 8-2

"要侵消时，除却肩冲外，黑 1 碰上去也可为激烈之举。接下来黑连扳强烈，黑弃一子与白棋在此形成转换。接着白棋自然要抢到下方攻逼，也是积极一变。"刘棣怀讲解道。此际黑棋在上方白空可做文章之处颇多，A 至 D 处的侵消和反击手段都值得考虑。

研究席的刘棣怀仿若身处局内，一个局部折了又分，如是频频。有没有更好的变化？刘棣怀将左上变化棋子收完，正要摆出下一手时，蓦地光影一晃，一只细长的手将一粒黑子码在盘中——众人一看，却是黑1断。

原来黑不用二路尖做活，可以强烈分断作战！刘棣怀头也没抬，便摸着白子于2位打上去。来者立即长出，白4小尖好形，来者迟疑顷刻乃于5位长出，接下来双方落子飞快，转眼间已摆了数十着，形成转换。

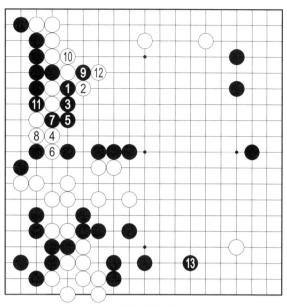

变化图 8-3

来者飞快收掉变化图中棋子，再将先前白棋改为2位退，接着黑3贴，白4扳，双方落子更是迅捷，一本道演变至白14退时，却不再落子了。此时左上战火激燃，又是一番转换！

"顾兄的参考图着实高妙，走得如此激烈！"刘棣怀轻笑一声，拈起黑子打入上方，方抬起头望向来者。能与他"刘大将"在棋盘上角逐数个回合而难分难解者，除却两位对局者更有几人？是以不见其人，也知其着了。

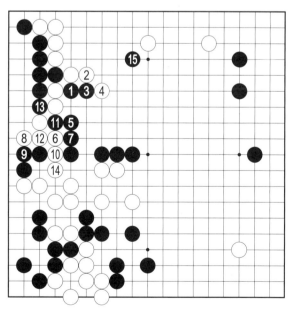

变化图 8-4

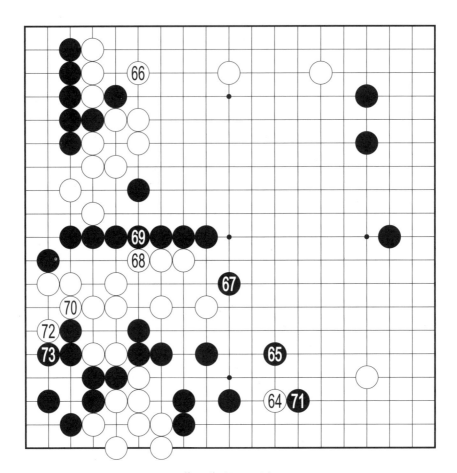

第 9 谱（64—73）

"哈哈哈，刘大将的棋力又涨啦，能退能进，收放自如！"这来者不是别人，正是北京城内棋坛翘楚——顾水如。顾水如比刘棣怀年长，刘以兄长称之。

上方战斗，黑棋破白棋一角，白棋上边子力稍显重复，厚势的优势自然难以发挥。白64抢先逼攻下方，这一招正是争胜的要点所在。

另一边的研究席，因顾水如的加入而更加热闹。"黑65这一手棋，愚兄第一感觉却是靠压白子。不过，黑棋的这手镇头，或许非最善应对，却是堂堂正正之着啊，颇有暗中蓄力之步调。"顾水如操着一口方言开始滔滔不绝，围观的棋客却都能听懂他对少年的赞誉之辞。

"白66转手于上方补棋，虽然必要，但在这节骨眼怎敢脱先呢？黑67一罩，白棋这如何是好？"一旁的刘棣怀惊呼："至黑71靠下，黑棋是顺风顺水啊！"

"方才的白棋能否挖入呢？"一位棋客用手指着中腹黑棋未连接之处。

于是，顾水如将数子拂去，从白1开始，依次摆出变化图来。黑棋从2位打，严厉。以下至黑8，白棋被枷封，已动弹不得。

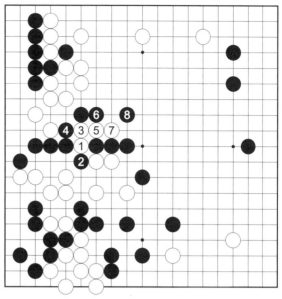

变化图 9-1

"白若再断，黑2再长一手是要领，请务必牢记。此后白提二子，黑再扑入，这一串白龙陷入危急，恐怕要喝一壶喽！"观者大笑。

顾水如在旁补充道："不过白棋虽危险，也不会坐以待毙。此后白9贴，黑10退，白棋于A位或B位靠出腾挪，也是有力之手。"

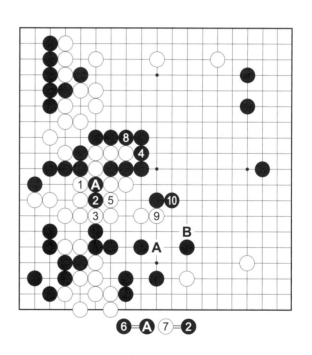

变化图 9-2

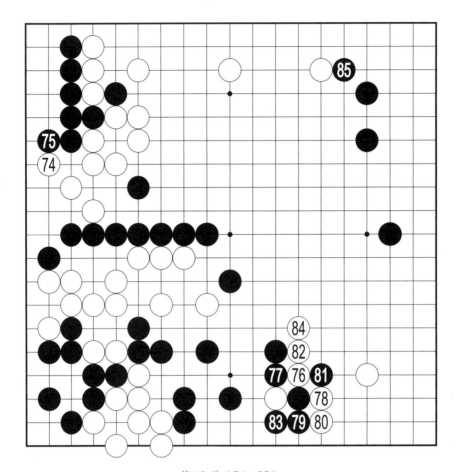

第 10 谱（74—85）

左下角白棋的左边留下半只眼位，一眼望去并无危险，不过，少年却一直关注着棋盘中央。

白棋中腹稍薄，下方更是危急！白 76 扳，黑 77 断，汪云峰只得向下打，再 80 位贴住。目数吃紧的汪云峰抢先在下方定型，其他较薄的部分只能暂且搁置一边了。

少年不为所动，黑 81 从四路反打，待白 82 长出后，再回手从 83 位拐吃，这样白 84 只得将头挺出。

少年右手缓缓抬起，右上角，尖顶！黑棋重辟战场，率先抢攻右上。

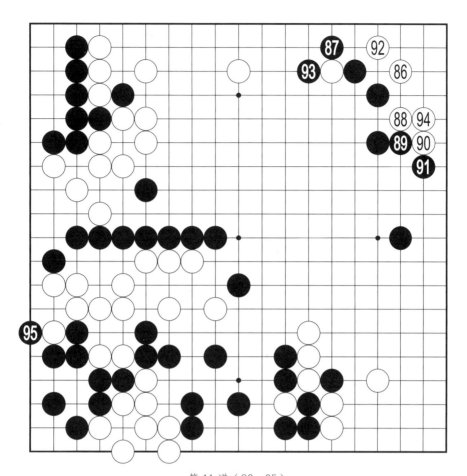

第 11 谱（86—95）

作为北京城内棋界大前辈，汪云峰岂肯"坐以待毙"？此时白棋盘面落后不少，面临实空不利的绝境，老先生长袖一挥，白86一子已赫然点入黑棋角内。

黑87扳是必然下法。此时已进入后半盘，实地比厚势更重要。以下白92尖，实地有所得；黑93打吃大破白边，黑棋在上方逐渐厚实起来。

通观全盘，与其说白棋实空追回了一些，毋宁说是黑棋更有所得，因为棋盘的变数减少了。

黑棋抽得先手走到95位打吃。隐忍全盘而蓄力待发的少年，此时终于展开强攻。

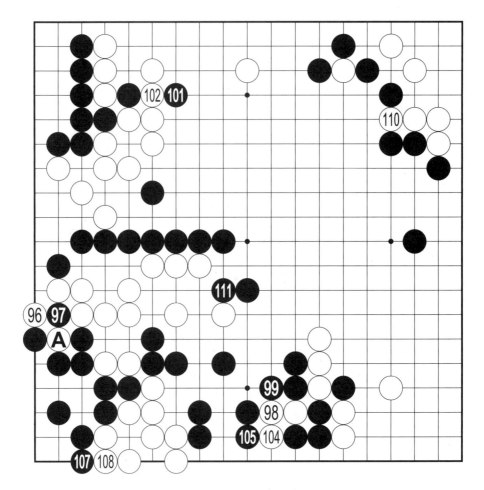

第 12 谱（96—111）

　　右上角定型后，下方的白子更显单薄。白96虎，只能以劫相抗。黑97提劫，白98在下方找损劫，实属无奈。黑99之后，白棋在中腹一带出头的希望更渺茫了。黑101上方刺寻劫，时机正好。白104拐下寻劫，黑棋稳稳吃住。黑107立又是顺手劫材。至黑109提，黑棋寻得劫材似是手到擒来，心情大好，而白棋所觅劫材都是亏损下法，每送一子，心都似在滴血。黑109提劫，放眼全局，白棋哪里能再找一枚劫材呢？汪云峰心一横，便往右上一冲……

　　少年面露讶异之色，略做思忖后，黑棋既不应劫也不消劫，而是从中腹111位一冲。

　　"泉出手了！""计算清楚了吧？"围观的看客惊呼不已，似乎都感受到一股杀气从盘中漾开。

黑 1 立寻劫之时，实战白于 3 位粘住应劫，随手。虽然此时反转局势难上加难，但白棋无疑错过了最后的机会。白 2 当愤然提劫，放手最后一搏。黑如再挡，白先拔一子总好过实战；黑 3 如强硬破眼，白 4 再挖入，黑 5 打，白 6 粘后，黑 7 再提劫。以下白 8 寻劫，角上成为劫争，重要的是，黑棋已不好脱手了。

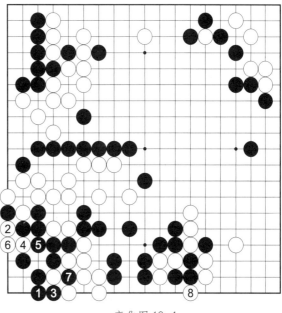

变化图 12-1

接上图。白棋顽强以劫相抗，黑 9 弯时白 10 点入，誓要与黑决断角里。以下白 18 挖后，黑消劫稳妥，白可吃住黑四子连通，效果比实战好出不少，虽然黑盘面占优，但白棋尚有生机。

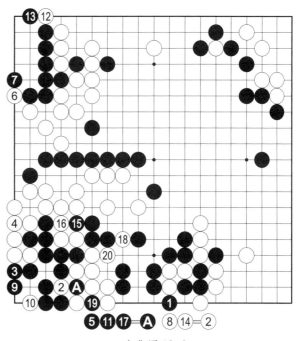

变化图 12-2

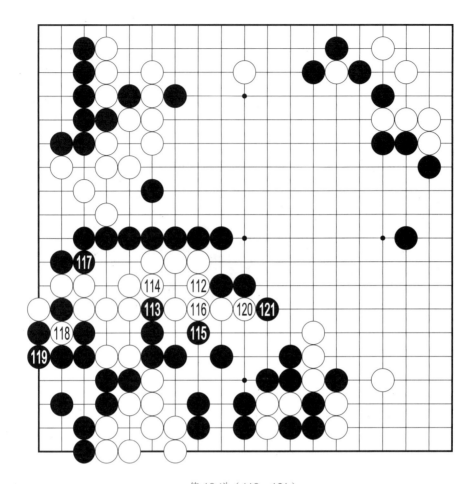

第 13 谱（112—121）

汪云峰望着眼前的少年，另一个年轻的身影在心中隐隐闪现：一位青年与老者隔座对弈，恒久而经典——这位青年便是响彻日本棋坛的本因坊秀策。

当时秀策年方十八，在与幻庵因硕对弈中弈出一着妙手令对手耳根发赤，得"赤耳妙手"美名。幻庵因硕乃日本四大家之一的"井上家"掌门，棋力八段，是当时日本棋坛的顶尖高手。

接下来数手应接，黑 113 至黑 117 冲、刺、团，棋子从少年指尖一一落下。提劫，粘上；横冲，挡头。四周寂无声响，众人都屏着呼吸。

汪云峰缓缓抬头望向少年，少年依旧埋首沉思。汪云峰环顾四周棋客，开口笑道："一盘妙局，一盘妙局啊！老朽……输喽！"他脸上未见失落，却是充满着笑意。

少年微微抬起头，缓缓鞠躬，向对面的前辈致以谢意。汪云峰此刻感到的不是败者的失落，而是难以名状的兴奋之情。

　　原来，棋坛上的经典对决，不只如盛年时期范施的当湖激斗，黄龙周虎的双雄之争，还有幻庵与秀策的老少相抗，秀策与太田雄藏这样的忘年擂争。名宿与新星之间的碰撞，依然充满着激情与传奇，演绎着别样的精彩。它超越于胜负，穿越于时空，更是一种论道与关怀、传承与交接。

　　这一盘激斗之局，更像是一场棋界的盛大典礼，无数棋客云集在这间茶馆里，见证了弈林旗帜的交接。现在，汪云峰将珍藏多年的这袭锦绣，交到少年吴泉的手中。

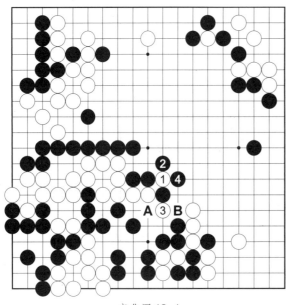

变化图 13-1

实战黑棋扳住之后，已将白棋大块封入腹中，白棋无法逃出。

如白1断，黑2打吃，白3打时黑4提子即可，此后A、B两点见合。

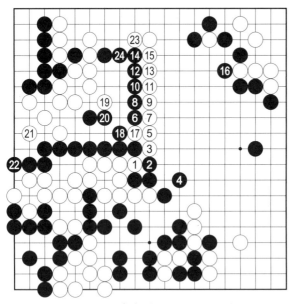

变化图 13-2

白1、白3若直接冲断，再于5位长出，也是无力的抵抗。黑6跳，白7压后黑棋再顺势长出，白棋始终落在黑棋之后。至黑24粘，白棋即便封住黑棋大块对杀，也差不少气，已无以为继。

要更有"追求"的话，黑棋还有更炫目的反击手段。

黑2靠上白棋二子头，之后白7飞，黑8冲断，至本图黑18夹，白棋无法对黑棋进行有效追击，败势难挽。

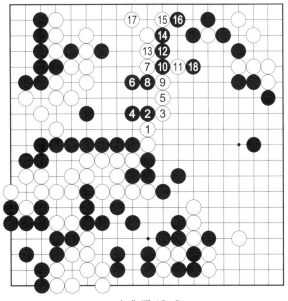

变化图 13-3

最后时刻，吴清源果敢脱先，放置右上不顾而往中腹屠杀白龙，果敢而坚决，体现了他超凡的天赋，这一幕经典时刻与往昔似曾相识。清乾隆年间，16岁的范西屏游历京城，与前辈梁魏今交手。终局时刻范西屏黑1顶，梁魏今白2贴。此时左下角A、B两处见合，而中腹C、D两处有不少借用。范西屏置中腹激斗而不顾，径于角上黑3玉柱一钉，棋局至此再无变数。此手也是AI的一选。得此一着，范西屏化蝶一跃即成国手，"一钉成国手"至此成为棋坛佳话。

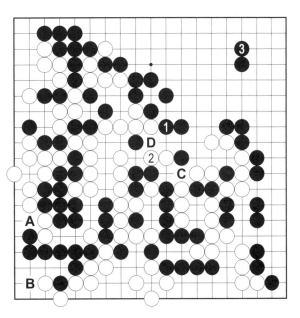

参考谱

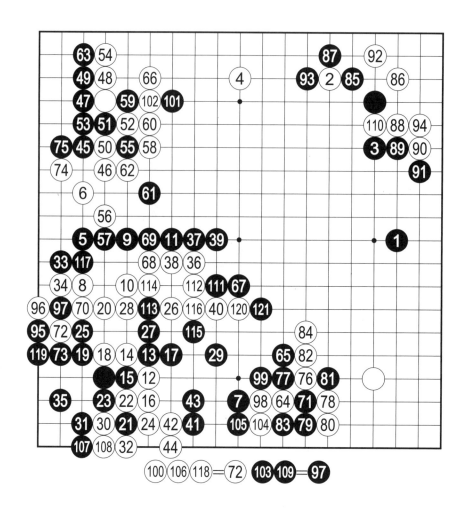

全谱（121手，黑中盘胜）

围观棋迷无不拍手，仿佛这位棋界大前辈的失利，不是遗憾而是喜事一桩。早有两双大手，轻拍着汪老的双肩，汪云峰转头一看，原来是顾水如和刘棣怀，两位京门弈林名手笑嘻嘻打趣："汪老，您这一局弈罢，颇费心神吧！"

此时棋客全场开心大笑，在棋馆里快乐氛围的映衬下，北京棋界的老、中、青与少年——汪云峰、顾水如、刘棣怀与吴泉相聚一室，叙弈论道，成为一幅鲜活的"弈林图"。

动荡时局下，由古老的东方智慧凝结而成的游戏，使聚在一起的人们在遭遇纷乱之忧、生计之愁之外，收获了一份简单的快乐。这就是围棋的力量，也是围棋的独特魅力。"浩浩枰间，汩汩清泉！"顾水如道，"清泉！源远流长的泉。"虽是十几岁的孩童，棋界的前辈们却以成人相待。兴之所至，顾水如为吴泉随口起出一个字来——吴清源。

从此，一颗棋坛新星冉冉升起，棋坛上有了这个震古烁今的名字——吴清源。

第二章　天纵之才

力克日本职业五段井上孝平

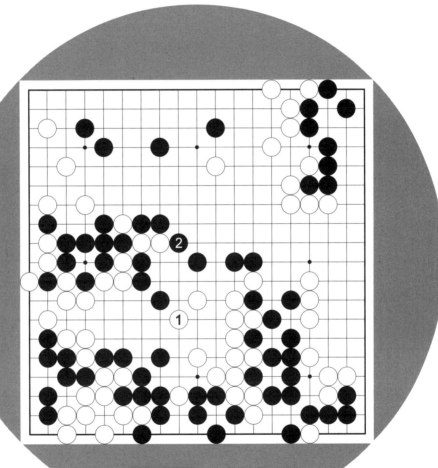

吴清源　井上孝平

○ 群贤毕至，天才少年和日本棋士的对决万众瞩目

○ 一局战罢，人群中的日商山崎有民更是欣喜若狂

○ 仿若发现天才并努力协助，是毕生的热望与理想

○ 而井上孝平因为与天才少年的对弈，被历史镌刻

○ 见识少年成长，并目睹少年飞驰倏过的光芒

○ 哪怕是擦身而过，也是铭心镌刻的永恒荣光

1927 年，深秋。北京西单，大酱坊胡同。

天色未亮，正值黎明前最黑暗、最寒冷的时分，疾风刮得正紧。

此时，一扇门被推开，出现两个人，一位是身着长衫的壮年，另一位则是少年模样。

"林兄"，少年欲言又止，踌躇半晌，方才向壮年说道："我昨晚，梦到了父亲……"他声音轻细，在刺骨的冷风中，口吐着一团又一团的白气，"他问我现在的棋艺如何，有没有荒废。"

壮年仰起头，望着冬夜的天空缓缓说道："你父亲若知现在，不知道何等开心！这一年，你三子局两胜日本高手岩本薰，今夏二子局又逼得井上孝平五段打卦两局，井上近日抵京，好棋者便组织了一场欢迎棋会。前日你受先出战，一路领先，逼得他又是祭出撒手锏——打卦。哎，这职业棋士，为了自身颜面一而再地打卦暂停，竟是一点也不干脆！"

壮年一边说着，不觉由忧转喜，神情渐渐变得欢快起来。他说道："清源，我们快些走，今天在你姨夫家，京城四方名流齐聚，都期待你能大展身手！"

这少年，便是围棋天才吴清源；这壮年姓林，名熊祥，正值而立盛年。当时在福州，有林、吴、陈、沈四大名门，林家曾为吴清源祖父的商事出资，故吴、林两家，乃是世交好友。

这位林熊祥先生非同寻常，他精通日语，学问精深，还是赴日常客。他这次因商事来京，听闻少年吴清源围棋才华出众，便特地前来拜访。毫无疑问，当时吴清源在京城已是一流好手，那么，他的实力究竟有多强呢？

林先生考虑到，吴清源如能到日本学习棋艺，日后必成大器，于是便开始带吴清源去北京的围棋俱乐部。"北京东城有家日本人围棋俱乐部，我想带清源去看看。"林熊祥对吴母说道。

这围棋俱乐部，云集着京城善弈爱棋的日本人，其中不乏高手。那日，林先生带吴清源到"大和俱乐部"踢馆。刚踏入馆中，便有一人邀战，"鄙人山崎有民，敢请赏光对弈一局？"

山崎有民乃日本古董商人，他痴棋成狂，棋力也是了得，是日本业余围棋强豪。见到坐在盘前的乃一介少年，山崎有民呵呵一笑，道："我们下个'彩头'如何？"

原来是要下"彩棋"。胜者得彩头，败者不仅输棋，还要将连押的银圆也输了去。馆内这一帮日本人几乎全部押在山崎一边，林先生气得脸色铁青，也押了吴清源不少银圆。这一对局相当激烈，山崎频频长考，而少年吴清源下得飞快，着着先手并直击要害，让这个日本业余围棋强豪抓耳挠腮。一番大战下来，已过去了五个小时。最终，山崎有民毫无悬念败下阵来。

当时已是傍晚时分，吴清源腹中饥饿，收罢棋子正欲出门，偏巧又出现一人拦在面前。原来，这人是棋馆老师水谷，他是日本职业初段棋士，平素从不轻易出手，乃是俱乐部"镇场子"的人物。水谷见山崎有民竟在一少年面前脆败，这还了得？不禁卷起衣袖深鞠一躬，道："这位兄弟，请教一局！"水谷看似谦敬客气，却是带着一股不容拒绝的霸气。

水谷目睹少年实力，开局便施出不常见的定式骗着，让少年吃亏不少，导致少年序盘阶段被动至极，几乎成败势局面。好在少年稳住局面，施出本领，在后半盘将水谷照例杀了个片甲不留。

如此精准的计算力和强大的心理素质，让一直旁观的山崎有民瞠目结舌。一局终了，少年与林先生转身出门时，却被人叫住了。

"清源小兄弟，烦请稍等！"山崎有民笑道："方才两局，对阁下技艺真是心悦诚服，虽仅与君交手一盘，我却敢说清源君，您是真正的围棋天才！"

这位痴棋如命的日本商人，辗转日本名家棋社，结交了不少知名棋士。阅历无数的山崎有民自能感受到吴清源的棋力，他认为吴清源是极为少见的大天才。此后，山崎有民先生将吴清源的棋谱寄给日本职业高手进行分析，并开始为送吴清源去日本留学而奔走。

黎明前最暗且最冷的时分已经过去，虽然寒风依旧凛冽，但伴随着晨露，太阳已经徐徐升起，鲜红而夺目。

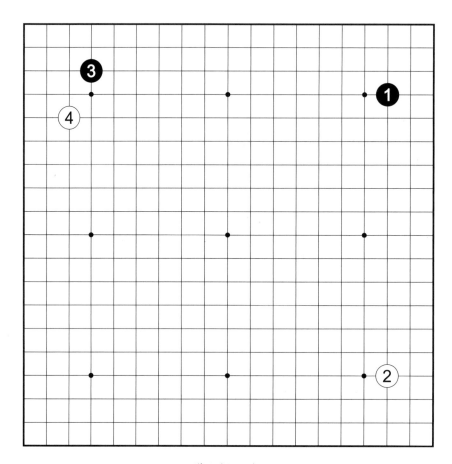

谱1（1—4）

"欢迎棋会"的对局虽说是非正式对局，但对局场所布置周全，现场观战名流云集，颇有正式对局的味道。要说这北京棋界，如此重大而气派的比赛还当真少见。

两日前，吴清源与井上孝平的首局对战在北京前门的青云阁展开。对局中后盘阶段吴清源已占得绝对优势，井上孝平窘迫难耐。身为一名混迹江湖的职业棋士，面对未及弱冠的少年说出"我认输"，实在是难以启齿。井上孝平只得暂且打卦，延后再战。

吴少年实力如何，想必井上孝平已是"了如指掌"。这一次，他自然要施出全部力气，竭力应战。

少年执黑，他用纤细修长的手指，将一颗黑子移到右上角小目。历代名人先贤总是钟爱小目，少年吴清源同样如此。第4手白棋脱先小飞挂，井上孝平准备剑走偏锋，以怪阵开局，试探少年的应变能力。

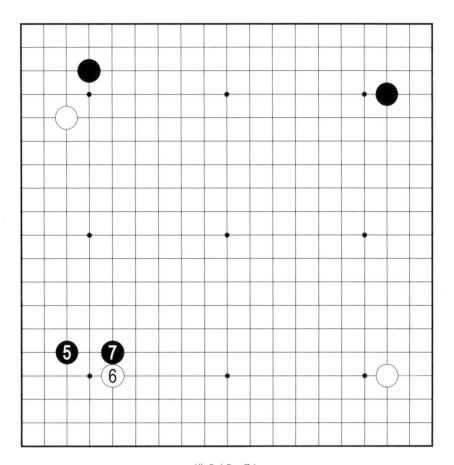

谱 2（5—7）

白棋脱先抢挂，黑棋若跟着应对，自然显得落了下风，少年怎会甘于人后？只见他将黑子落在左下角，远望而去，正是一手鲜见的着手——目外！

"嗯……"井上孝平眉头一紧，从喉咙里发出低沉的声音并拖得很长很长。"啪！"这位日本棋士将棋子重重地拍在棋盘上。虽然在中国，用的单面棋子让他不甚顺手，但力道还是很足。

白6挂在四路，是对目外的常见应对。既然吴少年走出了不同凡响的着法，井上孝平自然不能简单应对。这手高挂，有将局面引入激战的意味。

再看吴少年，拈子出手，气定神闲，黑子赫然靠在7位。这一手于五路高位压过白子头顶，气势不凡。

对面的少年，他在邀战！

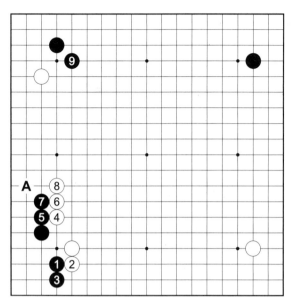

变化图 2-1

若论白挂后黑棋的常见应对，黑1小飞不外乎是常见考虑。AI 推荐的变化为白挡后再从上边飞压，黑5爬，白6退后，黑7再爬，之后抢占9位尖的大场。黑7也可 A 位飞出，本图形成黑地白势的格局。

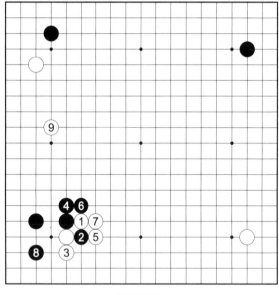

变化图 2-2

黑在五路靠压，白若1位扳是最先想到的积极变化，也是 AI 的首要推荐。

以下黑2断严厉，也是必然之着，白3、黑4双方各退一边，至白9进展平稳，当是均可接受的平缓局面。

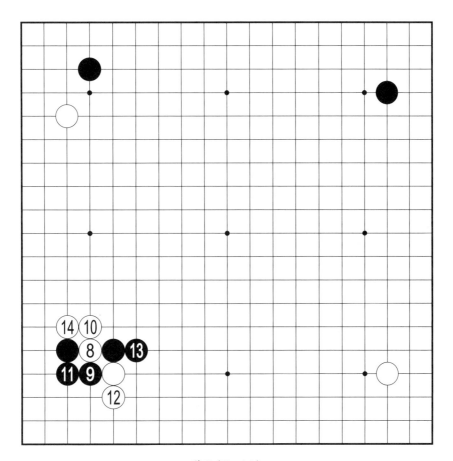

谱 3（8—14）

吴少年靠出主动求战，井上孝平蹙紧双眉，陷入思索。未几，他拈起一子嵌入两枚黑子之中——挖！这一手，便是将局面推向激战的一着。

少年出手亦是果断，黑 9 打，接下来双方竞相扭断，白 10 长，黑 11 粘，双方落子速度加快。

白 12 立，黑 13 再从右边长出，白 14 左边厚重拐下。这一带两人落子更快，序盘的紧张气氛已被点燃。

面对左下角呈现的"扭十字"状棋形，少年终于慢了下来，他将头垂下，微微倾向左边，竖眉深思。

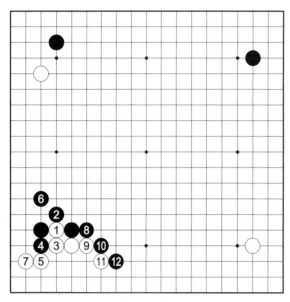

变化图 3-1

白1挖入之后，实战黑棋断打正是AI的首要推荐。黑棋如从本图2位打，白3粘，黑4必然贴下，白5扳后黑6虎，此后白7二路立，黑8长，白9爬后，黑10、黑12连扳，势所必然。

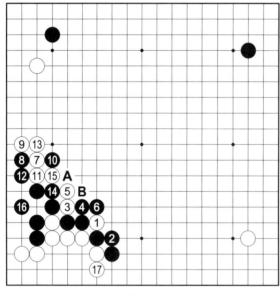

变化图 3-2

接上图。白1、白3连续断打，白5长出后再白7逼攻，十分强烈。黑6在右边强硬拐头，左边黑棋被白棋苦攻在所难免。

黑8、黑10托后再夹是巧妙的组合拳，至黑16两眼成活，白17立下，双方两分。以后黑棋A位打，白棋B位长后，中腹又将形成复杂缠斗。

角上的定型黑 1 立也是有力一手，如此白 2 位的价值变得更为瞩目。白 2 拐头价值巨大，以下双方各吃一子形成转换。

白 4 后，黑棋可脱先他投。以后此处定型，黑 5 位长出多送吃一子为要领。

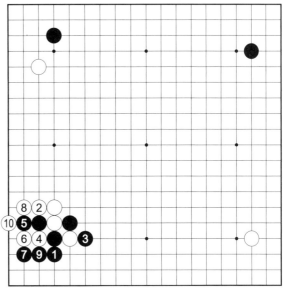

变化图 3-3

实战黑 13 长出后，白棋在 A 位拐头有力。如此反推，黑棋先从 1 位飞也是当下的好下法。

以下大致白棋 2 位跳出，黑 3 长，白 4 跳。如此黑棋左边已安定，中间黑棋二子白棋也拿不住，黑棋争得先手，不失为明快之策。

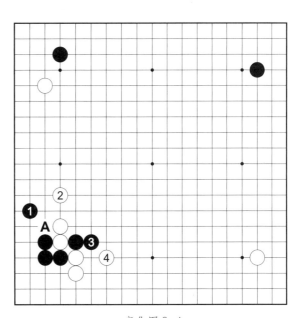

变化图 3-4

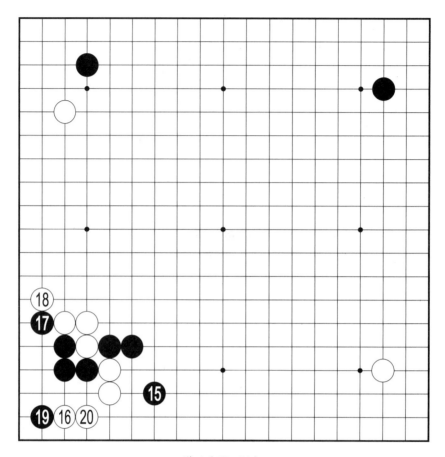

谱 4（15—20）

少年终于出手，黑 15 飞下。此着置角上黑子安危于不顾，先从右边飞下，正是 AI 在当下局面的首要选点。

白 16 飞入黑角为必然。黑棋角上应对并非易事，围观的人们替吴少年暗暗捏了一把汗。

黑 17 扳与白 18 交换后，再从黑 19 位靠下，白 20 退回为必然一手。此际角上的定型依然悬而未决。黑棋是防守盘活角部，还是抢先反击？一方小小角隅，蕴藏着无数变化。

角上乱战，少年何惧！

形成互相切断的"风车"形，必会演变成各式复杂缠斗。当此局面，黑1冷冷拐下，是AI视角下极为有力的一手。

以下白2飞入角部，黑棋早有善策——3位继续贴下。之后若白6拐，黑9、黑11先手后再13位尖，白棋难办。如图进行激烈而精彩，双方时弃时取，颇具妙韵。至白16，双方各取地势，为两分。

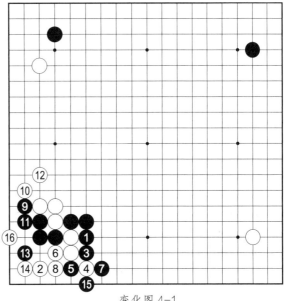

变化图 4-1

角部白棋二路飞时，黑1如直接靠后再3位尖对杀，将遭到白4托的强手。实战黑棋先从8位扳为必要之着。

白4托后，黑5拐下后虽可黑7、黑9封锁转身，但白棋吃住角部所获不菲，黑棋难言满意。

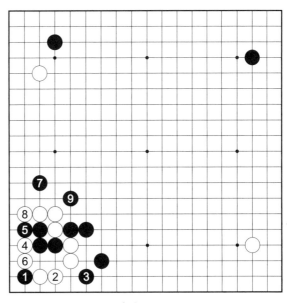

变化图 4-2

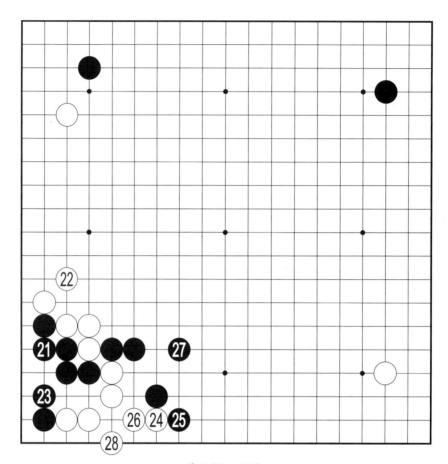

谱 5（21—28）

黑 21 先手粘后再黑 23 退回，白棋也需要盘活下方，白 24、白 26 托退做活。分断后数手应接，双方各自成活，达成和解。然而这看似必然的几着，让白棋错失良机。

白 24 从二路托，至白 28 后手补活。或许是忌惮少年的腕力而不敢反击，抑或并未注意到此处潜藏的强手，悬而成谜。下方白棋如实战般定型实在太过委屈，仅仅后手两眼做活，白棋不能满意。

主动权自然落到少年手里。黑 27 跳出，棋形优美。此着护住断点的同时，映衬着中腹势力，以后黑棋在右下挂角变成瞩目的好点。

黑 27 这一手也是 AI 给出的局面最优点。寥寥一手，尽显才情。

实战黑棋在本图 1 位粘后，白 2 尖补是当前局面下最好的补断下法。如此黑 3 还需补活，接下来白 4 托将会有力得多。

黑 5 如扳下，则白 6 断。以下白棋打拔一子畅快，黑棋虽吃得四子，白 12 飞封后并无不满。

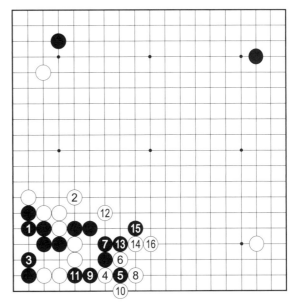

变化图 5-1

白 1 以下跨断，弃一子从二路出头不失为明快之举。黑 8 跳补后双方全部安定，不同于实战的是白得选手，白棋较实战更优。

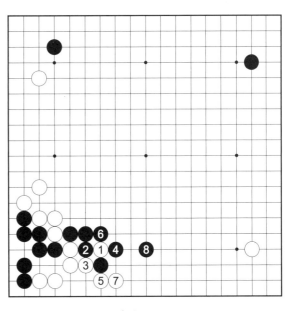

变化图 5-2

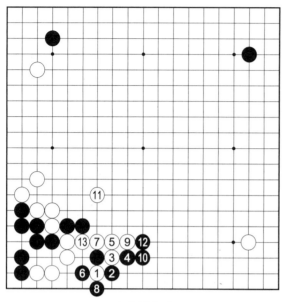

变化图 5-3

白1托时黑2扳，左边白形坚实，白3扭断是必然的一手。黑4打后再黑6、黑8打拔一子，以下黑12拐头是先手，白棋走厚得势更无不满。此图与实战白棋委屈两眼做活，可谓云泥之差。

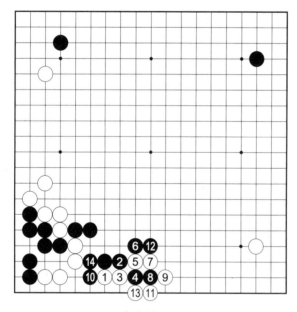

变化图 5-4

由上图可知，白棋托，黑棋扳，白棋扭断后，黑棋难言便宜。黑2退方为稳妥之策。以下定型双方竭力求善：黑4、黑8舍二子后黑10扳下，至黑14吃住白棋四子，局部双方两分。

实战黑27跳补棋形优美，正是AI的首荐。黑棋如直接在本图1位粘保护断点，如此白2很可能直接冲断，黑7跳出后，白8飞又是严厉的手段，白棋外围仅有的二子意外有力。

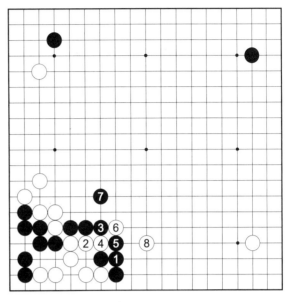

变化图 5-5

接上图。此时黑棋最简单的下法是在A位跳，但白棋在本图1位连回，黑棋不满。黑1打出抵抗，以下双方在中腹竞相争头，白10争得先手扳头是强手，此后白棋打拔一子再白18补活，中腹数颗白子亦有生机。如此乱战，白棋想必是非常愿意的。由此观之，实战吴少年黑27跳补即可避免此类乱战。

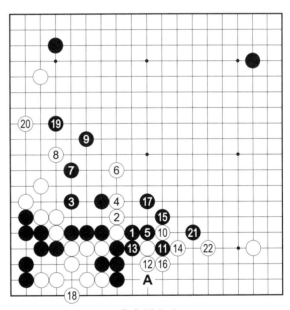

变化图 5-6

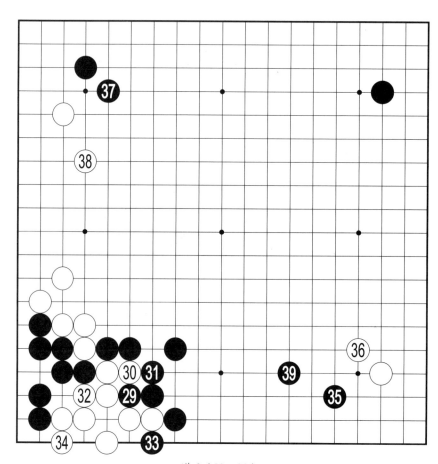

谱 6（29—38）

黑 29 挤，顺手定型。白 30 先冲一手，再白 32 团眼，留下以后在外围刺的借用。黑 33 扳，与白 34 交换，杜绝了白棋以后夹的手段。双方在此处着法细腻，寻常中蕴含妙趣。黑 35 小飞挂，白 36 小尖之后，少年思忖片刻，竟果敢脱先，于左上角回敬一手小尖！这一手稳稳加固自身，且缓缓消解左边白势，完全是 AI 的第一选点。少年能有如此流畅的棋调，不得不令人惊叹。

小目位的小尖守角，是本因坊秀策生平最为得意之着，故被称为"秀策之尖"。这一手尖地势兼顾、进退自如。秀策曾说，定式在百年之后或有进步、变化，但这手尖，不会变成坏棋。AI 时代，小尖频频现于时局，彰显出无尽生机。古贤洞见，足可仰止。"秀策流"名之无愧！

黑 37 尖，让井上孝平又一次搁棋长思。考虑到左下角白棋五子不厚实，白棋还是决定白 38 小飞守角，按兵不动。得此交换，黑 39 再转到下方小飞守回。短短一合，少年的精巧细致，让对面的井上孝平又一次眉头紧蹙。或许，井上孝平想到的是下图的美好愿景，此刻却化为乌有。

若作寻常想，黑棋右下挂角，白棋尖后黑棋再小飞守似属必然下法。

如此白2抢先飞压上方，之后白6再小飞挂角。黑7跳，白8飞，此后黑棋或于A位贴起，或于B位小尖，或于C位潜入作战等，虽无不可，但让白棋抢先飞压，黑棋总有稍稍被利之感。

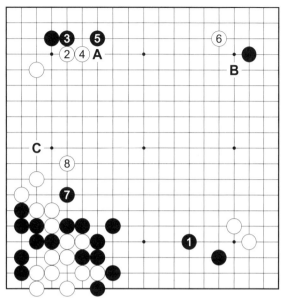

变化图6-1

实战吴清源脱先抢占左上黑1尖，正是AI的推荐选点，先发而动，机敏非凡。

AI的后续变化是白2飞压，黑3跳，白4再尖补左边。黑5守角，此后下方白8刺后再于10位飞。AI判断，本图较上图黑棋要好1目左右。微毫之妙，值得品味。

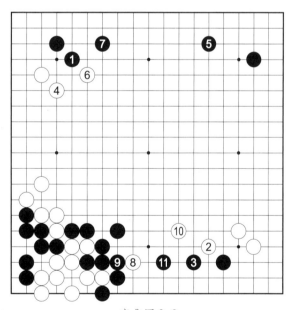

变化图6-2

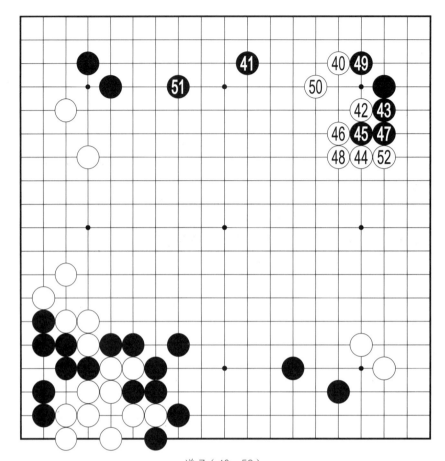

谱 7（40—52）

　　全盘激战，此时井上孝平终于腾出手来，白 40 小飞挂角，少年自上边紧逼。白 42 飞压，黑 43 爬时，白 44 跳可谓棋形飘逸，故意留下星位冲断的破绽，引诱少年冲出。

　　一般来说，白 44 在 45 位退，接下来黑棋在 52 位跳出，或从二路飞出为正常应对。实战井上孝平变着，自然是对当前局面不甚满意，准备以奇着打开局面。既然白棋跳出，为何不挖断？少年拈子落枰，黑挖白打，相互粘上。此后黑 49 从角上尖顶，白 50 反向尖回，黑 51 拆回守边，白 52 再从右边挡下。从黑 49 开始，至白 52，数手应接，皆是 AI 给出的最佳应对，两人均展示出精湛的技艺和绝佳的状态。

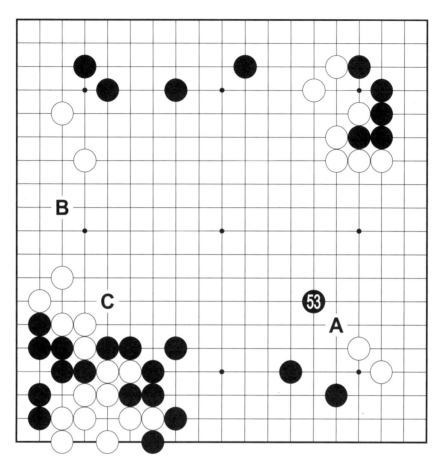

谱 8（53）

　　少年环顾盘中四方，右边空旷棋形未定，下方余味若隐若现，左边尚存打入弱点，都是大场。此际正是最难应对的局面，也是考验棋手的时刻。下方黑方如何扩张己方规模呢？一番长考之后，吴清源弈出了即飘逸又实用的非凡一手，也是 AI 的推荐选点之一。吴清源舒袖扬枰，一枚黑石自空中徐徐飘落。此手正是黑 53 大飞！这一手，无拘无束地在空中跃舞，那么自由，却又充满飘逸的诗意；这一手，张势兼飞右下边，内敛含蓄，却又写意奔放；这一手，更似极了本因坊秀策的"耳赤之手"，彰显少年的天纵才情。

　　当此局面，AI 给出了数个推荐——A 位肩冲逼迫、B 位打入边空寻求战机、C 位侵消黑势……而实战黑 53 这一手也在 AI 的推荐选点之中。此点与 A 位意图相近，但更为从容、更显奔放，颇谙不偏不倚、中正平和的"中庸"之道，是为珠玉妙手。同样极具天资的少年，弈出令对手红到耳根的绝妙之手，经典一幕何其相似？井上孝平极力克制自己的情绪，此际他可不想扮演幻庵因硕，成为天才少年的"背景板"。

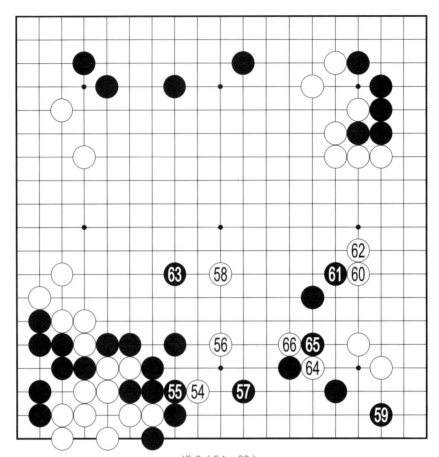

谱 9（54—66）

面临逐渐难控的局面，只能以胜负手搅乱局势。身为日本的老牌职业五段棋士，井上孝平自然深谙此理。

白 54 刺后，白 56 小飞逃出，接着白 58 大步流星跳入中腹。待黑 59 飞角后，白棋再顺势补住右边。这数手下法技艺纯熟，自然是老牌职业棋手的标准手法。

黑 59 小飞入角，价值极高，白 60 高拆边目数更是不小。少年准备将火力集中至中腹。

黑 61 尖，与白 62 交换，加固自身后，黑 63 大跳而出。此时白棋中腹数子瞬时危机四伏。以后黑棋可以通过攻击走厚中腹，再打入左边。白 64 靠出，白棋强烈的反击意识跃然盘上！吴少年当然不肯退让，黑 65 上扳，白 66 断，双方登时竞相扭断！

进攻是最好的防守，井上孝平自是深谙此道。而优势下的吴清源，更是愈战愈勇，丝毫不予退让分毫。

实战白棋在 1 位靠时，黑 2 若挡，则略显消极。白 3、白 5 连压后已截断黑棋二子联络，黑 6 打时白 7 尖又是好手，如此进行黑棋三子被俘，黑棋总有不甘。

另外，黑 6 打时，白棋若在 10 位粘，则黑棋在 9 位冲，白棋在 8 位挡，黑棋可在 A 位断。

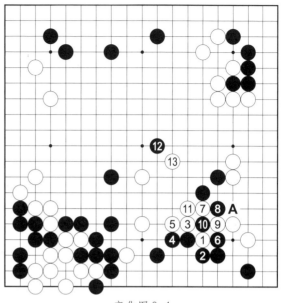

变化图 9-1

实战黑棋在 1 位上扳是严厉的下法，也是此际 AI 之首荐。白 2 退，黑 3 挡，白 4 扭断，考验黑棋。以下黑 5 退是稳健的下法，白 6 贴住也是强手，黑 7、黑 9 直接出动不失为有力战法。以下白 10、白 12 是好次序，再从 14 位靠进行激斗，这里将成为胜负处。

过程中白 6 如在 A 位打，则黑棋在 B 位打后再 C 位退，黑棋满意。

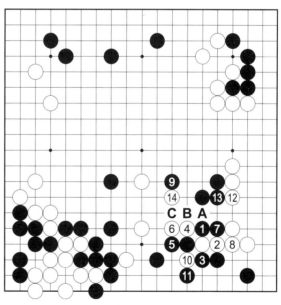

变化图 9-2

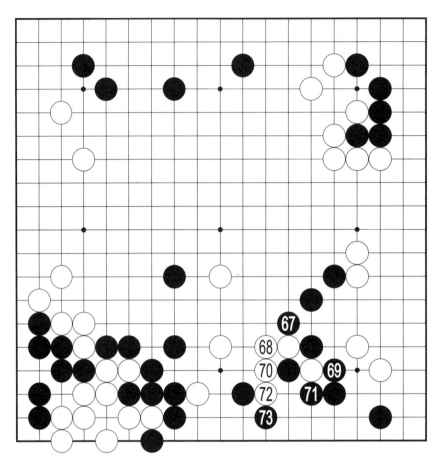

谱 10（67—73）

实战中，黑 67、黑 69 次序井然，白棋只得于 68 位退回，再从 70 位拐打。黑 71 拔一子厚实无比。白 72 冲下，黑 73 硬挡是好手。

少年棋路如欧阳率更笔法，时而平正端庄，时而险要危绝，每每蕴藏着紧凑的力量。对局室外的研讨室内，围坐着观棋的名流和高手，他们看着少年的美妙棋步频频点头，脸上洋溢着赞许和殷盼，就像这金灿灿的秋日阳光。

对局室内，一个人的表情却变得愈加冷峻，自不待言，此人就是井上孝平。

这深秋的感受，对于他来说却是丝丝的微寒与萧索。井上孝平施放的胜负手，诚然不仅没有获取想要的便宜，却将自身走重了。

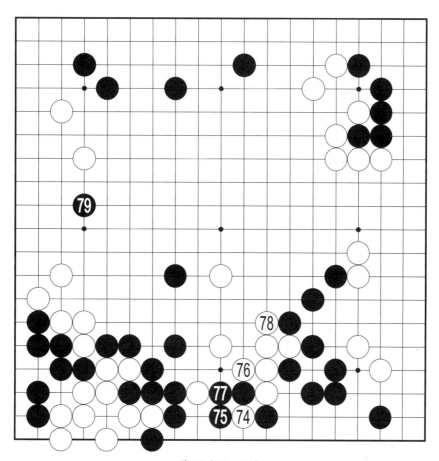

谱 11（74—79）

两边黑棋通厚，被夹击的一队白子需要整形。井上孝平白 74 断在二路，这样既得白 76 打，以后二路打还"带响"。

不过白棋弃一子的同时，也将黑棋撞得更厚了。AI 认为，白 74 弃一子整形反而亏损，倒不如直接从右边扳下。下一手，井上孝平白 78 稳稳拐住，看似必然，却又是当前局面的大缓着！究其原因，井上孝平恐怕以为吴少年会继续追杀中腹白棋，可以抢得先手再补左边一争胜负。没承想，少年竟能忍住攻击之欲，径自左边打入！黑 79 之后，黑棋将左边白地洗劫一空。此时，白棋全盘只有右边不到 20 目的一方空地，其余各处，皆不足计，而黑棋上边与右上角相加多于白棋右边，下方各处坚实，涨目之处甚多。

局后，吴清源后来的恩师濑越宪作八段评价此谱时称："白 78 补也许是本手，但被黑 79 打入，白棋有点困惑。因此白 78 应在 79 位一带下棋，黑 79 打入是胜负手。"这段评价，与 AI 推荐的着法不谋而合。黑 79 打入后，白棋胜率极低，何况是不贴目的局面。毫无疑问，此时执黑的吴少年已是胜势。

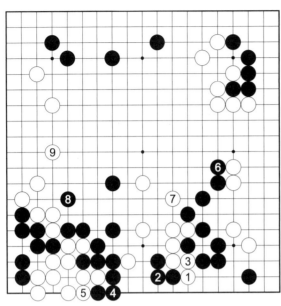

变化图 11-1

AI 推荐白 1 直接扳下，之后白 7 跳补自身，中腹及右边将开启新一轮战斗。如此，白棋左边手握实地，有余粮心不慌，中腹也已处理妥当，寄望后半盘再定胜负。

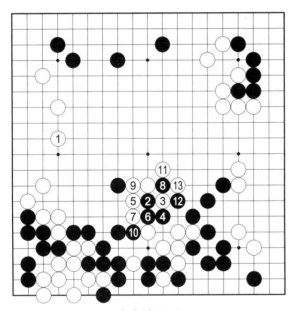

变化图 11-2

局后濑越宪作八段认为，实战黑 77 粘后，白棋应在 1 位抢先守左边实地为紧凑的好手，也是 AI 的推荐选点。

白棋在左边守地极具胜负感，现在轮到黑棋动手攻击中腹。黑 2 靠严厉，白 3 扳，黑 4 再扳，严厉。饶是如此，白棋依然可以弃子转身，至白 13，白棋将中腹变成未来攻防的角斗场。

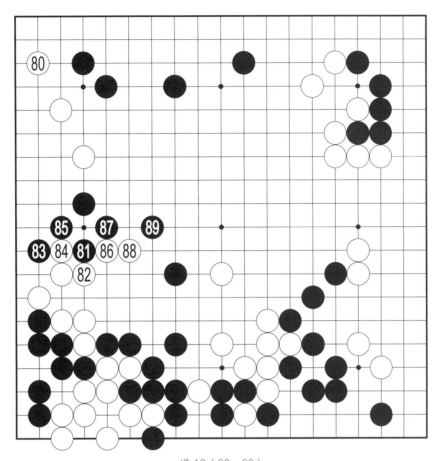

谱 12（80—89）

自序盘之后，井上孝平连弈缓手，少年迎头追上，并一举超越。此后，在漫长的胜负道路上，少年的棋步越走越疾，井上孝平却每况愈下，更感乏力。

黑棋空多棋厚，实空危机是白棋不得不面对的问题。愈加困顿的局面下，井上孝平也顾不得左边补棋了，白80飞入角，索性继续脱先捞取实地，再赌胜负。既然脱先，吴少年对左边白棋自然要展开如潮水般猛烈的攻击。这是围棋的原理，也是胜负的逻辑。

黑81肩冲，之后黑87挡住后再黑89封锁，少年着着犀利无比，井上孝平蹙额长观。大优局势下，黑棋并不打算简单退让，彰显着少年豪纵的方刚血气。

黑棋从左边打入展开反攻，至黑89飞封白棋。诚然此时黑棋留有被冲断之味，但少年出手坚决，丝毫未有忌惮之意。

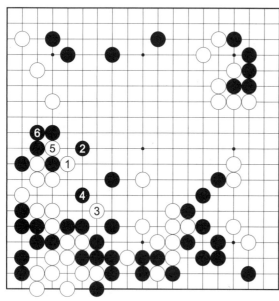

变化图 12-1

实战白棋在 1 位打时，AI 推荐黑 2 飞封的下法。

黑 2 飞，似松实紧，犹如一张巨网将白棋大块迎空罩住。此后白 3 刺欲分割黑棋两边，黑 4 跳枷应对，白 5 提，黑 6 再牢牢粘住。

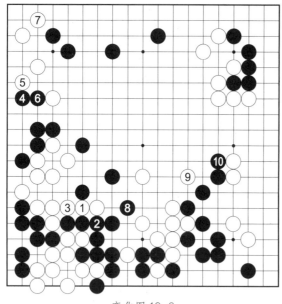

变化图 12-2

接上图。白 1、白 3 分割两块黑棋，黑 4 至白 7 双方各自安定。此后，黑 8 小尖联络的同时攻击中腹一队白子，白 9 补后黑 10 贴出。白棋无法对黑棋形成有效地攻击，全局白棋目数也未见增，局面却愈来愈小，白棋当然不满意。

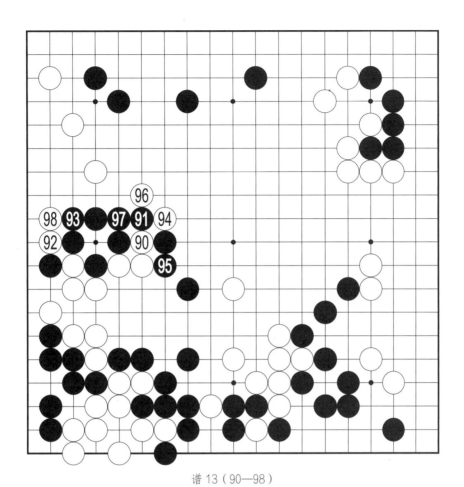

谱 13（90—98）

此时不冲，更待何时？白 90 冲，黑 91 挡，白 92 先从二路断是好次序，黑 93 只能团。此后白 94 愤然一断，只听盘端白子的清脆声响。毕竟，这是白棋终盘前的翻盘良机。

白 94 断后，黑 95 不惜被白 96 迎头打吃也要紧贴住白棋。至白 98，双方都紧着对方的气。这一带井上孝平行棋精到，手法老辣，将老牌职业棋手深厚的功底展露无遗，紧抓最后战机。明朗的胜势瞬间变得混沌起来。

谱 14（99—107）

局面大优的形势下，少年强腕力道不减。井上孝平不愿做俎上之肉，瞅准机会分断搏杀。黑99扳与白100打吃交换之后，黑再从101位打出，白102必然要将此子长出。黑103打吃后，白104夹住补强左上。数个回合之后，白棋目数追回不少，但黑棋依然占据优势，领跑全局。

拿到先手，黑105在天元镇头。这一手雄踞中央，若即若离地切断白棋两处联络，黑棋手握攻势，依旧主导着局面。

好不容易追上局势，井上孝平苍白的脸上逐渐回过血色。当下盘活下方白龙为要务，白106打吃黑子，不过，子刚入枰，井上孝平就后悔不已。他心绪烦乱，不禁轻轻扫了少年一眼。无论如何，这一手稍有随手之嫌。

瞬间，少年黑107反打。这一手抢占要冲，态度强硬，令井上孝平大吃一惊。白棋好似忽略了这着强手，井上孝平顿觉四面楚歌，濒临绝境。

井上孝平想到的变化图势
必如此：白1打，黑2粘，白
3挺头后再白5飞出。不过，
即便黑棋如此"听之任之"，
黑6跳出后步调从容，中腹两
颗白子无论存亡，黑棋都是大
优之势。

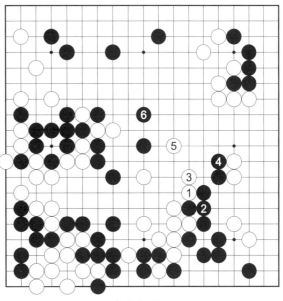

变化图 14-1

实战白棋在1位打后，被
黑2迎头拍上，至黑6，中腹
一队白子沦为攻击对象，而右
边白空之中也出现恶味，这让
井上孝平心情极差。

黑8飞下，白9、白11只
有硬着头皮冲断，黑12至黑
18是必然下法，以下白A则
黑B，白B则黑A，黑棋搜刮
白空且借用多多，白棋痛苦。
如此观之，实战白106下在本
图2位更好些。

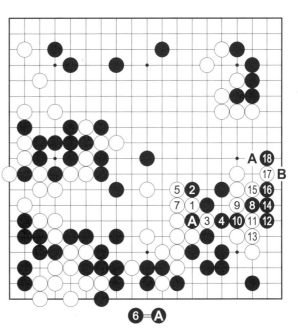

变化图 14-2

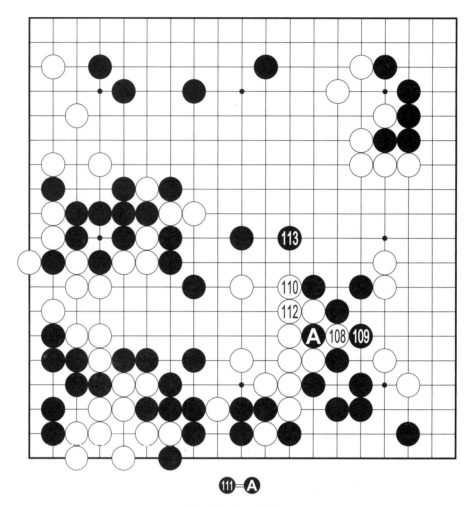

谱 15（108—113）

白 108 打拔势所必然，黑 109 反打，白 110 大体只得虎。黑 111 顺手一提是先手。不过，井上孝平显然忽略了少年的下一手。

对面少年沉默片刻，将黑 113 轻轻置于盘上。这一手正是此处棋形的要点。这一手飞也是本局的"棋眼"。一直主导局势的黑棋，在此手后，终于让井上孝平五段真真切切地感受到少年的围棋天赋。

井上孝平，大学毕业后方成职业棋手，也是日本首位具有大学文凭的职业棋手。他一生遍历江湖，攻杀凌厉，极擅让子棋。无论在东京酒馆，还是在北京茶席，面对业余棋手，他常常只需随意挥洒，就能随意抓住对方的行棋破绽获胜，斩获不菲彩头。井上孝平因之也获得了"本因坊加一"的名号。这名头让他得意，也让他失意。此称号意为本因坊秀哉让四子的，他足可让到五子，比本因坊还要多让一子。井上孝平也因此触怒于本因坊，被逐出坊门，飘迹江湖。

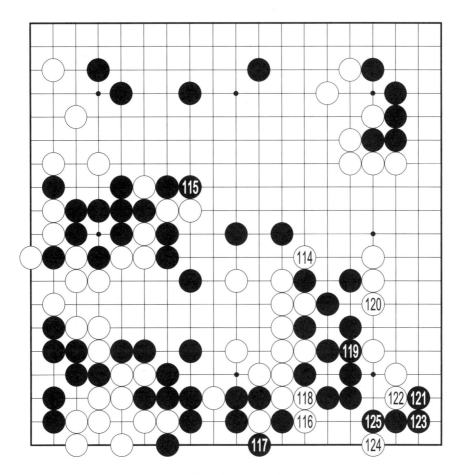

谱 16（114—125）

井上孝平的踟蹰懵懂是必然的：对面的少年既非坊门弟子，也从未受过专业训练。这样单薄身体内所蕴藏的奇思异想与精湛算力，到底从何而来？他再次望向少年，愈发不解。天才的长成，总是那么不循常识，但却暗合着自然的逻辑。倘若井上孝平凝望少年那因积年打谱而弯曲的手指，或许会明白为之倾付无尽心血的天才诞生的缘由。

白 114 打，黑 115 从上方紧紧贴住，井上孝平看到此手，不由眉间一紧。

因这一手，白棋中腹残存的余味被瞬间抹净，棋盘瞬间变小不少，在通厚的局面下进入官子战，白棋的负担将十分沉重。

白 116 打下后再 118 位粘住，黑 119 稳稳一团后再于角上坚实一尖，大块黑棋清晰明了地成活了，棋盘也越来越小。白 122 挤，黑 123 稳稳粘住，这样黑棋右边成为铁头，以后可跳入右边白空。若白棋挡住，岂不落了后手？被跳入，苦；补棋，更苦！井上孝平不停地摇头晃脑，口中呢喃。

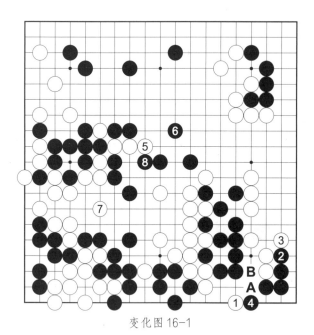

变化图 16-1

实战白棋在本图 4 位大飞失误，AI 认为白棋在 1 位小飞更妥。黑 2 爬与白 3 交换之后，再从 4 位尖住。此后白 5 从中腹长出一子试探黑棋应对，若黑 6 飞封，白 7 再跳补，瞄着黑棋这一带的余味。黑 8 贴住补厚是必然下法。

至于右下黑角，看似余味重重，实则不用补棋。白棋若从 A 位打，黑棋从 B 位打即可连通活棋。

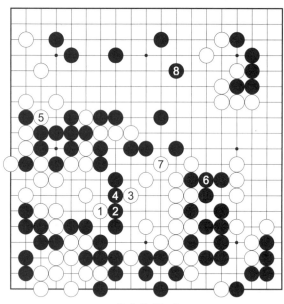

变化图 16-2

接上图。白 1、白 3 连续刺之后，再抢到左边白 5 的超级官子，之后黑 8 飞封上方亦价值不小。

AI 判断，此时形势黑棋稍好，盘面黑大约好 2 目左右。

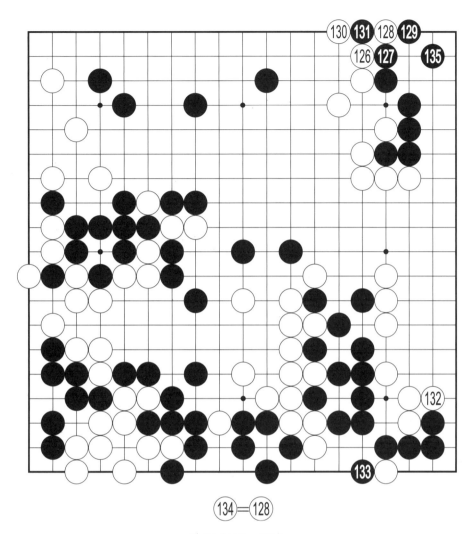

(134)＝(128)

谱 17（126—135）

上谱黑棋未给白棋可乘之机，一步步向前推进。

接下来，白 126 立下，局面逐渐转入官子阶段。井上孝平的步调已乱，现在黑棋盘面领先，而且处处厚实，白棋很难寻觅到搅乱局面的机会。

白 128 扳，黑 129 挡后，白棋没有粘住，而是一路虎做劫考验黑棋。白棋这手虎瞄着左上黑的同时，也在试探黑棋敢不敢脱先。

黑 131 提，沉着稳健，白 132 抢先在下方挡住，黑 133 顺势吃住白子，白 134 回手提劫时，黑棋稳稳应住。小小年纪的吴清源，对此时局面的把控，有着相当纯熟地应对。

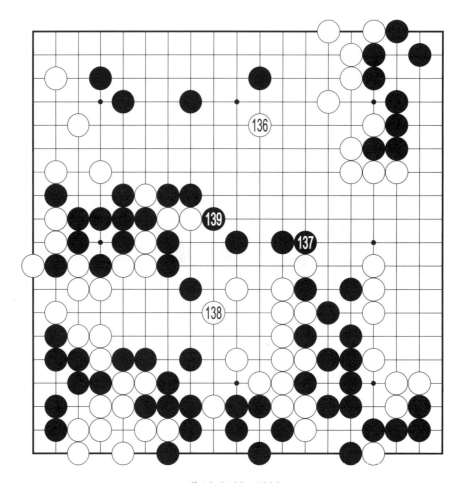

谱 18（136—139）

日已西斜，屋内的光线渐渐暗淡，盘上的战火却从未熄灭。白 136 飞入上方，阻止上方黑棋成空，同时准备破坏上方黑棋边空，以及准备从 139 位长出反击。

吴清源黑 137 先压，这一手事关厚薄，时机正妙。白 138 尖，似有所图。少年直接黑 139 落于盘中，这一手稳稳吃住中腹白棋二子，看似稀松平常，却尽显稳控局面的能力。

至此，棋盘骤然缩小，中腹尘埃落定，局面再无变数。无须贴目的黑棋处于领先，白棋追赶已然乏力。井上孝平忽略了黑 139 这一着好手，回头来看，白 138 尖无异于温水之蛙。

本局吴清源黑 139 这一手简单抱吃白棋二子，使得白棋难以借用，此后官子争夺吴清源势必会步步推进且顺畅无阻。

忌惮于黑棋中腹封锁，实战白从上方大飞侵入，却为冒进之手。

AI认为，此际白1位拉出二子尤为紧要，是维系局势的强烈手段。黑2打拔是本手，白3再压出，黑4尖回，之后黑白各自连回，黑14、白15也是各得其一的大场。如此相比实战，白将二子拽出自然好出不少。

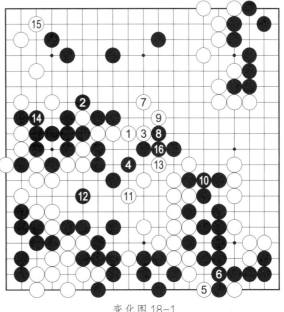

变化图 18-1

实战白1尖后黑2扳，正与AI推荐毫无二致。

AI演变随后进程：白3刺后，黑不予理睬，直接黑4打后从6位粘住即可，这里是双方瞩目的最大价值点。白7小尖后黑8跳补。此后白9打入上方，黑10位挡住，至黑16粘住，此时黑棋盘面已接近盘十，胜势再无可动。

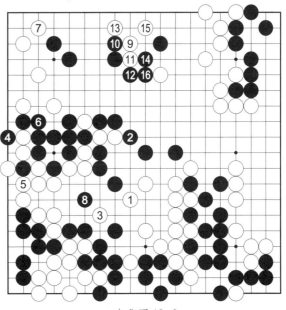

变化图 18-2

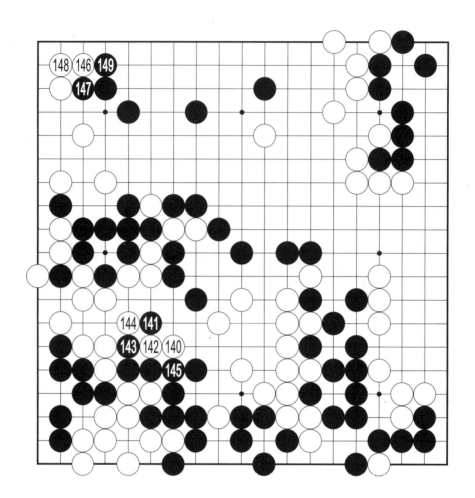

谱 19（140—149）

白 140 刺，是与此前白棋小尖相关联的后续手段。少年强手连发，黑 141 拦住去路，同时瞄着上边气紧的三子，局部白棋已不好动了。

白 142 硬着头皮冲断，白 144 挡后，竟拿不住黑 141 一子。白棋左边连回的路已被切断，中腹大块余味不绝，危在旦夕。

可是，如若补棋，被黑棋在左上角靠住的话，在不贴目的情况下，白棋的目数就不够了。井上孝平哪还顾得了这些，白 146 尖，强抢上面官子，少年先挤再挡，次序井然。

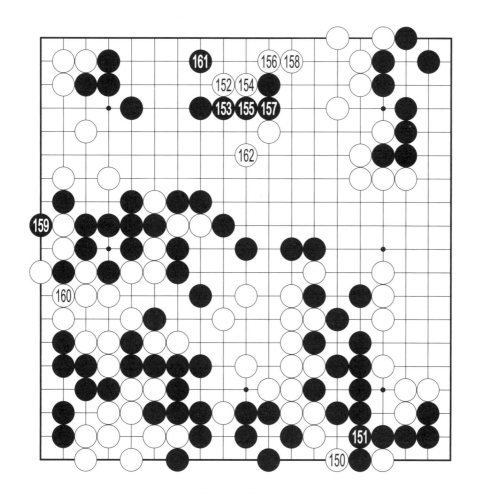

谱 20（150—162）

井上孝平一遍遍地数着目数，一遍遍地轻轻摇头。

白 150 打吃与黑 151 粘，交换时机正好，白再从上方打入，黑 157 回粘，白 158 长出，井上孝平的这一通操作，将上方黑空洗去不少，真是追击局势的好手段。白落后的局势，渐渐追上一些。黑 159 在左边打完，又转到上方跳补。

井上孝平按捺不住，当即白 162 尖入。就效率来讲这步自然不错，既能更进一步消解黑空，又可与右边白壁连通。

然而令井上孝平没想到的是，正是这一手尖，本以为是顽强的拼搏强手，实际上却是最后的败着。

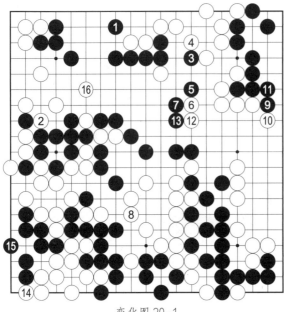

变化图 20-1

AI 判断，左边白 2 为此际价值最大，正是黑白双方必抢之处。

黑 1 跳守上方，白 2 断刻不容缓。实战白棋忧心之处是上方黑围空的潜力，但要黑真正去围此处，却并不容易。AI 推荐黑 3 靠，效率极佳。白 4 位扳后黑 5 再跳，经黑 7 扳，再从右方扳粘，之后只要白 16 飞起，黑中腹所围之处不过数十目空，局面尚存变数。

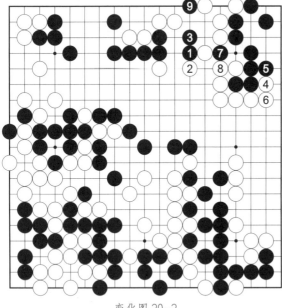

变化图 20-2

上图黑 1 靠是 AI 推荐的整形好手，白 2 如从外扳，黑 3 双住后白形留下破绽。

白若敢脱先，黑 7 挤，白 8 打后黑 9 靠下，此处已经出棋。

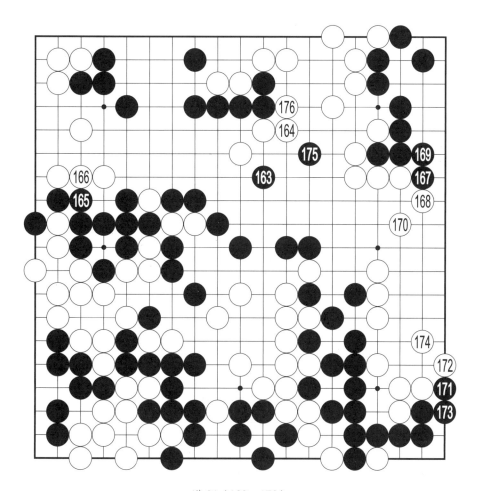

谱 21（163—176）

井上孝平白 164 长，将二子连回。少年再回手，在 165 位粘住。终局前，价值最大之处终于被黑抢到，且是先手抢到，白棋再无胜机。

黑 167、黑 169 扳粘，白 170 只得虎补，右下的一路扳粘也是黑棋权利。接下来，黑 175 飞，白 176 不得不补。

黑着着皆为先手，局面变化愈少，双方差距愈发显得巨大。白棋痛极，却无可奈何。

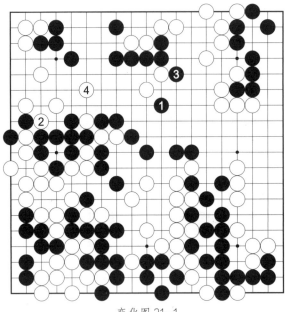

变化图 21-1

实战黑 1 飞时，白依然有抢占白 2 位的机会。

如图，即便黑 3 扳住，白依然从 4 位飞入，与实战相比出入极大。

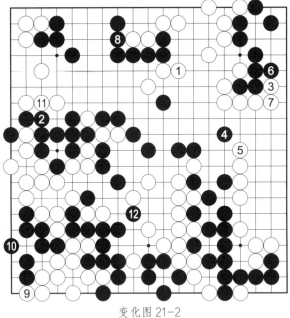

变化图 21-2

实战白 1 退回，少年抢到黑 2 粘，白可以说再无机会。

此局面下 AI 演变最后的收束：白愤然抢占 3 位扳的最大官子，黑 4 飞与白 5 交换，细腻。黑再从 6 位挡，白 7 粘住。

此后白 11 粘价值大，但黑 12 尖时，白大块薄弱，危如累卵。白 3 若补强中腹的话，被黑棋先手扳粘右边，白棋也是败势。所以，黑占 2 位之后，局面已再无变数。

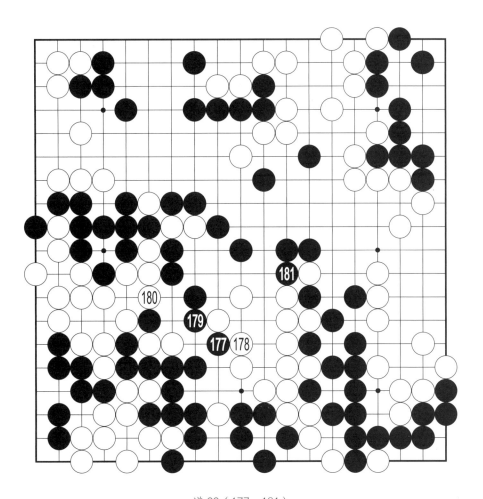

谱 22（177—181）

黑连续数着先手，终于对下方的白龙展开最后的攻击——黑 177 尖！

白 178 挡，黑 179 也挡。井上孝平从棋盒中轻取一子，置于白 180 位。

白 180，打吃。明知中腹白龙甚危，井上孝平却视若无睹，这一手，原来是"求投场"之举。

棋手对局，翻盘无望的一方，常会选择"宁为玉碎，不为瓦全"的转换，作为认输的台阶，是为"求投场"。实战黑 181 打，下方白十六子全部遭擒。

这是全局的最后一手，棋局戛然而止。井上孝平朝着吴清源轻轻点头，说道："我输了。"这三个字何其简单，但让对局的人从容说出来，却谈何容易。

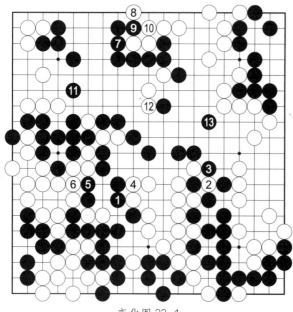

变化图 22-1

实战黑1挡时，白如补活中腹，白2先提，黑3打吃，白只得从4位团住。

此后，黑5先手吃住白棋二子，白棋痛心难忍。黑7再从上方先手挡住，至黑13飞回，黑已手握盘十以上的优势，白棋无力回天。

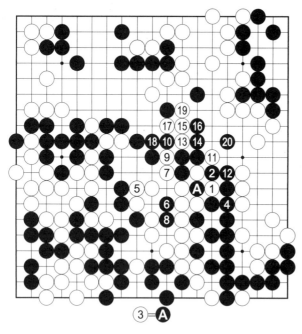

③=Ⓐ

变化图 22-2

实战如继续的话，因周围黑壁通厚如铁，白如此挣扎反抗亦是徒劳。

白提黑打之后，双方互相粘住，白5团后，黑6点入，白棋只能从7位尖出寻求突破。四周尽是如铁般的黑壁，至黑20，白11一子被枷吃，最终白龙愤死，玉碎终局。

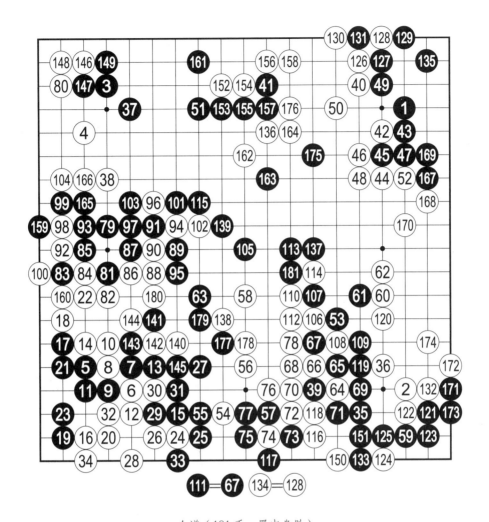

全谱（181 手，黑中盘胜）

少年获取完美一胜！本局下了数十小时，双方可谓竭尽心力。而 吴清源能在受先情况下战胜实力强劲的坊门大将井上孝平五段，天分才情和非凡实力都得到进一步的体现，令蜂拥的观战者无不欢欣鼓舞。让号称"本因坊加一"的井上孝平面对这位天才少年，不由点头嘉许，称赞连连。

林熊祥等人欣喜之情自是难掩，身旁的山崎有民更是拊掌大笑，不要说作为业余强豪的自己败于少年，连棋馆里的初段棋士也无法抵挡，而现在，职业五段棋士面对少年亦是难以制胜。山崎有民忍不住想冲向街坊向民众大呼：他是天才！天纵棋才的绝世天才！

山崎有民这位日本商人，本与吴清源素昧平生，却因这黑白棋子，结下不解之缘。山崎有民通过自己的人脉热心联络，并为此乐此不疲地奔走周旋，推进着少年的赴日计划，仿佛是他自己毕生的热望与理想，甚至使命一般。

山崎有民早早记录了此谱，并寄往东瀛，发表在当时日本的围棋杂志上，震动了棋界。日本围棋大家濑越宪作八段看到此谱后不由赞叹："与秀策少年时代的棋术有着惊人的相似之处，堪称完美无缺！他的实力非同小可，既有谋略又富于勇气，作为一个十几岁的少年，已经具备了中国第一棋士的资格！"

此后，濑越宪作在自己的回忆录中，用"愕然"一词来形容最初见到吴清源棋谱时的感受："这根本就是棋圣秀策少年时代的棋。为了棋道，我决心要促成这位少年来日本，使他成为名留史册的棋士。"

通观本局，黑棋一直坚实行棋、稳重推进，主导着局面的流向。少年的策略正确无比，算力幽远深泓，洋洋洒洒毫无败笔，一手一手地向前推进，不似天才秀策，更待谁何？

两天后举行了三番棋的最终局，井上孝平施出施尽平生所学，终于挽回一局。这一场轰动北京棋界的吴清源与井上孝平五段受先三番棋，吴清源以一胜、一负、一打卦（吴清源占据绝对优势局面）而告终。对局期间，井上孝平长考频频，而少年落子飞快，可谓高下立见。

井上孝平只是一位日本棋坛名不见经传的五段棋士，他游历于江湖多年，鲜逢对手，因为与天才少年的对弈，却被历史镌刻。他见识了少年的成长，并亲身目睹少年倏忽驰过的光芒，仅仅只是擦身而过，也是他的一生荣光。

东海之滨，闽江之畔，有福之州，灵秀三山，出了这样一个赋性灵慧的天才少年！他以小小年纪，承载着举步维艰的家庭，在中华大地，棋道最式微最暗淡的永夜里，以纯挚的热爱和执心，逐步攀越着弈道的重重关山。

第三章 青骢之跃

与来华考察的师兄桥本之战

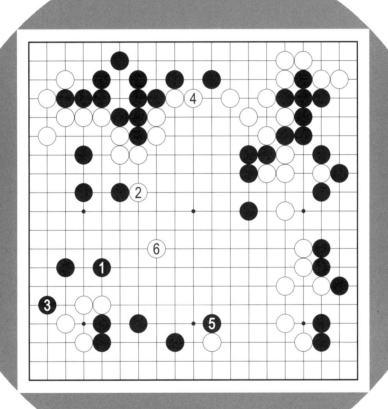

吴清源 桥本宇太郎

○ 远涉重洋，桥本宇太郎亲历了与天才少年的一战

○ 少年棋路如一匹腾空而驰的骏马，令他连连惊叹，涞涞折服

○ 他布局轻快敏捷，中盘自由奔放，落子天马行空

○ 胜负世界里，异国师兄弟间惺惺相惜、驰骋相逐、名动古今

○ 通过一来一往的落子，打破未曾谋面的陌生

○ 在黑白世界的国度里，有着相诉相知的欢欣

1928 年，初秋。东京港。

这里是人们重逢的港湾，也是人们离别的码头。

一位身着褐色长衣的中年男士，立于码头，望着面前的青年沉默良久。他四十岁左右，神色冷峻，虽未及不惑之年，额头却爬满了道道细纹。青年二十出头，浓眉阔眼，身材壮硕。

"桥本君，这是你第一次出远门，还是异国，这一路必定辛苦！"中年男子望向青年身后的巨大游轮，他似有千言万语，却欲说还休："关于清源君的事，就劳烦你了！"

"老师所托，必当竭尽心力。"青年语气坚决地回答。

"对了，这里还有一封信笺，我写给清源的，烦你交给他吧！"中年人从袖中取出一封信笺递过，青年双手接回。

这位中年之士，便是一直有意收吴清源为徒的日本围棋名家濑越宪作，青年即是濑越的得意门生桥本宇太郎。

在多方的帮助下，1928 年，吴清源去日本在濑越宪作门下学棋一事已经敲定。彼时桥本宇太郎已是职业四段棋士，他此番来北京，便是代表师门面见吴清源，并与之对弈作为测试。

一叶孤舟，载着大家的期许，漂洋过海。两位未曾谋面的异国少年，因为围棋而结缘，成为师兄弟。

"清源快来，东瀛的电报说，你师兄就要到了！"

少年合上书卷，将右手捻起的棋子放在枰上，急忙跑来，道："好期待啊，早点见到桥本兄，就能向他请教了！"棋盘之外，他依旧是一个略显稚气的少年。

　　长兄如父，兄长要肩负教育、培育师弟之责任。此次交战的两人，从未见过，双方实力如何全然不知。桥本宇太郎领师命而来，这次与吴清源对弈的两局颇有"入门考试棋"的意味。而对吴清源而言，在师兄面前，如何展露身手，自是马虎不得的。

　　语言不通的两人，只有通过一来一往的落子，打破未曾谋面的陌生。

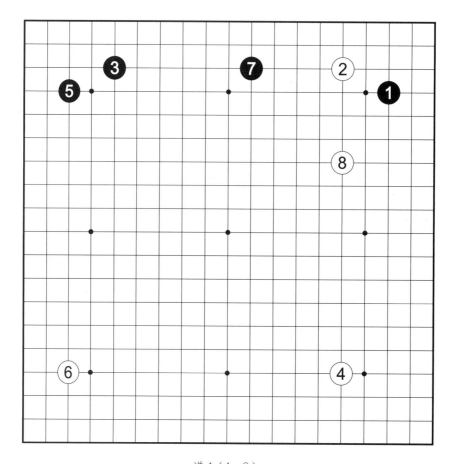

谱1（1—8）

这两局，身为职业四段的桥本宇太郎执白，不贴目，对阵此前从未受到职业训练的吴清源。第一局吴清源执黑弈得坚实稳重，最终执黑6目获胜。数日之后，吴清源与师兄的第二局能否再赢一局呢？

第二局，少年继续执黑。第一手小目之后，白棋空角不占，直接小飞挂。第四手又是高目，黑7逼住上方一子后，白8应之以超高位的大跳。这一手，吴清源从未见过。桥本宇太郎棋风华丽奔放、变幻莫测，尤以序盘构想新颖而闻名。本因坊秀哉的得意弟子前田陈尔曾盛赞桥本："此君若不称天才，天下从此无天才。"

师兄桥本宇太郎开局寥寥数手，极具张力。首局虽然失利，但不影响他上手积极的心态，序盘灵动、奔放的着法频频施出。另外，既为入门考试棋，考验自不可少。师兄着着出人意料，乃是检测师弟棋力的绝佳方式。

本图是数日前，吴清源与师兄对弈的第一局序盘局面。师兄桥本便施出白2二间高挂、白4目外、白6高目等怪着。

桥本华丽不羁的棋风跃然盘上。脱离寻常"谱着"之束缚，这一串灵活变通的手法，这种不落窠臼的思路，一定会给师弟留下深刻印象。

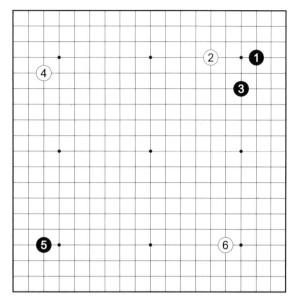

参考谱1

吴清源内心翻涌，想起自己当年打过的一谱。这一谱在日本棋史上被称作"出蓝秘谱"，是本因坊道策名人与其师父道悦的对局。

道策棋降四海，众望所归，已然"奉饶天下棋先"。本局道策执白，自黑小目后白直接挂角开始，双方走马一般逆时针绕着棋盘转了一圈。

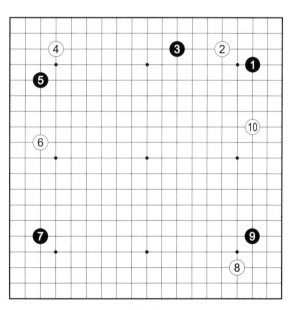

参考谱2

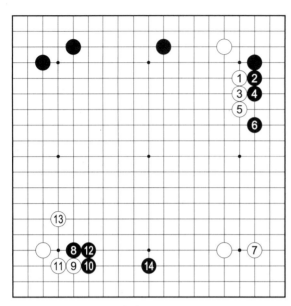

变化图 1-1

以现在 AI 的视角来看，右上定型自然以白 1 飞压为最常见下法。黑 6 跳出后，白 7 再回到右下补角价值巨大，是序盘双方必争之地，至黑 14 为一变。

从另一层面来看，这也是高目的弊端所在——对方抢到角内三三的价值变大。

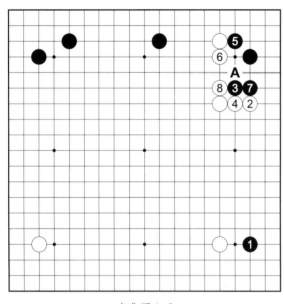

变化图 1-2

面对右上白超大跳，黑棋如秉承应不好就脱先之想，直接在黑 1 位挂角，实为另一明智之选。

右上白飘逸跳出，对黑棋的压迫松懈了。白最多 2 位跳下，黑 3 至黑 7 的"AI 级"神处理很是"经济实用"。白 8 拐后黑还能拿到先手再占别处大场。白 2 如走 7 位，黑 A 位尖也能简单处理。

白棋开局更多的是一种求变与试探。

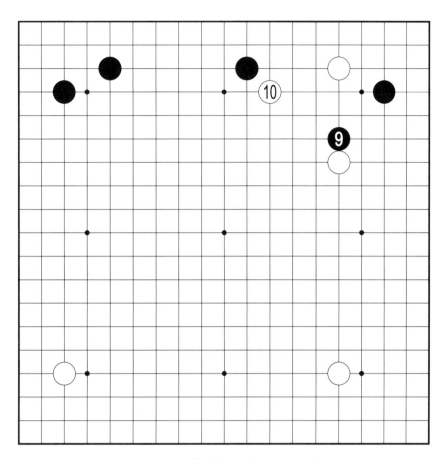

谱2（9—10）

　　桥本的这一手超大跳后，吴清源思忖半晌竟靠了上去。黑9这一手紧凑而激烈，是在主动求战。

　　望着黑9这一手，桥本宇太郎不由嘀咕着，吴清源听得出来，这是师兄的盛赞之声。

　　未几，桥本宇太郎出手了，白10转身在上方肩冲，白棋竟施出凌波微步，轻盈闪开。

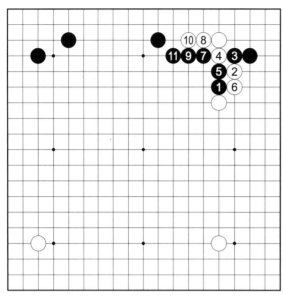

变化图 2-1

AI 认为，白如直接应战亦无不可，白 2 穿象眼是眼见的一着，此后黑棋冲断也是必然下法。

互相冲断后，黑 7 扳紧凑。白拐黑退之后，白棋在角上酝酿着弃子手段。

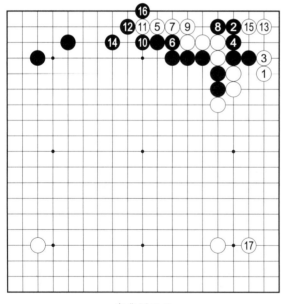

变化图 2-2

接上图。白 1 跳下有远算，是四路白棋断点和上方棋形统筹考虑的结果。

以下白 5 至白 11 是弃子前的必要次序，至白 15，黑收气吃白，白得先手再 17 位补右下。

若实战按此变化图下，白方不仅要有过人的胆识，更要有深厚的计算能力。

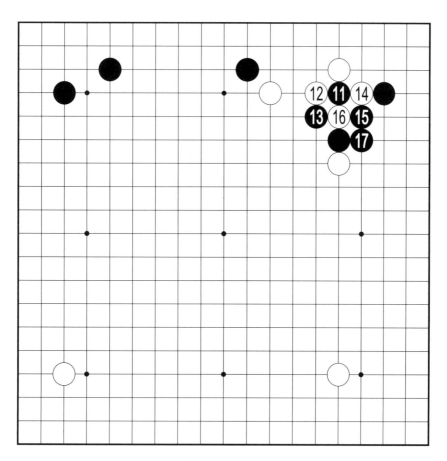

谱3（11—17）

黑 11 在四路靠，白 12 扳时黑 13 连扳，黑积极求战。白 14 打后，黑 15 虎住是必然的一手，将五路白子分隔开来。两人的棋子在序盘已交缠在了一起，一个如离弦之箭，不得不发，一个似脱缰之马，极速奔驰。

白 16 提后，黑 17 稳稳粘上。这一带劫味甚浓，头绪纷繁。双方有直接交火之势，序盘战一触即燃。

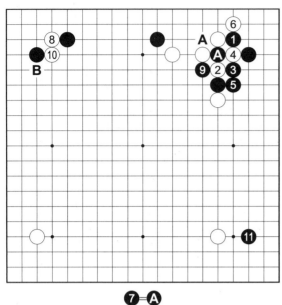

7 = A

变化图 3-1

AI 认为，实战白 12 四路扳时，黑从本图 1 位虎下也是一着。此后白 2 打，黑 3 虎，白 4 提时，黑 5 再粘住。

此后白 6 下打，黑 7 提劫时，白从左上无忧角靠入寻劫，黑棋消劫拔成"两朵花"，白穿通左上黑无忧角，形成大转换。以下黑在 A 位断，白在 B 位扳也都是厚实的下法。一番争夺后，局面回归平稳，双方各得一隅，皆无不满。

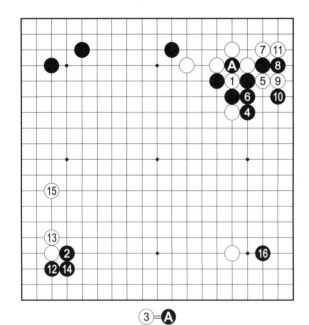

3 = A

变化图 3-2

实战白 16 提时，黑还有以劫转换的思路。黑 2 碰在小目寻劫，白 3 粘，厚实。黑 4 虎后白 5、白 7 打吃畅快，黑 8、黑 10 立完再夹，得先手再走到左下和右下，综合全局来看黑棋亦无不满。

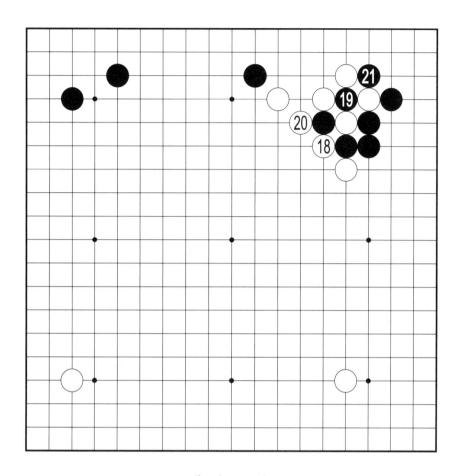

谱 4（18—21）

桥本宇太郎皱着眉，长吸一口气，并缓缓呼出，将白18重重拍在棋盘上。

吴清源眼睛突然瞪大，显然这一手棋令他感到震惊。这出人意料之着极其猛烈，蕴藏着师兄的果敢和自信。

黑19只有提掉，白20也只有从外面打住。黑21提。

序盘即从角上开战，辗转数回合后竟形成了"蜂窝状"的有趣棋形。

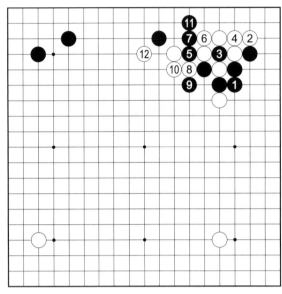

变化图 4-1

实战黑1粘后，白棋直接从角上2位挡是形之要冲。如此白得角地，较实战更为实际。

以下成一本道进行，黑3、黑5两打后，黑7再贴下，白8断也是必然之势。黑打完再二路立下，白跳后双方互相切断，必然会是一场激斗。

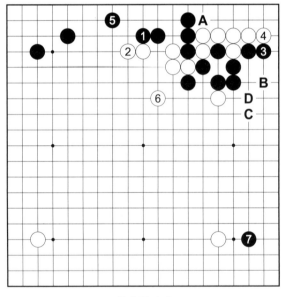

变化图 4-2

接上图。黑3立，再飞补上方，白6飞后大致定型完毕，黑7可脱先他投。

右上角黑如A位拐，白B位点，黑反受其累；白如抢先C位逼迫，黑D位也可防守。右上双方引而不发，先走大场再作观望。

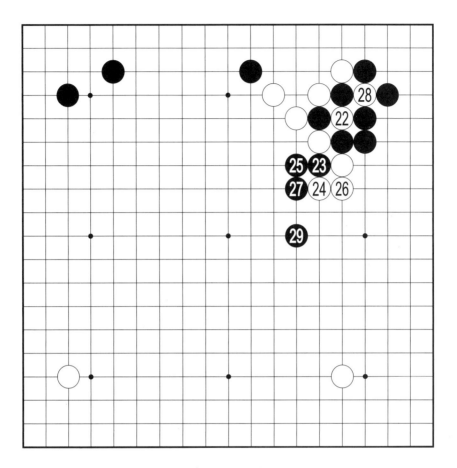

谱 5（22—29）

实战白 22 提劫后，吴清源当即从 23 位断上。这一手竟意外强烈，桥本宇太郎双眉紧缩，深深长考。

思忖半晌，师兄自 24 位打出，黑 25 长出必然。白的目的是想打重黑棋，白 26 粘后，黑 27 拐头。白 28 从角上提子时，黑竟不管不顾，从中腹跳出，令师兄大吃一惊。如此一来，角上劫争变轻不少，右边三子反倒变重了。

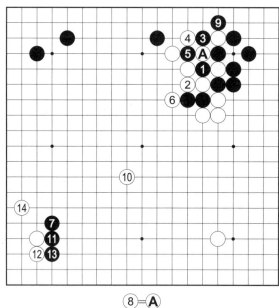

白打粘之后，黑从1位先提劫也是不错的一手。初棋无劫，白只有粘上，黑再从3位双打吃，白很难办。

以下白4打，黑提后，白6再征吃二子，黑棋角部获利巨大，还有7位引征，白不满意。

⑧=Ⓐ

变化图 5-1

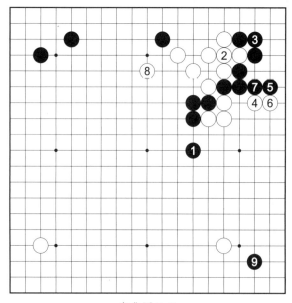

实战黑1跳出，也是AI的首选点。AI建议，接下来白应在2位粘住，转虚为实，黑3粘角，白4与黑5各自跳守，白8再从上面飞起，黑9侵入右下白角，序盘由乱战渐渐趋于平稳。

变化图 5-2

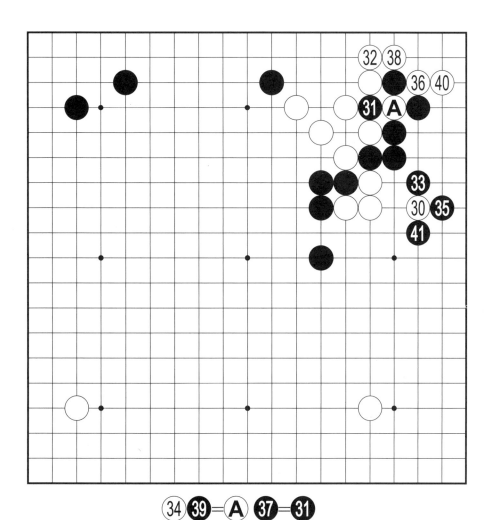

谱 6（30—41）

白 30 跳下稍缓，黑 31 提劫后，白 32 二路立下有退让之感。黑 31 与白 32 的交换，黑棋占了先手便宜。

黑再回手从 33 位尖顶，白只得提劫。黑 35 扳后，白 36 再从角上打吃，此时角上劫争的价值已变小，黑 37、黑 39 提后再粘，白 40 长入角内。白角地固然不小，但黑 41 从三路扳吃后，白四子动弹不得，边上黑棋更是坚固，厚势辐射的威力不比白角小。黑棋看似目数不多，但右边厚势可观，实已大得。

在右边黑棋的映衬下，右下白棋的高目愈发显得薄弱，此际棋盘上方也是攻守两端的必争之处。让白棋抉择下一手，也是颇费心神的事情。

师兄眉头紧锁，自序盘角上一役过后形势已不利，白棋将面临一场苦战。

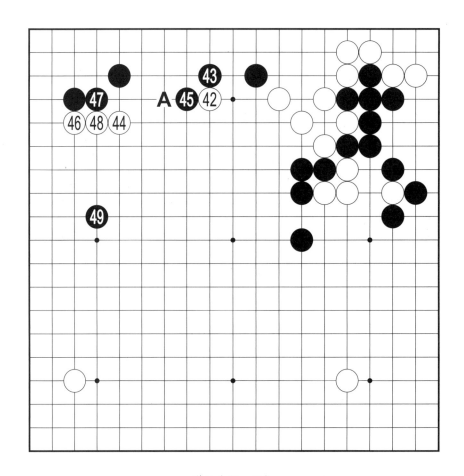

谱 7（42—49）

倚仗右边白棋数子的厚势之威，白 42 飞罩，师兄吹响反击号角，对上边黑一子展开攻击。黑 43 托，又一场搏斗战即将开始。师兄眉目紧促，长考半晌，转从 44 位高处镇下，保留变数先问应手。接下来黑 45 紧凑扳出，挥出双拳的力度越来越大。师兄避实就虚，师弟以实战虚，虚实之间，好一番腾挪与强击。接着白棋靠下砌成三子外势，黑棋想都不想，从左边紧紧逼迫过来。

此际黑棋上方有余味，黑 49 在 A 位并为厚实之着。实战吴清源抢攻白棋，主动求战之态跃然盘上，彼时的少年气概展露无遗。北宋词人贺铸一首《六州歌头·少年侠气》云："少年侠气，交结五都雄。肝胆洞，毛发耸。立谈中，死生同，一诺千金重。"少年之气，在此一手映照如斯。

　　桥本宇太郎为何面对黑1
托犯起了难呢？如若白2扳下，
黑3当即断开是显而易见的。
以下白4长最善，黑5再压也
必然，虽然白棋右上极厚，但
交战起来未见便宜。最善下法
当为弃二子快速补右下角。黑
棋之后还有13至17的手段，
白顺势包住再取先手守角为
善。或许是本图白棋实地亏损
让桥本宇太郎难下决心。

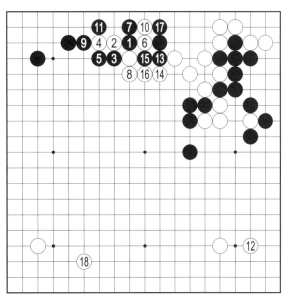

变化图 7-1

　　实战黑棋抢先攻逼左上白
棋三子十分积极，如黑1并在
上方，将边空稳稳筑牢，亦为
有力一着。以下白2乘势先作
交换，再4位挤是时机正好的
问应手，黑如A位顶固然紧凑，
白也有在B位断的利用；黑5
退是本手，白8若拆边，接下
来黑占据下方大场（C位极为
醒目）。全局黑空坚实且步调
快速，不贴目的情况下白棋想
要追击绝非易事。

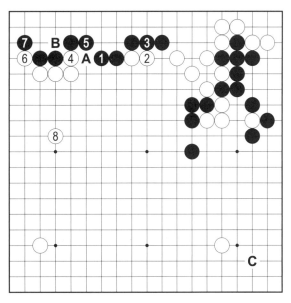

变化图 7-2

谱 8（50—72）

既然黑棋逼住，白 50 靠下也只能是箭在弦上，不得不发了。这是桥本宇太郎早就瞄准的地方，此前白四路靠就是在试探敌情。

实战黑 51、黑 53 直接团断。黑棋倚仗右边子力雄厚，先把白棋两子收下再说。在这里，桥本宇太郎展示了漂亮的腾挪手段，白 56、白 58 扳入角部弃去二子，下得颇为巧妙。

白棋自角部获益不少，再从中腹 60 位扳起后挺头而出。黑棋不依不饶，黑 63 瞄着白棋象眼，白 64 二路虎为防守佳着。

黑 65 跳出与白 66 拐交换后，黑 67 小飞挂角抢占下方大场。此手与右下的三三位都是 AI 觊觎的超级大场。白 72 紧紧逼住，执白的师兄目数吃紧，只能在黑棋的薄处做文章了。

白 1 扳入角时，黑切不可扳角。如黑 2 挡，白 3 虎后，黑只得从 4 位吃住白棋二子。

白 5 断巧妙，黑 6 打，白 7 粘后，黑棋的本手是 8 位吃住上方两颗白子。若黑 8 如图打吃白 5 一子，则将遭到白棋的强烈反击。以下白 9、白 11 两手滚打后，黑形滞重。白 13 打吃，黑只得 14 立，白 15 粘，角上形成复杂的对杀。

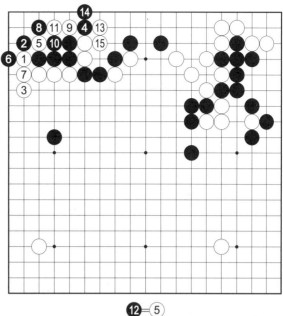

⓬=⑤

变化图 8-1

接上图。黑 1 只有紧气，白 2 吃二子后黑 3 虎，白 4 点入不依不饶，形成对杀。

此后白 6、白 8 是要点，白 10 提后局部劫味甚浓，白 12 保留劫争抢占大场，明智。即便黑 13 粘住，角上黑棋死活依然不清不楚。白 14 悠然一跳，局面将变得混沌不清。

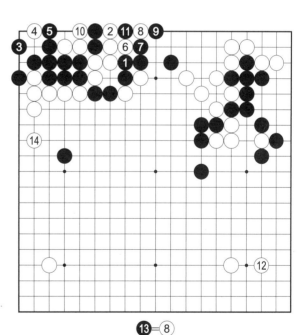

⓭=⑧

变化图 8-2

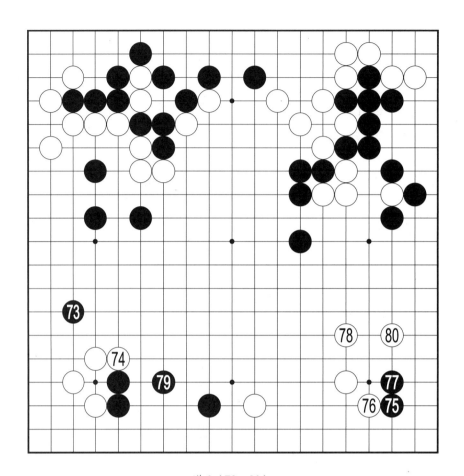

谱 9（73—80）

黑 73 是双方消长要点，黑棋全盘目数领先，又无弱棋，这让桥本宇太郎很是为难。白 74 压，自然期待黑棋补棋，白再在右角围空。

吴清源的实力桥本宇太郎自有感触，眼见对面少年将黑子放到棋盘右下角，顿感不妙。一声脆响，棋子已落到了右下角三三位。

右下角本是白棋扩张的重要基地，现在被黑棋抢走，白棋目数严重流失，桥本宇太郎心中似在滴血。不过，身为盘上斗士的他怎会气馁，白 76 尖顶后再白 78 跳出，待黑棋跳补右边后，白再从下方黑棋拆三之处打入。

白 78 跳入中腹，杀气凛然。对面的少年，自然感受到了这股杀气，他沉思良久，黑 79 先将下方加固补强，这让对面师兄一筹莫展。

透过棋谱，我们可以清晰地感受到少年时期吴清源的棋风——时稳时疾、时迫时徐，张弛有度。

黑1折边时白2压，待黑
3补时，白4再守右下角。如
黑5打入，已慢半拍，白6盖
住已是白棋善战的局面。

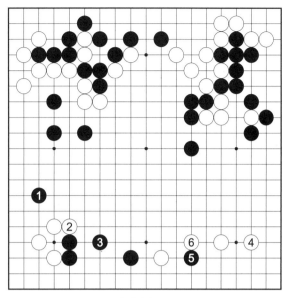

变化图 9-1

那么，白棋明知黑有脱先
抢角之险，为何还要在上图2
位压呢？白或许也有所顾忌。

白2如守角，黑3挤很严
厉。全局来看，白4虎即可善
后，以下黑5断白一子，白6
虎后，至黑11为双方必然下
法。白12跳，目数先牢牢抓住，
未尝不是积极策略。

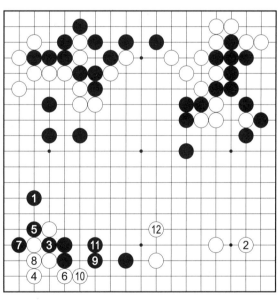

变化图 9-2

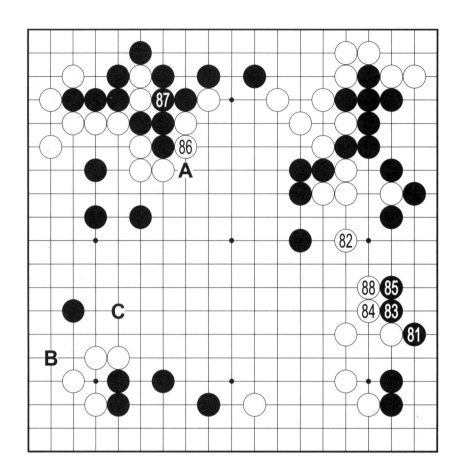

谱 10（81—88）

面对白棋跳下，黑 81 托，整形。白 82 先从上方拽出数子，维持目数平衡的同时，还能窥伺中腹黑棋四子。

黑 83 从右边扳出后挺头，白 86 打吃后，再从 88 位贴出，局面又到了岔口。此时，AI 推荐 A、B、C 三个选点。其中的一个选点，也是吴清源的下一手。A 位——拦腰断之，不辞一战；B 位——白角空虚，棋形要点；C 位——呼应上下，以为正合。少年的下一手，会落于何处呢？

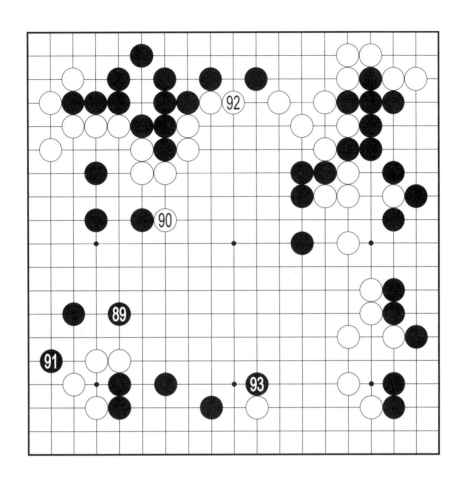

谱 11（89—93）

少年吴清源给出的答案是黑 89 跳。

在全盘通厚，双方目数差不多的局面下，黑棋这一手不仅加固了左边，环伺白角，还隐隐扩张中腹。如此呼应上下、照顾全局的下法，中正而平和。

桥本宇太郎白 90 靠出，借力踏进中腹，同时看住右边黑棋四子。

接下来黑 91 飞角，白 92 长，黑 93 下方靠出，双方着着脱先，各怀心机。

黑 91 瞄着角部弱点，价值之大自不待言。白棋对左下白角无暇顾及，径直上方长出，瞄着中腹黑棋四子。黑 93 靠，顺势接应。这寥寥几手，把师兄弟间的相互试探、问询、反击展现得淋漓尽致。

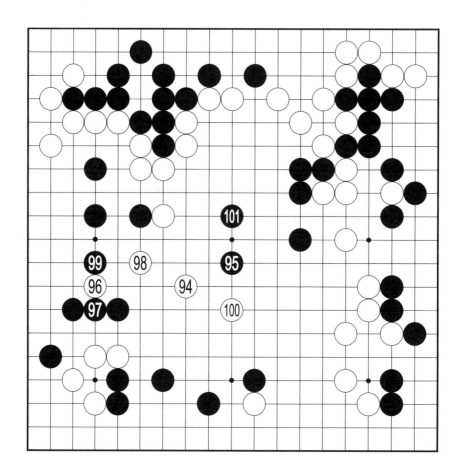

谱 12（94—101）

白 94 大飞，如流星般划过天际。

紧接着，一颗黑子在穹宇间一闪而过，正是吴少年的下一手，黑 95 ！

"佩服啊！佩服，佩服！"这一次，师兄又是脱口而出钦佩之语。

黑 95 这一手飘入中腹，一边舒展自己的棋形，一边瞄着中腹白棋的弱点。

白棋在左边试探着，暗暗积蓄着力量，将兵力渐渐移至中腹。白 100 飞，切断黑棋中腹与下方的联络，意图昭然。

黑 101 跳补中腹，开局善战的师弟吴清源，此时却高高挂起"免战牌"，让桥本宇太郎无处发力。毕竟黑棋目数领先，且全局通厚，唯一不安定之处就是中腹黑棋几子了。

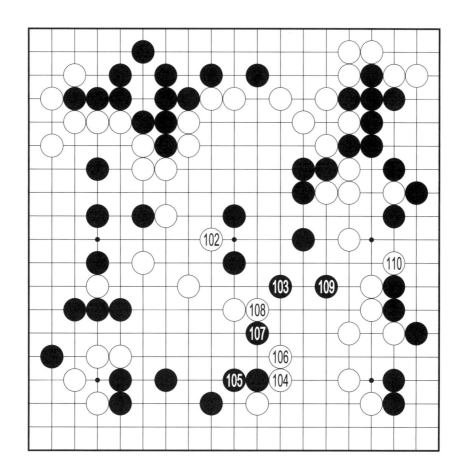

谱 13（102—110）

虽说领师命来下入门测试棋，可作为"考官"的桥本宇太郎又怎么甘心束手就擒。

第一局桥本宇太郎执白 6 目败，这一局还是形势不佳的局面，想必此际师兄的内心免不了有些许的焦躁。当下，白胜负的关键是能否对中腹黑棋展开严厉攻击。

白 102 刺，黑 103 飞，白 104、白 106 扳后挺起，黑 107 顺势跳出连接，白 108 分断，黑 109 再补厚棋形。

师兄显然察觉到了危机，白 110 扳下，看似进攻，不如说是在躲闪黑的下一手。

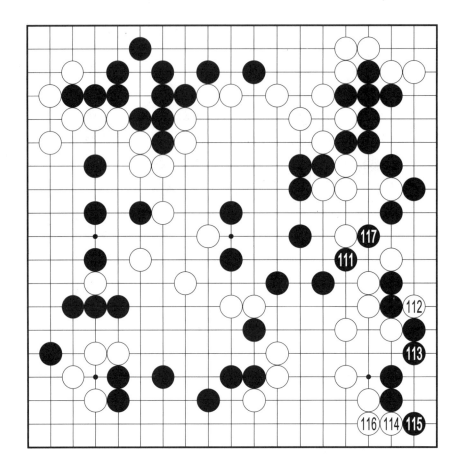

谱 14（111—117）

吴清源黑 111 尖，上方白棋几子已难以脱身。

白如施救白子，必将深陷泥潭，思忖再三，遂于 112 位断，明智。黑 113 选择退回活角，右下白扳粘之后，黑 117 再扳吃中腹五子。此时，黑棋已积攒了 15 目左右的优势，棋局形势更加明朗。

黑舍弃边上二子吃厚中腹，局面迅速缩小。从开局至此，黑行棋可谓浑然天成。吴清源稳稳保持住优势，合理规避风险，令对面的桥本宇太郎不得不暗暗叹服。

既然实战白扳下后，上方数子会被割断，那么白1如本图单长，又会如何？有中腹数子接应，黑2长出严厉，双方在此切断已是势同水火。

黑6长出头后，白7粘，必然。黑8瞄着白中腹，白9冲断后弃子整形。至黑16飞补，右边白虽然连通，但黑左右两边皆获利，白棋困窘形势依然未解。

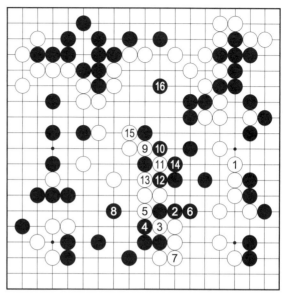

变化图 14-1

另外，黑1尖时，白2若不愿舍去数子而强行接上，黑3断后白4粘，黑需要在右边补一手。

以下白6打后再8位挖，竭力奔逃，但想冲出黑外围封锁谈何容易？黑13先手打后，从15位枷住。本图白棋尽施解数，依旧不能成立。

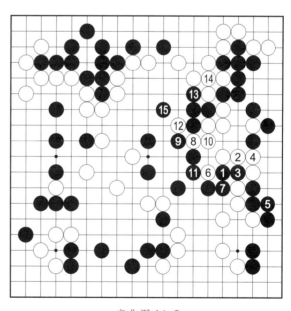

变化图 14-2

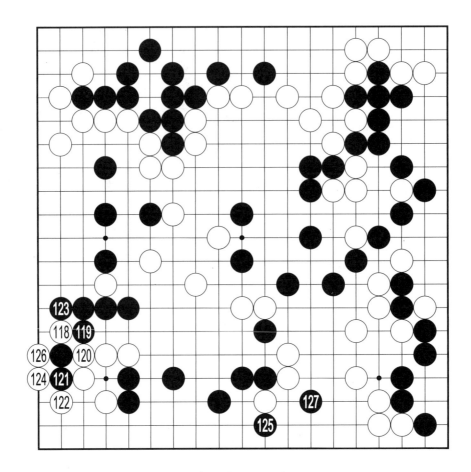

谱 15（118—127）

黑棋将中腹白五子吃住，中腹战斗随之停止。此时全局四处疆域已经划定，逐步转入修补细节的后半盘官子战阶段。

白 118 从左下跨入，弃子整形。至白 124 打吃，吴清源脱先不应，径于125 位二路夹。

师兄紧缩的眉头逐渐舒展，略做思索后，在左边提掉黑棋二子。

黑 127 飞入下方破入白空，双方各有所得，但白角通厚，黑棋左边隐隐显露薄味。不过，黑飞入下方虽然破坏了白空，但黑棋形显薄，白棋生出不少借用。

短短两合，双方差距已骤然缩小！

AI 建议，黑 1 直接打拔白二子极大。白 2、白 4 扳粘，紧要。

此后，黑 5、黑 7 分断白子，防止白棋攻击下方黑棋，黑再 9 位粘住，盘面白棋再无可争之处。黑棋盘面约有 15 目的优势，白棋在无贴目的情况下将再无胜机。

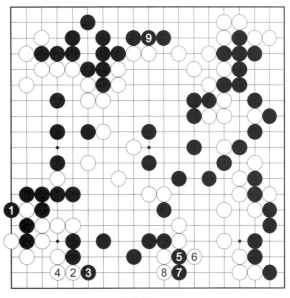

变化图 16-1

黑 1 夹，白 2 打拔左边二子后，实战黑棋飞入下方或是吴清源的失着。此时，黑 3 靠住守空，是 AI 推荐的收官好手。

之后，白 4 拔掉二子，黑 5 补活。白 6 再冲，之后白 10 再抢占下方大棋，至白 16 打吃，黑棋盘面依然领先 15 目左右。

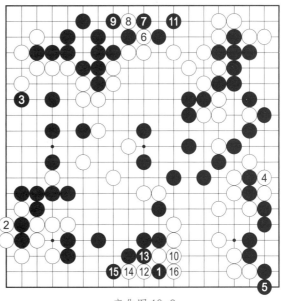

变化图 16-2

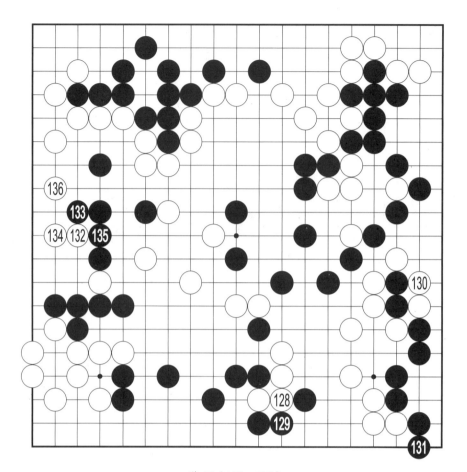

谱 16（128—136）

白 128 先手粘住价值巨大，此处抢先动手，杜绝被黑棋逆收的可能。此后，白从左边黑棋空中竭力搜根攻击，皆因白 128 这一粘而起。

下方黑 129 连回必然，白 130 先手提二子，黑 131 补活。

桥本宇太郎一直盯紧着左边黑空。他盘算半晌，终于出手——白 132 点，刺入左边黑空，犹如一道银光闪过。临近终盘，师兄蓦然发起强烈的冲击！

黑 133 拐下再 135 粘住，少年显然已有所准备。白 136 跳回之后，黑左边空几乎被洗尽不说，也切断了与下边黑方城池的联系。

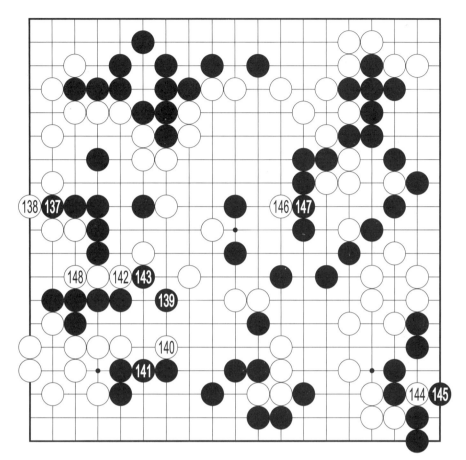

谱 17（137—148）

黑 137 冲，之后再黑 139 跳出。白 140 靠，看似在威胁下方黑阵，实为想要缠绕左边长龙，十分严酷。这块黑棋放眼望去，竟是险象环生。劣势下桥本宇太郎施出一记重锤！面对师兄放出的胜负手，少年不为所动，稳稳地在 141 位粘住。

白 142 拉出一子，寒刃出鞘；黑 143 挤，紧凑防守。白棋交换两合后，终于自 148 位冲下。终盘前的一场攻守战已拉开帷幕，两人即将直面这场最激烈的战役。

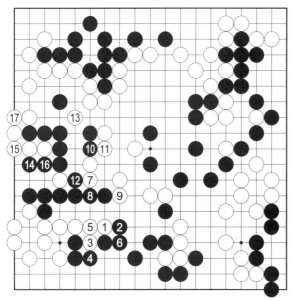

变化图 17-1

实战白1靠时，黑棋在下方冷静地粘，包含着深远的计算与判断。做出这一决策，往往需要将各种变化逐一推断、比较和筛选，直至选出最优解，这是颇费心神的大工程。

黑2扳为常见思路，以下白3、白5挖粘，必然。黑6补住下方之后，白7抢先刺到，再从9位分断黑大块联络。黑整形盘活，至白17粘，黑大龙竟难觅两眼，深陷困境。

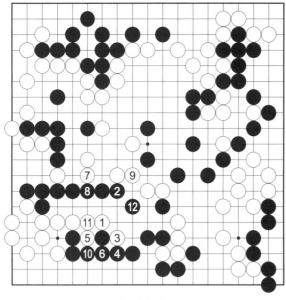

变化图 17-2

白1靠时，黑2先贴出，白3扳后再5位打愉快。此后，白依然抢到7位刺，黑粘之后白9再连回。

本图演绎至黑12尖连回，黑大龙无恙，但下方被白棋在搜刮中获利不少，白获先手再从上方冲下，白棋盘面差距将缩小不少。

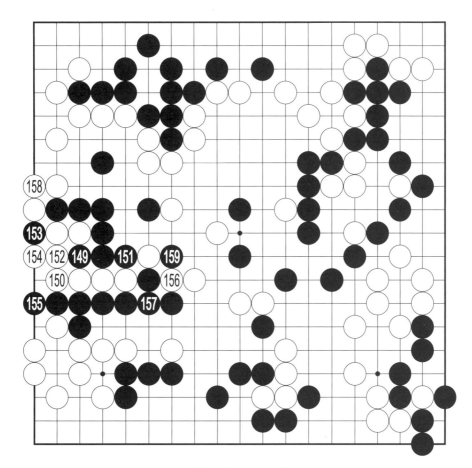

谱 18（149—159）

局面顿起波澜，少年脸上却很平静。黑 149 冲下，白 150 退，黑 151 断开白棋。以下双方愈下愈疾，愈演愈烈。

白 152 粘后黑 153 扑，必然。至黑 159 打吃，双方应对皆为一本道。

谱 19（160—173）

白 160、白 162 加固中腹。白 164 再从下方连回一子，黑 165 冲时，左边大块黑子离中腹黑子很近，白 168 只得顶住，阻隔黑棋联络。

黑 169、黑 171、黑 173 三手顺着羊肠小道进军，两块黑棋顺利会师。而这一带的变化，少年吴清源早在数十手之前就已了然于胸。

好精准的计算！桥本宇太郎暗自称赞，他下意识地用力点头。

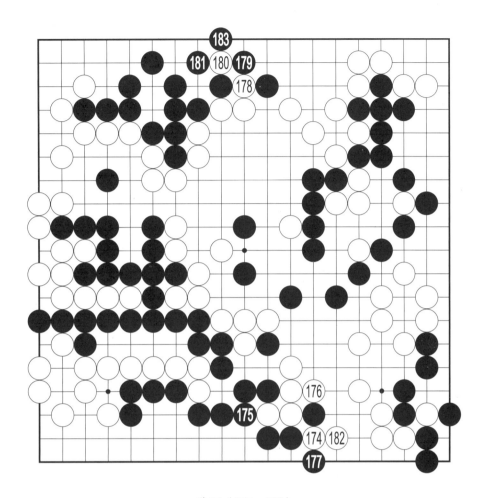

谱 20（174—183）

踌躇良久，白174从下方二路单断。终盘阶段，师兄再次留给师弟一道考题。

不过，少年的回答却是简单干脆——黑175稳稳团住，补厚棋形，黑大块棋形再无危机。

白176打，黑177一路打，这手棋稍有疑问。白棋不由分说当即从上方冲下，终于抢到白178这一全局要点。

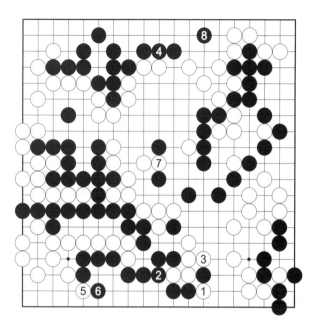

变化图 20-1

白1断有试应手之意，但AI认为并不便宜。实战黑2稳妥粘住是应对善策。

如此白只有3位打吃，黑4位粘价值极大，黑8飞又是与之相关联的大官子。目数方面，白已望洋兴叹。

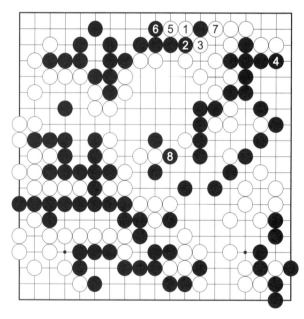

变化图 20-2

接上图。白1、白3是定型要领。至白7，白虽吃住黑子，但黑4、黑8抢到官子亦瞩目，此时盘面差距已不止10目。

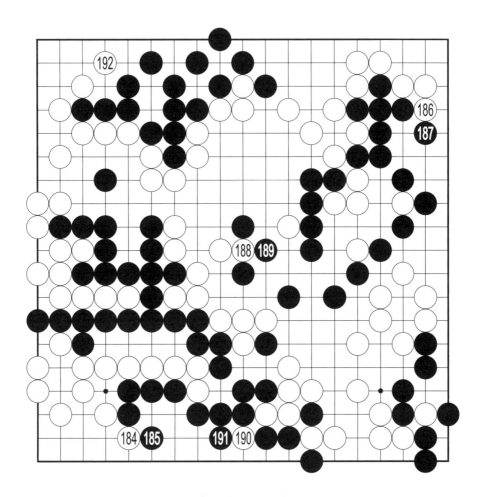

谱 21（184—192）

进入官子战。师弟吴清源呈优势，师兄桥本宇太郎只得施展官子绝技以求追赶目数。

白 184 扳后再从 186 位拐，步步抢先，黑 187 挡稍显随手。白 188 冲击中腹黑棋弱点，价值极大。下方白 190 断交换一手，接着白 192 尖，这又是彰显实力的一着。

不懈的追赶，顽强的竞逐，白棋以追击者的姿态从远方奔至眼前。

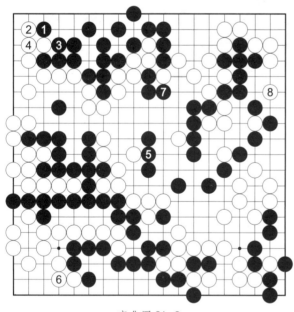

变化图 21-1

白 1 拐时，黑或有更佳应对。经 AI 分析，黑先从下方 2 位长多弃一子，是局部的官子巧手。白 3 打吃后，留下以后黑一路打的便宜。白如从 A 位粘的话，因中腹薄味，黑在 B 位是先手，白需 C 位补。

此后，黑 4 冲追究中腹白棋薄味，颇为严酷。黑棋利用先手进行追击，获利巨大。

变化图 21-2

黑 1、黑 3 夹打后再抽手补厚中腹，白 6、白 8 虽占到价值巨大之处，但盘面 10 目的天堑白棋依然无法逾越。

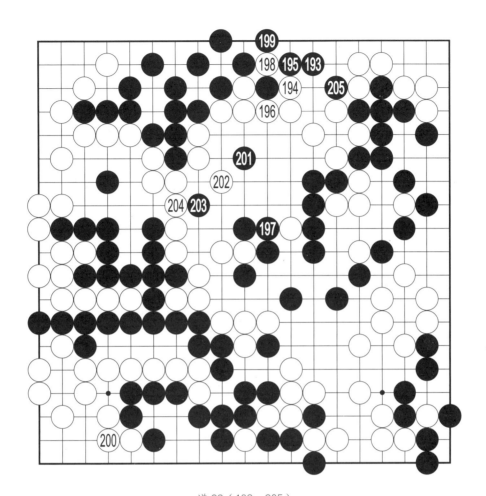

谱 22（193—205）

盘上的空间愈来愈小，但计算强度却丝毫未减，蔓延全局的杀伐逐渐变为锱铢必较的官子收束。领先优势虽然可观，但面对尾随身后的师兄，师弟吴清源毫无懈怠。

黑 193 飞，收目的同时瞄着 204 位分断，确实是当下价值极大的一着。白194 冲后再白 196 打，黑 197 当即脱先，稳粘中腹。对面的师弟，后半盘守城固若金汤，或许不能称为完美，但行棋厚实稳重，未给身后的追击者半分可乘之机。拥有这样的竞技素质，是当之无愧的围棋天才啊！白 200 粘价值极大，黑 201 点还以颜色，白中腹这一块半目不剩，反生出不少薄味来。白 202 虎补，黑 203 刺后，再从 205 位断开。

吴清源看得真切，这一断万事皆休。

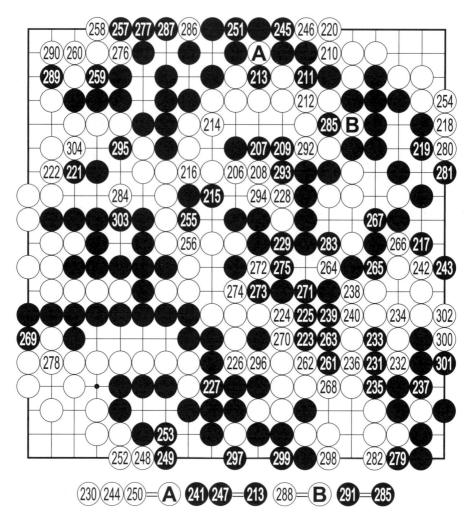

谱 23（206—304）

二人落子速度逐渐加快，盘上棋子渐次堆满。胜负也愈发清晰可见，最终结果已无可撼动。终盘 304 手，此时盘面只剩下些许单官，两人都已心知肚明。师兄微笑着点头，吴清源执黑以 6 目胜出。

本局，开局伊始师兄轻盈处理、别出心裁；师弟厚重沉稳、应对无误。局部一战吴清源即获优势，率先成为领先者。之后，处于领先者的少年吴清源稳控形势，令身后的追赶者望尘莫及——桥本虽有数次机会追近，却最终未能超越。吴清源这样的专注力和控制力，不得不令师兄大为叹服。

面对白1粘，黑2愤然一断，将引燃终盘前的劫争大战。

白3扳，黑4提劫，白5打为本身劫。此后黑6扑巧妙，白7须提，黑8粘劫后白9提为必然进行。黑10扳，剑指角上，激烈！

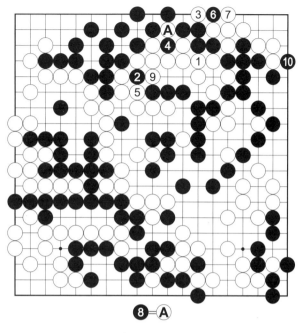

变化图 23-1

角上成劫已不可避免，白1后，黑2顶在紧要之处，以下角上再成劫争。全局劫材黑棋更多，AI分析双方激斗劫争数十合后，白难逃劫败结局，如此胜负立见。

本图变化虽然严酷、激烈，但也充斥着复杂、未知和不可控。少年选择了更平和的终局方式。

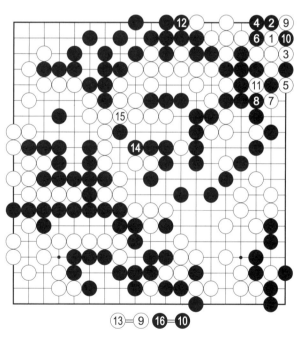

变化图 23-2

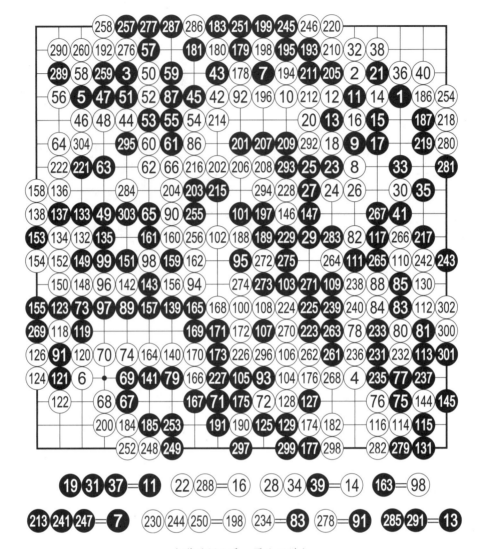

全谱（304 手，黑 6 目胜）

连负两局后，师兄桥本宇太郎望着堆积在盘上的棋子，陷入了短暂的沉默。对面的吴清源也注目着盘面，若有所思。良久，桥本宇太郎转头对一直观战棋局的山崎有民先生说："吴君，已经没有必要跟任何人学了，以后该学的应该是其他东西了吧！"

数日后，桥本宇太郎拿着与吴清源对弈的棋谱回国，向师父濑越宪作做了汇报。师父目睹两位爱徒抒写的曼丽妙谱，更是喜不自禁。在多方推进下，吴清源留学日本的事情最终得以落实。

金鞭美少年，去跃青骢马。在黑白轇轕的胜负世界里，这样一对来自不同国度的天才少年相遇在一起。未来氤氲而未知，但足以令人期待。

第四章　出蓝之势

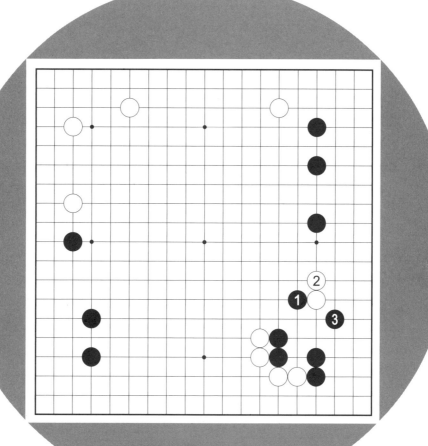

吴清源 **濑越宪作**

○ 数百年前，本因坊道策与乃师道悦相弈"出蓝秘谱"而载入棋史

○ 这一次，抵日后的少年吴清源精彩发挥，令师父濑越宪作欢欣不已

○ 以满怀期望的寄托与关怀，倾其平生所有传道授业，皆在此一局

○ 一番春风桃李，唯有草色青青。这抹青色，将抒写一番宏幅新章

1928 年 10 月，天津。

吴清源与母亲、大哥，自北京来到天津塘沽港，登上了前往日本的轮船。

从头细数这番旅程，自有数不尽的艰辛磨难。少年吴清源的惊世才能震动日本，经过多方奔走，旅日之事终于落定下来。时值深秋时节，母亲张舒文对赴日一事却忧恼不已——异国他乡，语言不通，在那样一个未知的地方，一家人要生活下去着实不是一件容易的事情。在局势紧张的当时，要决定这样一件改变未来的大事，更是难上加难。现在，她终于下定了决心，却依然心怀忐忑。

又一次，吴清源从怀中拿出濑越宪作的手书信笺，字迹清秀脱俗，婉丽而隽永。

信中的文辞出色自不必谈，但作为即将成为自己师父的濑越宪作八段，能以如此谦恭之语，写成这满篇彰显着深厚教养与学识的信函，实属不易。若干年后回忆此事，吴清源也不由赞叹：这篇信函，简直不像是出自棋士之手。

海面一起一伏，轮船随海风轻摇。甲板之上，吴清源思绪万千。

这艰难险阻的海路，是顾水如先生曾经赴日学弈之路！这颠簸荡漾的海路，也正是父亲昔年曾经走过的路！少年将自己的手掌摊开——虽然前路渺茫，可它尽在自己的掌握中！

见到师父濑越宪作后，两人做的第一件事就是坐在棋盘前下上一局。这一局不是正式的比赛，自然是老师测试徒弟实力的一局，是老师的特别馈赠，也是徒弟的见面礼。

头一次踏上异土，徒弟吴清源自然暗下决心，面对师父竭心相弈。

山雀啁啾，寒气渐浓。在那样的时节里，吴清源就坐在师父濑越宪作的对面，大哥吴浣静静坐于一边，记录下了这珍贵又别有意义的一局。

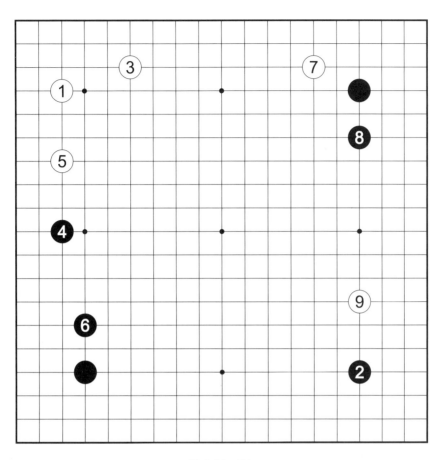

谱 1（1—9）

这一局是让二子棋。几日前，通过吴清源的战绩，濑越宪作已确信吴清源有三段以上的棋力。深知以棋份之差，与吴清源授三子对战已是万难，濑越宪作便让吴清源在盘上置下二子。

随后，濑越宪作正襟危坐，整理衣冠。白棋在左上小目位打下一子。

吴清源占据空角的星位。接下来白 3 大飞守，积极奔放。

白 7 挂角，黑 8 单关跳起，黑棋右边和下方已隐约成势。白 9 二间高挂黑角，在让子对局中，这样的着法并不鲜见，这是师父对弟子的试探。

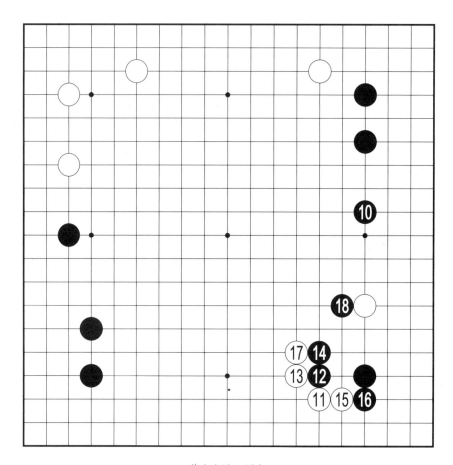

谱 2（10—18）

黑 10 拆二，若论夹击白棋，稍显松缓，白尚有开拆余地；若说加固右上，却似乎留有空隙。这一手到底有何用意？

濑越宪作对着黑棋这一手思考良久。这一手棋味幽然，恐难以名状。这一切，都在是与不是之际、紧迫与松缓之间，缥缈而含蓄。这一手也颇具吴清源后半生所推崇的"中庸"之道，令人回味。

略做思考后，濑越宪作从另一侧小飞挂角。接下来黑棋靠压，意图分割两边白棋，以下数手交换可谓中规中矩。

白 17 紧紧贴起，少年略做思考，静静地将棋子放在五路的位置——迎着右边白孤子靠上，这一手甚不寻常！

实战白1贴时，黑2尖沉稳。

此后白3扳头，黑4再从下方逼住，与其说消解白势，不如说是紧紧攻击，暗含力道。接下来白5尖继续封锁，黑6挤是棋形要点。

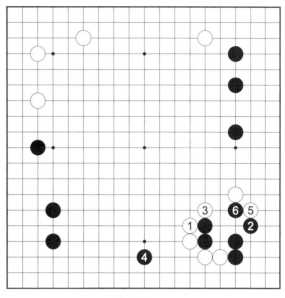

变化图 2-1

接上图。白1连扳强势定型，黑打拔二路一子，进行至白9飞补中央，白棋棋形舒展。此后黑10刺后再黑12大跳，黑棋右边实地与左边模样也相当醒目。

之后白13托角求战，此为一变。因是二子棋，目前黑棋盘面优势在30目左右。

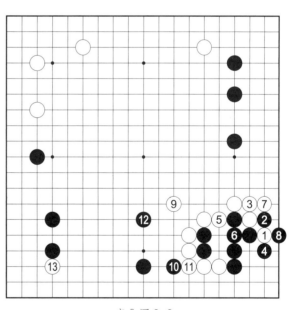

变化图 2-2

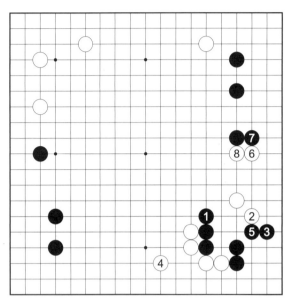

变化图 2-3

黑若直接在 1 位长出，虽是一种正常应对，却稍显不足。

此后白 2 尖瞄着冲断，黑 3 二路飞补，白 4 飞构筑根据地，黑 5 挡住棋形坚实，白 6、白 8 再盘活右边。

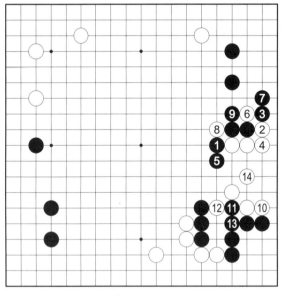

变化图 2-4

接下来，双方在右边展开攻防。其中黑 1 扳强烈，白从二路扳粘后再在外围留下利用是要领，黑 11 挤也是要点，至白 14，局部定型完毕。

不论是当考官出题目的师父，还是想展示漂亮答卷的弟子，都不愿下成这样稍显平淡、缺乏意趣的局面吧！

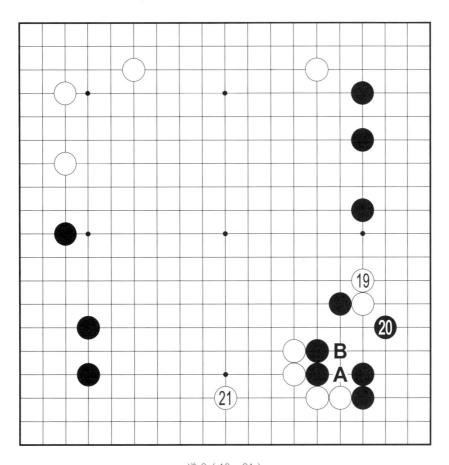

谱 3（19—21）

开局未几，徒弟就亮出五路靠的犀利一剑。师父沉吟半晌后，白 19 静退一手，且待弟子出着。未料想，黑棋的下一手更是让他眼前一亮。看到这一手，濑越宪作的嘴角露出不易察觉的曲线。这是多么美妙的棋步啊，眼前的黑白光影里，一幕幕为眼前少年到来所做出的努力，在这短短两手棋之间，一切都变得更有意义。

黑 20 小飞，犹如梁间的春燕飞抵盘端。这样的十月深秋，本已是阵阵清寒，却仿佛春意乍临，让人心生暖流。

此时黑棋留有被冲的弱点却故意为之，可谓超越棋形固有思维之窠臼，新奇而巧妙。黑 20 这一手，自然也是当下局面 AI 的第一选点！接下来，即便白在 A 位冲，黑 B 位挡住即可。如此前面黑碰的一手可视为交换，十分巧妙，而白棋右边被分隔，还需处理。

实战师父并未直接冲断，而是调转笔锋先自白 21 处固守下方，是为冷静好手，再次静待徒弟出着。

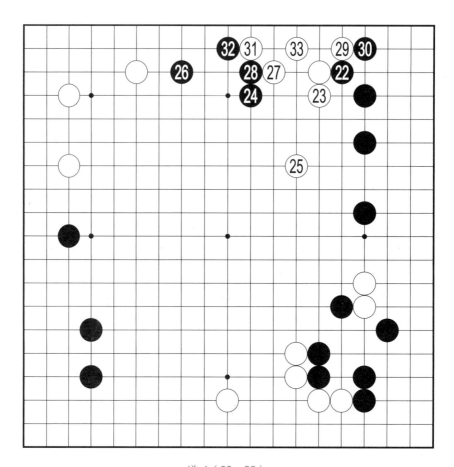

谱 4（22—33）

　　序盘未几，黑棋一靠一飞连续弈出好手，棋形拿捏之巧，手顺运用之妙，少年超凡轶尘的本领展露无疑。

　　当前局面，下方战斗如何定型，令人难以抉择。少年暂且保留下方的各种变化，先尖顶上方挂角的白子，根据上方的战斗情况，再决定下方应对之策。人们往往在抉择面前，会踌躇未决，疑心难断；少年却另启山林，以观其变。不得不说，十四岁少年眼界之广，不得不令人叹服。

　　待白 23 长，黑 24 高位攻逼过来。白 25 从七路高高跃起，令人心旷神怡。

　　白 25 这一手，从地面径入太空，确实是"濑越流"轻灵而潇洒的着法。

　　黑 26 拆，白 27 拆一之后两扳再虎，白上方瞬间安置成灵活的棋形，黑棋角地余味顿显。此种手段，是濑越宪作手到擒来的腾挪本领。

　　来到局面的分歧点，少年的下一手会在哪里呢？

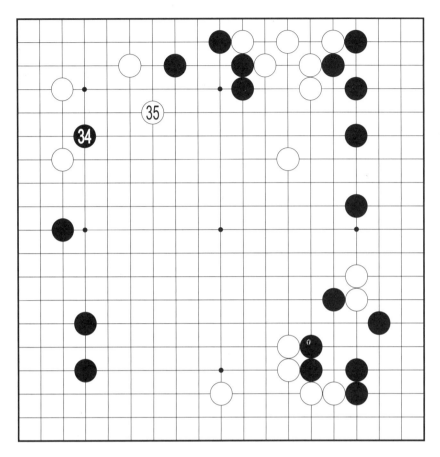

谱 5（34—35）

上方白棋构成两个虎口，成为弹性十足之形，黑棋很想马上一路拍上去，白棋势必会虎住做劫。开劫时机、劫材多寡等黑棋都需慎重考虑。

吴清源搁置此处，先从左上一带入手。黑 34 的目的很明确：试探白棋的动向，压低白棋，瞄着侵入左上白角。

白 35 飞，轻灵奔放，洒脱自如。作为测试棋，濑越宪作也是奇着连连，同弟子来一场思维碰撞。

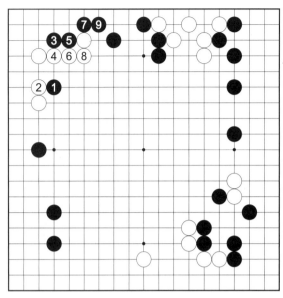

变化图 5-1

黑1之后，白棋一般会在 2 位挡，接下来会形成怎样的变化呢？

黑棋将会从角上 3 位点入，白 4 挡则黑 5 顶，以下至黑 9 大致定型。

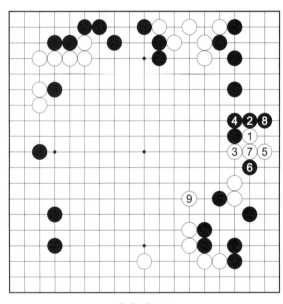

变化图 5-2

黑左上连回后，轮到白先手，此时处理右边白二子为要。

白 1 托，腾挪。黑 2 扳时，白 3 反扳，以下至白 9 跳大致如此。黑 2 如在 7 位扳，则白在 3 位断亦可腾挪。

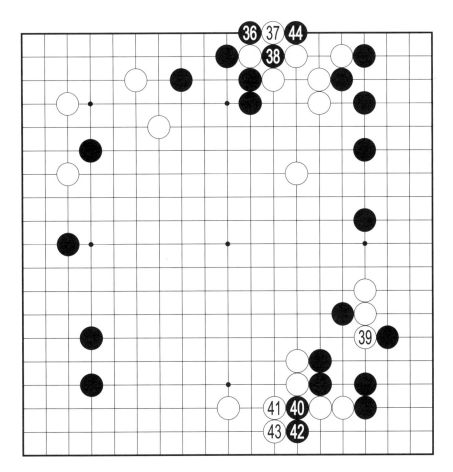

谱 6（36—44）

吴清源从左边试探一手后，又转到上边 36 位打。因前谱白 35 飞对上边黑棋形成压力，此时黑棋劫争若胜，上方白棋变薄不说，白 35 飞攻一手也有落空之感，所以黑 36 时机正好。白 37 虎做劫是必然下法，前谱中黑 34 与白 35 的交换，现在来看，有了蓄积劫材的意味。

白 39 转入下方寻劫，这一带此前黑已脱先，从轻处理已是既定计划。黑40、黑 42 弃二子，白棋已无法直接断开黑大块联络。少年转手再从上方消劫，瞬间形成大转换。

回过头看，此时上方黑棋由薄变厚。前谱白 35 飞，面对上方巨厚的黑棋稍显尴尬，而左边黑棋可以冲下，无疑黑棋便宜许多。

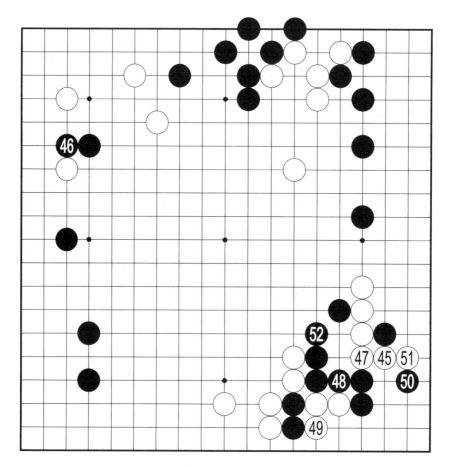

谱7（45—52）

作为劫争失利的补偿，白45得以从右边扳下，黑46转手冲入左边白棋，白47粘，黑48粘虽是先手，但白49吃住二子后黑棋整体未活。

黑50跳下后再52位出头，黑大块暂时生死无忧，但一定会成为白棋的攻击目标，所幸上方白棋大块也未安定，攻击黑棋难免受限，这也是前谱黑44果敢消劫的缘故吧。

回头来看，黑46还是先在47位断更为稳妥些，如此白还需吃住黑一子，黑得先手再从46位冲下也不迟。不过当前局面，黑棋左右两边潜力不小，上方坚固无比，优势自不待言。反观白棋未成大空，只有在乱战中寻找机会了。

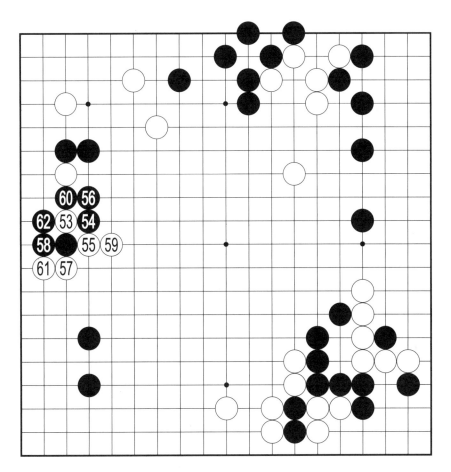

谱 8（53—62）

接着，濑越宪作转身白 53 靠入后扳断，又到了考验徒弟的关键时刻。

黑 54 扳，强硬；白 55 断，腾挪；黑 56 退，稳健。白 57 下打后再 59 位长时，黑 60 又是坚实的一手，若要追求效率，黑 60 在 61 位拐出更为猛烈，变数自然也多了起来。实战中，黑棋下得坚实无比，不给白棋可乘之机。下方黑棋与上方拔花的黑棋相呼应，左上白棋三子的薄味愈发明显。

吴清源在少年时期，执黑下出的棋厚重却不滞重，收放日渐自如。此后，这种风格被吴清源发挥得淋漓尽致。

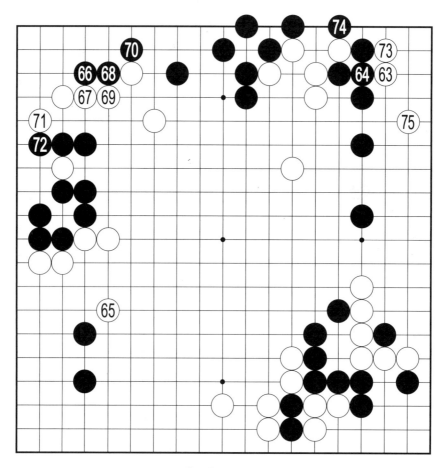

谱 9（63—75）

白棋左上角子力薄弱，要总攻下方黑大块难免受到掣肘。而作为上手一方的濑越宪作实空严重不足，白 63 点入右上角抢空也属无奈之举。

形势不利的窘境需要施展胜负手。白 63 从右上角打入，黑 64 粘，白 65 补断，黑 66 获得先手，果断从左上白最薄弱处入手。

此处打入十分严厉，至黑 72 挡，白角被洗劫一空，一串白子搞不好也会沦为被攻击的目标。白棋无暇顾及，转入右上盘活角部。黑 74 打吃连回，即便白棋活角，白棋中腹也相应变得更加薄了。

巡视全盘，白棋四处零散显薄，也没有多少实地。面对少年飞驰的步伐，师父已显得力不从心。

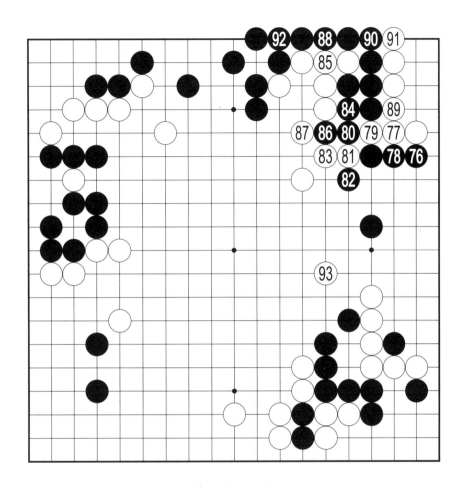

谱 10（76—93）

黑 76 挡住，下得异常紧凑。白 77、白 79 冲出，黑 78、黑 80 挡住是必然下法。白 81 断求战，白棋力图寻觅战机，想改善目前局势。

黑 84 粘后再黑 86 冲，不顾撞气也要把白棋分断。白 91 打后，先手将角部成活，再抢到 93 位飞的局面要点，形势拉回不少。

AI 认为，黑 76 挡用力过猛，此时 93 位飞为双方必争要点。

白 93 飞，此时右边和右下两块黑棋被白棋围攻，局面未知的因素大大增加。

下一手，黑棋该如何治理两块弱棋呢？

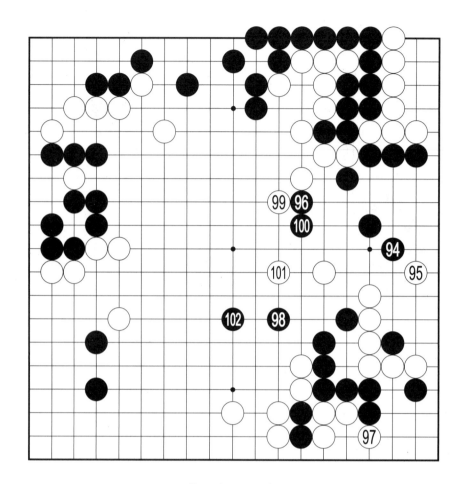

谱 11（94—102）

黑 94 尖，坚实防守，是少年吴清源的下一手。因下方黑棋尚未活净，而上边白棋数十颗残子棋形薄弱，黑这一手尖，稳守自身，不给白棋攻击借用。

细微之间，可窥见少年吴清源的心机妙算。每一个招式都精益求精，从不懈怠。志学之年的少年郎，未得名士指点和系统训练，就已具备了职业棋士的素质，不得不令对面的师父欣喜又叹服。接下来白 95 飞，先对右边黑棋搜根。通过攻击右边黑棋数子，顺势将目标转移至下方黑棋。少年岂肯简单挡住，黑 96 当即靠出反击。白 97 扳，事关黑棋眼位之处。因为关系着出头，黑棋此前未从下方二路打吃三子。

黑 98 出头，白 99 再从上方扳下，待黑 100 长时，白只得 101 位跳入中腹再说。如泉水般自然流转的步调，是濑越宪作的拿手绝技。短短数手，濑越宪作将日本围棋的"本格流"演绎得炉火纯青。

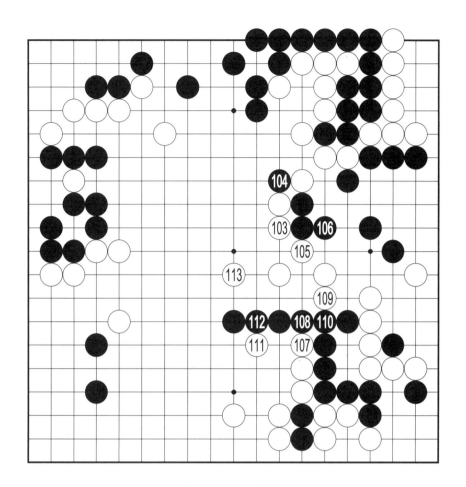

谱 12（103—113）

白只得 103 位贴住，黑 104 后，上方一串白子被断，白棋已不好动弹。白棋抢先对黑棋中腹发动攻击，白 109、白 111 顺手两刺破坏黑棋眼形，很是严厉。

白 113 跳起，中腹黑大龙尚未成活。如何处理好中腹黑棋，并简化局势，吴清源陷入沉思。

日已西斜，又是一桠耗尽心力的对局。

此时，师父面带微笑，望着陷入深思的少年说："清源君，旅途劳顿，今天我们就到这里吧！"

盘上激局，如同一幅斗方墨色，随着黑白棋子的增多而愈发浓烈，此刻却戛然而止。

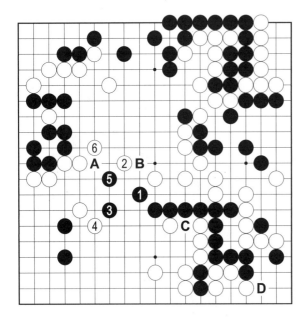

变化图 12-1

现在形势如何呢？不妨接着演变几手。接下来黑棋大致尖出，白如直接进攻，大致需2位飞攻。此后黑3、黑5整形，接下来白6若阻黑出头，则黑在A位尖或B位靠皆有腾挪，在C位冲或D位挡也有力。对白一方，上面几子未活，下方要屠黑龙也绝非易事；于黑一方，确保大龙安全时也要留意左下角。

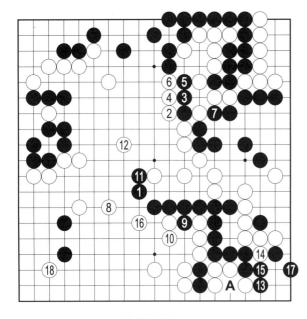

变化图 12-2

黑1尖后，白棋也有激烈的战法：可先弃掉上方数子，再自8位对黑大块施以强攻，白12飞环伺黑大龙，亦有力量。

黑13至黑17先走角部，留下眼味。此时白棋再点入左下角搜根攻击黑二子，以期形成两边缠绕的局面。此时黑棋腾不开手补活右下大块棋，而白棋若在角里破眼，黑还暗自留有A位扑的手段，会形成劫争。左下黑棋尚未活净，右下黑棋又有劫味，真真实战之"发阳论"也。

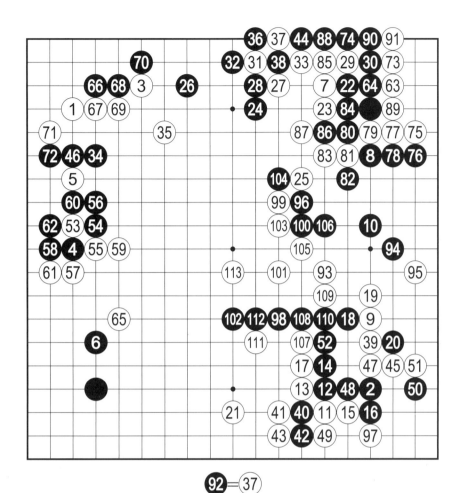

全谱（113手，打卦）

数百年前，日本近代围棋开山鼻祖、四世本因坊道策与师父本因坊道悦相弈对局时，道策37岁，已就位名人棋所，而道悦已引退棋坛数年。这一局道策执白大胜，该局的棋谱被称作"出蓝秘谱"，并被载入棋史。

本局终局之时，少年想必是松了一口气。而目睹少年全程的精彩发挥，师父濑越宪作也许一如当年的本因坊道悦一般，为与徒弟联手演绎的名局而欢欣不已吧。一局师徒之间的对局，是传道、是倾其所有的相授，是一种寄托与关怀。自这一局开始，接下来一场又一场的盘上征战，将等着这位初出茅庐的少年。

第五章　掞天之子

与本因坊秀哉的二子快胜局

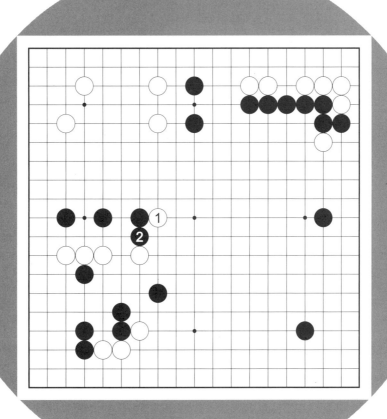

吴清源 ｜ 本因坊秀哉

○ 面对当时棋界至尊本因坊秀哉，少年毫无惧色、沉着应战
○ 在名人威压下，以超乎年龄的稳定发挥取得这场完美胜局
○ 测试棋直落三盘，日本棋院终于正式授予他三段棋士资格
○ 锦绣而璀璨的未来世界，等待一个异国少年开启新的篇章

  阳光倾泻，橙黄色的光芒自窗扉投射进来，正好映在对局室内的中央位置，那里安放着一个古旧的棋墩。阳光落在盘中，盘面像是被分割成一阴一阳两块地界——一端闪着光亮，另一端则幽暗晦涩。一老一少端坐枰前，各持一端，潜心对弈。

  这是 1928 年的最后一天。在日本棋院贵宾室，吴清源对战本因坊秀哉。

  这一年，吴清源初会师兄桥本，远途奔走抵日，拜谒师父濑越……一幕幕难忘的瞬间，就像是一帧帧黑白默片从少年的眼前倏忽闪过。

  对战时，吴清源身体前倾，注目盘端。由于不太习惯日本棋士对局时的标准坐姿——正坐，这次对局吴清源得到可以盘腿而坐的特许。

  对面的老者戴着一副眼镜，头顶短发微微泛白，眼眶凹陷，颧骨突起，上嘴唇蓄起一撮胡须，脸上有明显的沟壑，面容枯槁异常。他身着一件深色纹付羽织，泰然正坐，周身散发出一股自信与庄严之气。

  这位五十多岁的老者，便是二十一世本因坊秀哉名人。

  秀哉本名田村保寿，出生于日本东京。秀哉一生坎坷倥偬，八岁下棋，十岁为方圆社塾生，十三岁入段；十八岁入本因坊秀荣门下，棋艺从此大进；1908 年袭本因坊位，升为八段。吴清源出生的 1914 年，正是本因坊秀哉被推举为"名人"之时，他荣登棋界之巅，声名和棋力俱至顶峰。

  本因坊家、安井家、井上家、林家是日本当时的围棋"四大家"，皆已传承数百载，但一统棋界的名人却不过数十人。本因坊秀哉为第十代"名人"，也是最后一位终身制"名人"。秀哉名棋风奔放，一生激局颇多，遂成力战之雄。登鼎名人极位之后，或许是爱惜这样的王冠，他鲜有征战，不战即不败，开始"惜局如金"起来，所以有"不败的名人"之盛誉。极少征战的秀哉，这一次就像是从尘封已久的匣中取出珍藏的长刀——他眉目冷峻，认真仔细地擦拭锋刃上的灰尘。这一次，他要亲自检验少年的棋力，二子局！

二子局，是差距最小，也是最难下的让子棋。被让一方稍不留心，便会被上手一方迎头追上。要知道，当世的七段、八段高手，在比赛中被秀哉名人授二子还屡屡告负也是常有的事。在当时，"当代第二强"棋手面对秀哉也是"先二"（三局里面上手有两局是让先，一局让二子）的棋份。秀哉后期下了颇多的让子棋，让子功夫堪称一绝。后世棋家皆论："若是没贴目的棋，黑棋要照秀策的下法，白棋则要照秀荣的下法，至于让子棋，则非学秀哉下法不可。"

吴清源初抵日本时，关于授予这位从中国来的天才少年何种级别段位，日本棋界各持己见，始终定不下来。当时是"段位制"的天下，由段位而决定"棋份"，这一理念被视为纲领，更成为桎梏。严格的段位制度是棋手们护卫棋士生涯的前提。棋院元老经过一番激烈讨论，最终决定以测试棋的方式，确定吴清源的段位水平。

元老们认为假若吴清源能通过测试棋，便给予他初段段位，但吴清源的师父濑越宪作坚决不同意。在吴清源来日之时，师父濑越宪作遭遇了令人十分不快的"万年劫"事件。当时由于秀哉名人插手，濑越宪作大优的棋竟不被认可，被秀哉批示为"白胜黑不输"的结果，到手的八段段位顿成泡影，濑越忍辱负重，最后选择息事宁人。但这一次，对于爱徒的段位问题，他的态度则十分强硬：若赢得测试棋，非授三段不可！

第一次正式比赛是在12月1日，对手是筱原正美四段。吴清源根本不认识这位对手，更不知道这位筱原先生是当年升段赛冠军，加之吴清源刚来日本，日语尚不精通，也根本不知这局棋意味着什么。日本棋院考虑到吴清源不习惯限时比赛，便采用不限时的方式。这局棋吴清源执黑，历时三天下完，最终中盘获胜。

接下来的一局测试棋，对手便是名人——本因坊秀哉！与秀哉交锋二子局，若是能通过本因坊的亲自考核，实际上也是默许了吴清源的"三段格"。如果说上一局是预考，那么这一局就是真正的大考了。

"愿你能在不久的将来，荣升为名人……"坐在秀哉的对面，少年忽然想起了这句话。这是在旅日之前，师父濑越宪作在书信中对他的殷切期望。

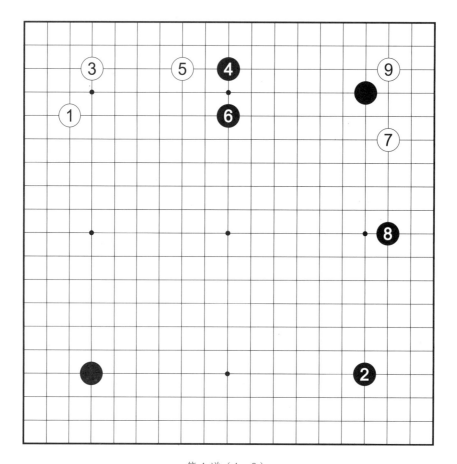

第 1 谱（1—9）

　　秀哉下出第一手——目外。与其说秀哉追求新奇，不如说他在试探少年的应手。这位异国少年的棋力他早有耳闻，对这一局的"测试棋"秀哉也是做足了准备。这手目外，位置方向也有讲究，它刚好使吴清源面对的方向挂起角来，更为顺畅。秀哉走目外，黑棋若应在 3 位，白棋可能埋伏着"大斜千变"这样的复杂定式。秀哉对这些地方研究颇深，倘若应对不佳，黑棋很可能在此局部吃不少亏。少年也出手了，用一枚黑子占星位之点。

　　在现在看来，这是最正常不过的一着，但在当时却被视作极为异样的着手。数百年来，日本围棋多数以小目开局，此时这种开局的理念正被这位年轻人冲击着。

　　秀哉再以一手小目加固角地，用两手棋将左上角看守起来。少年在上方三路拆边，白 5 逼住后，黑棋再从上方跳起。此后白 7 挂角，黑 8 从右边三路逼住，白 9 再点入角部。黑 4、黑 6、黑 8 三手棋，从实地的角度而言虽不是最好下法，但对于二子棋的下手而言，却能牢牢把握着大势，不失为厚实稳重的着手。

　　黑 1 占据星位的下法在当时普遍受到人们质疑，但在近百年之后，从超越人类计算力的 AI 视角分析，却是当下的第一选择。

　　白 2 守角后，构成坚固堡垒，这手棋同样是 AI 的首要推荐。接下来，黑 3 守角，右下搭建起的坚固阵地与左上相当，而右上与左下黑棋二子连成的对角线，使棋盘的右下部分遥遥圈成极为宽广的黑阵。此时双方目差在 30 目左右，殊为可观。

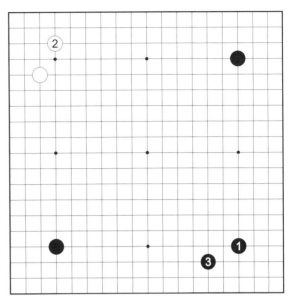

变化图 1-1

　　白棋挂角之后，黑 1 尖顶是 AI 的第一推荐，这是极为实用的现代下法。待白 2 长出，黑再从 3 位跳起，与边上跳起的黑二子呼应，构成雄厚阵势。

　　此后白 4 高拆三，瞄着后续点角，而黑 5 逼住也是好点。黑棋期待通过对白棋的攻击打开局面。

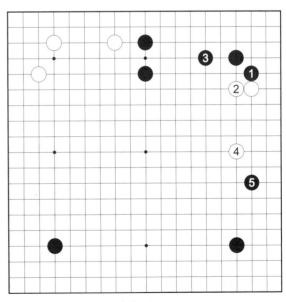

变化图 1-2

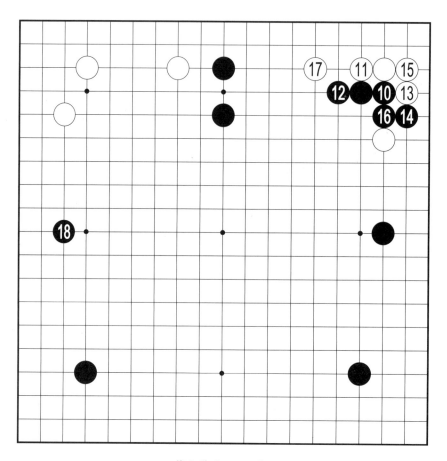

第 2 谱（10—18）

　　白棋点角后，黑棋选择从 10 位挡下。黑棋的选择看似简单，却是引导局面发展的要点。接着白棋在角上活出一块，黑棋顺势筑起一道外墙。可以看到，黑棋把白棋挂角一子分隔开来，有了右侧黑一子的照应，黑棋将外围砌成一堵密不透风的厚墙，这样坚实无比的着法，可以说无可挑剔。

　　白 17 跳出后，上方对战告一段落。黑 18 从左边拆边。开局至此，少年吴清源连续三手走在三线。有趣的是，下方四颗黑子与右上方黑阵遥相呼应，恰似张开的双臂，正等待着秀哉的打入。

　　若干年后，吴清源回顾此局时认为黑 18 稍许着急，应走下方边星构成三连星更善。当然，作为二子棋，寥寥十几手之后，黑棋棋形坚固厚重，彰显出一种积极奔放的棋风。想必对面的老名人肯定会被这股鲜活的气息所感染。

此际 AI 推荐黑 1 从右下小飞守角，构成坚固的阵势后再徐徐展开。

接下来，白 2 夹是当务之急，黑 3 扳阻渡，白 4、白 6 为必然进行。此后黑 7 扳，白 8 反扳，黑 9 再夹是耐人寻味的下法。

白 10 打吃时，黑 11 顶是形之要点，白 12 提后，黑 13 打吃最紧要，黑强手拿捏白形的弱点，很是激烈。

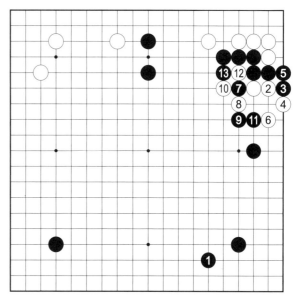

变化图 2-1

接上图。白 1 从二路长是双方要冲所在，黑 2 紧住白气，是紧凑激烈的着手。白 3 打后再白 5 冲是组合手段，黑 6 征吃为最善下法，如直接挡住，白棋则会直接断开。此后白 7 扳吃边上一子，黑 8 提吃厚实，白 9 再拆边，白取地，黑得势，黑 10 再左下守角，价值最大。

以上为激烈一变。作为二子局，黑棋这样走厚自身应无不满。

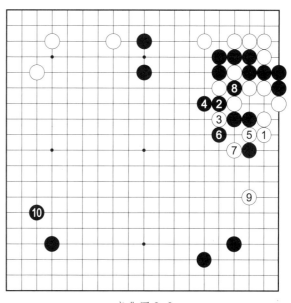

变化图 2-2

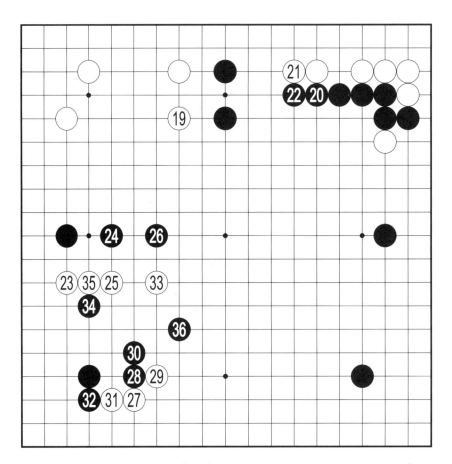

第 3 谱（19—36）

白 19 将左上阵营守得扎扎实实。按说授子棋中，下手方须坚实行棋，确保少留破绽；上手方则要极力撑满，四处寻衅。秀哉这一手淡如平湖之水，却暗涌波涛。黑 20 压后再于 22 位紧紧贴住，这样将此前堆砌出的厚壁再度加固。由于有白 19 跳，白棋在 20 位贴作战就变得十分严厉，从这一点来考虑，黑棋连压倒是必然的，当然也是 AI 的第一推荐。下方的黑棋就像是张开大嘴的狮子。秀哉名人从左边入手，自 23 位偏处斜挂进来。黑 24、黑 26 两手在左边跳起，稳控大势，同时对左边打入之子缓缓施压。白 27 反向挂入，更是强力手段。黑 28 靠压，白 29 扳起后黑棋再挺头，这是少年舒畅的攻击好调。

少年盯着左下角。几年前面对汪云峰前辈，初涉大战的吴清源，在左下相似的局部战斗中，弈出靠压分隔两边白棋的一幕犹在眼前。那时候少年面对的是京城的老前辈，现在，坐在面前的却是日本的名人，如梦似幻，初心不易。

白 33 淡然跳起，黑 34 刺中白棋的同时也补住下方断点，然后黑 36 飞出分割两边白棋，棋形殊为优美。

　　实战黑1飞，与AI的最优推荐如出一辙。

　　白2先守下方，黑3夹先手定型，黑7打后再从9位补住角部。黑棋加固自身，先拿实地，将选择权交给白棋。白左边一串孤子薄弱，只有加补一手从10位尖出，局面毫无疑问是黑棋占据主导。

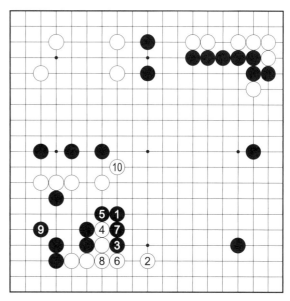

变化图3-1

　　白1托角，是AI给出的整形下法。黑2内扳，白3退，黑4立，白5跳，白棋棋形结实。黑6跳，这样双方都无不满。

　　晚年吴清源回顾此局，推荐此时白棋点三三。

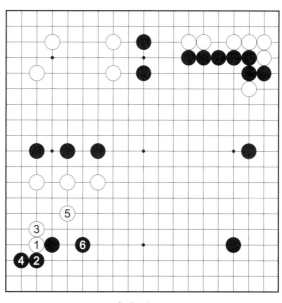

变化图3-2

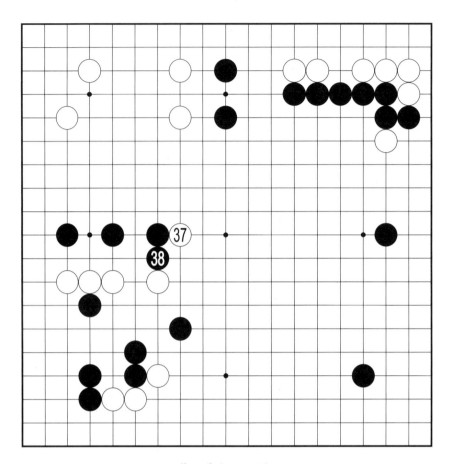

第 4 谱（37—38）

前谱黑 36 飞起后，白棋不甘小跳出头。此际白棋上下都不安定，如果简单跳出，下方白棋三子势必会遭到黑棋的飞攻。作为上手，此际若不走出严厉手段，便只能坐以待毙。

秀哉思忖了半晌，赫然出手——白 37 靠。这是雷厉之着，阻挡黑棋跳出头的同时，也借力腾挪整理自身。此际正为局面的分歧点，黑棋该如何选择，颇费脑筋。是进是退，不仅是局面走向的关键，也是对入局的两人气势消长之所在。

黑 38 横顶，看到这一手，秀哉眼里的瞳孔像是突然放大，但仅仅一瞬间后，又恢复正常。他抬头看着窗外，像是出神于局外，又将两只手交叉相持，身体前倾，直勾勾地望向棋盘。

比赛过程中棋谱不断被传到观战室内，拆解棋局的棋手们此际无不脱口而出："好强烈的着法！吴君行棋厚实，并乐于攻击，对于局面精益求精的追求，真是从未懈怠啊！"

显然，实战黑 38 横顶的这一手出乎秀哉的意料。

秀哉的预想恐怕是黑 1 外扳。这一手，也是 AI 的第一选点。黑 1 扳，白 2 退，黑 3 简单粘住的话，白 4 就从中腹跳出。至于下方，白棋需要补一手，即使黑棋先动手，也不足为惧。黑从 5 位逼住，白 6 托，黑 7 扳，白 8 断腾挪。此后黑 9 打后再从 11 位断，接下来白 12 至黑 19 长为一本道的下法。

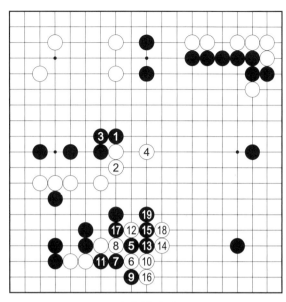

变化图 4-1

接上图。白抢得 1 位虎，与黑 2 交换后，白再处理下方。白 3 挂角，黑 4 尖顶后跳出，白 7 打入占据全盘最后的大场。

可以看出，白 1 虎后白棋中央厚实不少，以后自可安心侵消右上黑阵。全盘黑棋有被白棋打散之感，黑二子威力减小。

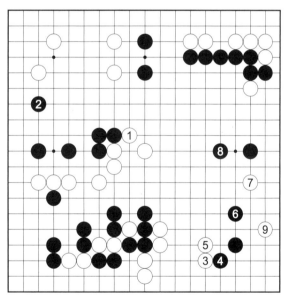

变化图 4-2

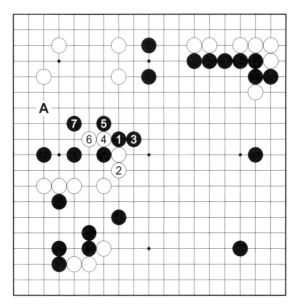

变化图 4-3

黑1扳，白2退时，黑3挺头是更为严厉的一手。

白4断很严厉，不过黑有腾挪妙方：黑5打，白6长后，黑7虚枷，漂亮。白棋的重拳就像是打在了棉花上。以下白棋冲出势必遭到黑棋滚包，黑在A位拆，守住根据地要点即可安顿。白棋中间和下方稍有捉襟见肘之感，两处全身而退皆非易事。

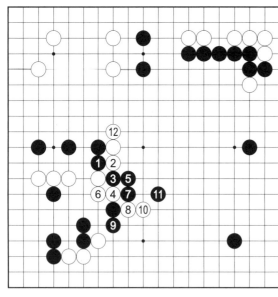

变化图 4-4

实战黑1顶，是AI推荐的有力着手。白2如挡，黑3断，必然。白4打后粘回，黑7挡，白8势必会断上去，黑9、白10各长一边，至此为一本道的下法。

接着黑11跳出，白12挺头只此一手，接下来黑棋率先动手，左边白棋危如累卵。

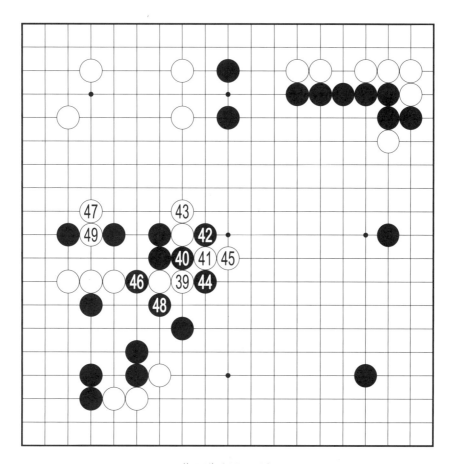

第 5 谱（39—49）

秀哉名人思索半晌，拿起一枚白子敲下，这一手是白 39 退。

秀哉并没有选择更为强悍的手段挡住，显然是考虑到了相关变化，毕竟左边的弃子实在太大，因而采取了回避的战略。既然白 39 退，黑 40 冲，白 41 挡，以下黑 42、黑 44 两打就成为必然。双方突然加快了应对的速度，白 45 长时，紧接着黑 46 挖。秀哉一顿长考后，徐徐落下一子——白 47 刺。

这一手令少年颇感意外，不由自主地长考起来。少年轻轻摇头，时而竖眉沉思，最后下定决心，黑 48 打吃。

吴清源选择了稳稳吃住二子，这样黑棋中腹顿时厚实不少，但秀哉白 49 自左边穿入，也得到了大把实地。白棋左方实地虽收获巨大，但黑抱吃住二子后，中腹白子却面临被切割的风险，下方的白子也面临很大压力。

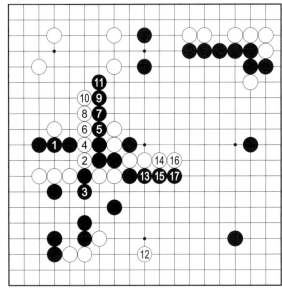

变化图 5-1

揣度名人的构想：实战黑48如在1位粘上，经过白刺一手与黑1交换，白从2位打后再顺势冲出，则黑左边三子变重，左边的价值也变大了。

但是，局面的焦点在中腹一带，左边黑棋即使如本图被白割下，也未尝不可。黑11长出后，白12需要在下方补一手，黑13再从中腹贴出，至黑17，黑棋中腹厚实无比，占据攻势，大可乐享攻击之趣，而左边白棋空中残存的味道尚未根除。

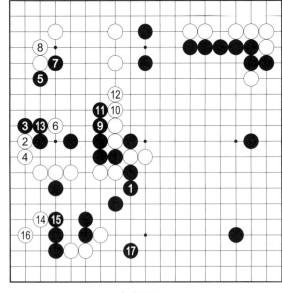

变化图 5-2

实战黑46挖为犀利强手，但如黑棋在本图1位稳稳退回也不失为厚重之着。这一手力道甚足，白棋要想安然转身颇为棘手。

白2二路托退开始辗转腾挪，之后白6刺，黑就从中腹贴出数手后再13位粘。此后白抽得先手盘活左边，而黑17逼住，给白棋带来极大压力。

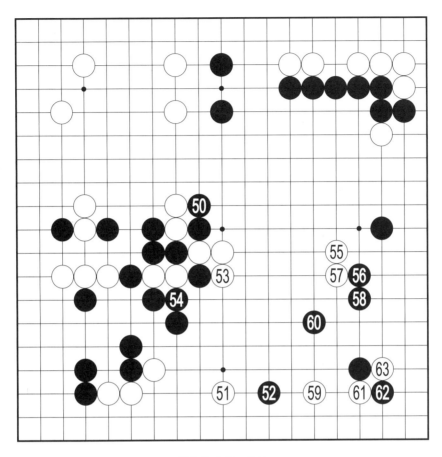

第 6 谱（50—63）

黑 50 贴，救回一子的同时将中央两块白棋一分为二。白 51 从下方拆边，本是秀哉一直就想抢的好点，但在吴清源中腹的攻势下，竟难以抽手补棋，现在终于补得此手，秀哉心中不免长舒一口气。不过紧接着，黑 52 紧紧逼住，左下白形在上方黑形的映衬下，余味丛生。补还是不补呢？

吴清源置右下角不顾，紧紧瞄着下方白阵的弱点。黑 52 这一手紧紧逼迫，可谓相当积极。白 53 拐与黑 54 交换后，白 55 从右边五路吊入，黑 56、黑 58 一面守住实地，一面紧盯目标留力攻击。

秀哉思考片刻，白 59 重重打下，面对上方厚实的黑势与右边黑 52 的紧逼，白棋置左边的弱棋于不顾，竟再次从右边打入，秀哉欲反守为攻！黑 60 飞起分割白棋，这一手强劲有力，就像是当年本因坊秀策下出的着法。白棋遁入角部托断腾挪，但四处不活，困苦可堪。

秀哉眉目紧缩，这是遇到难局的表情。一位是棋界元老，一位是天才少年，半生的年龄之差，以二子相授对弈，与其说是一局竞技，倒不如说是一种传承。

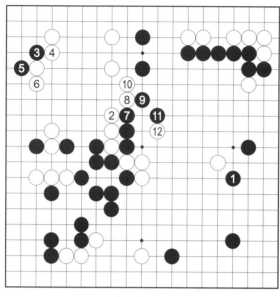

变化图 6-1

实战黑在 1 位小飞守住边空，少年与 AI 的想法，又一次不谋而合。

AI 认为，此后白 2 挺头紧要。接下来，黑 3 在左上角试白应手，埋下活角的可能后，再从 7 位贴，黑白两方在此处各守隘口。此后白 12 靠，中腹双方的攻防将成为胜负的关键。

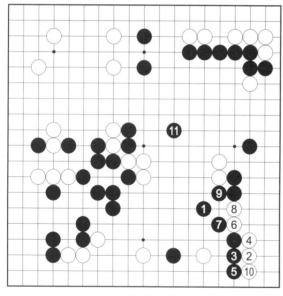

变化图 6-2

实战白 59 打入下方，黑 1 飞起阻断白棋与上方的联络，是此际 AI 的推荐着法之一。

接下来白转入角地做活，AI 推荐黑 11 大跳得中腹大势，白中腹和下方薄味顿显，只能勠力治孤来一争胜负。

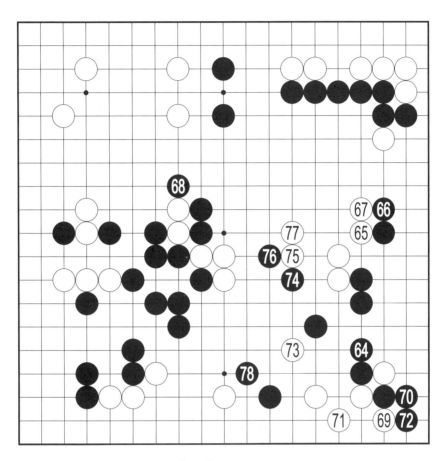

第 7 谱（64—78）

秀哉上谱自角上靠入后扭断，期待再觅战机反转局势，而少年吴清源给予的回应是黑 64 冷冷退回。

不给任何借力，不予任何反击，就像是拳击选手抽回的重手，仿佛是在蓄积着一股令人难以捉摸的力量。

秀哉竭力治理两块白棋。白 65、白 67 中腹紧压两手交换后，再将角部做出弹性十足的棋形，接下来白 73 飞出，反守为攻，这样的步调自然是秀哉的拿手好戏。但此后，黑 74 却似从白壁缝隙飞出的一只雨蝶，搅扰着白棋的神经。

飞，靠，扳，退。简单的交换过后，黑 78 再拽出下方一子，从容尖出。这一子的出动，让白棋三块棋又隐然现出了不安之势！

吴清源一直没有舍弃进攻的态势和缠斗的决心。

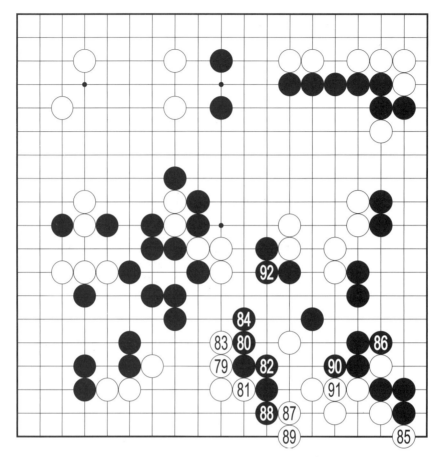

第 8 谱（79—92）

　　治孤向来是秀哉的绝技。虽然秀哉的棋风以力战著称，但出自他手的棋路，绝不是粗率豪放、大开大合的，而是铺陈着缜密构思和精巧战法的。

　　白 79、白 81、白 83 次序井然，先将左边交换厚实再安顿下方，白 87 尖后再从一路立下，稳稳成活。此时观战室内的众人纷纷赞叹："果然是秀哉名人，寥寥数手，竟能让每一处孤子都得到治理。"

　　此时的吴清源端坐枰前，埋首盘中，丝毫未有慌张之情。面对名动天下的本因坊秀哉的强攻，这位少年仍面不改色，镇定自若。

　　吴清源沉稳应对，成竹在胸。黑 90 拐是绝对先手，白 91 补，接着黑 92 厚实一粘，现在轮到白棋治理中腹白龙了。

　　在名人秀哉和研究室棋手们的眼中，像黑 90 与白 91 这样的交换恐怕并不起眼，甚至还会对其心生疑虑。但就是这样一手与经典理论格格不入的棋，正是 AI 在当下局面的选点。这一点无论从时机的角度，还是价值的角度来看，都是毫无瑕疵的。

黑1动出与AI的推荐如出一辙。此手价值巨大，可谓只此一手。

白2扳下，至黑7的先手交换完毕，再着手治理下方孤棋。只是，下方的定型与名人的着法稍有不同：白12、白14先扳粘，再16位夹，接着白18先手扳后再20位虎，这样的定型相较实战目数更好一些，白棋以后处理上方也会更加从容。

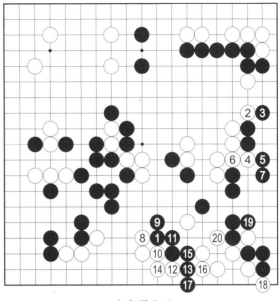

变化图8-1

黑1是黑棋的先手权力，吴清源当即兑现，绝不迟疑。这一点，在尤其注重保留变化的日本围棋理论中能够脱胎而出，简直不可思议。

两手交换之后黑3立，白4挡后再6位补棋，黑得先手从7位靠入，如此黑便以积极稳健的姿态领跑全场，奔向终局。

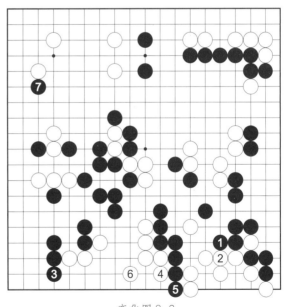

变化图8-2

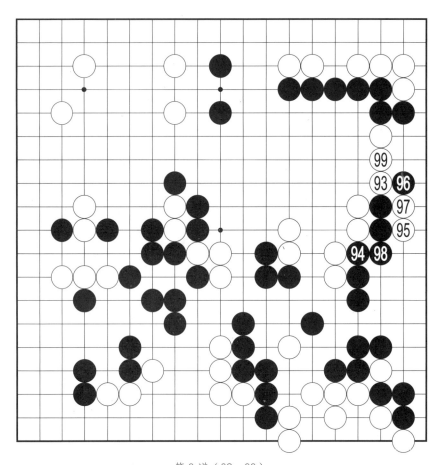

第 9 谱（93—99）

下面两块薄棋处理完毕，秀哉抽身先手处理中腹孤棋，从调子来看，无疑是成功的。

是吴清源杀力不足所致吗？仔细来看，局面几经辗转，却总是秀哉治孤，苦苦求活。眼见棋盘空地愈来愈小，吴清源积攒着厚势，渐渐将局面推向了终局。

白93扳下，秀哉出手总是凌厉之极，黑棋二子气紧，黑94紧紧挤住，奋起反击。

白95夹，秀哉再次亮出手筋。这一手，光彩炫目、高明巧妙！吴清源沉思片刻，当即在96位扳下。以下白97打，黑98粘为必然下法，白99退也是预想之着，秀哉心知棋形有漏，但也不得如此。

从白95夹开始，两人着法精准，皆为AI的首要推荐选点。

白棋夹时，黑若从1位拐下则正中白计，白2得到先手挡，再从4位飞补，棋形舒展。

接下来，黑5从左边靠入破空是当下最大处，至白12形成乱战。

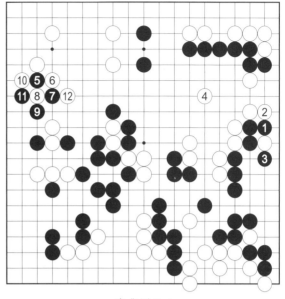

变化图9-1

黑1粘，白2小飞补，黑3扳时白4粘，黑5立渡过，白6飞补后同样安定，黑7只得再从左边靠入求战。

此变与上图大同小异，黑依旧难言满意。

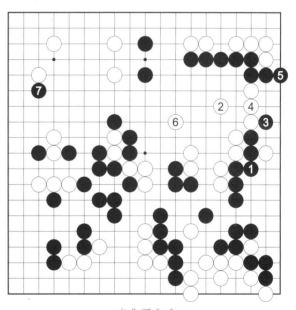

变化图9-2

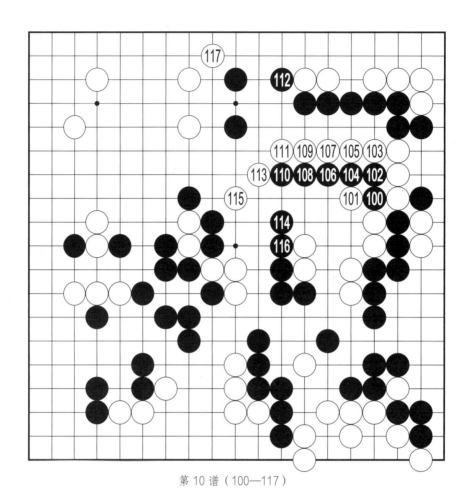

第 10 谱（100—117）

黑100断十分酷烈，秀哉窥见此手时，想必眉间一紧。那是令人绝望的一断。接下来，白101打，黑102长，白从罅隙中逐步推出，黑棋也顺势长至中腹，黑白子就像从火山口喷涌而出，突入中原。从黑100断开始，黑白双方互相缠绕，黑112脱先扳下，白113顺手扳头，黑棋再跳补中央，这一切的结局似乎早已注定。

黑方将白子侵吞腹中，斩获不少实利，自然很满意。白方以中腹白棋几子为饵，将右上黑棋几子分割到了外围。黑棋从最初的一排厚棋一晃之间变为孤棋，这当然是从一开始就需要盘算到的结果。白117小尖后，秀哉瞄向上边，剑指大块黑棋，寄望于攻击获利，黑棋真能全身而退吗?

黑1断，是局部作战要点，少年与AI第一推荐自然不谋而合。

自黑1断开始，白顺调出头直到白12贴是一本道的进行。黑13单长更为激烈，白14扳时，黑准备了15挖的强手。

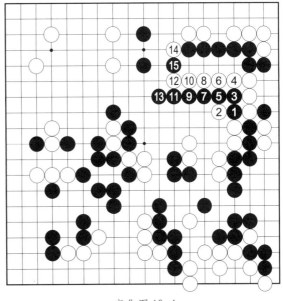

变化图 10-1

接上图。白1粘后黑白互断，黑弃去角上七子争得先手兑现下方官子余利，至白15定型，黑得到16位挡后，再靠入左边破空，这样依旧领跑全局。

与实战相较，各有利弊。角上实利毕竟巨大，弃之可惜。但白棋左上显得单薄，黑得到先手成功侵入左边，白棋将有另一番痛楚吧！

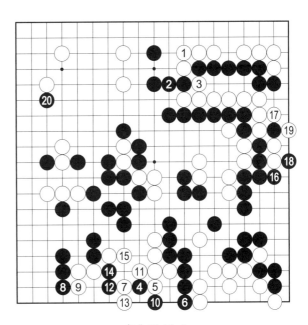

变化图 10-2

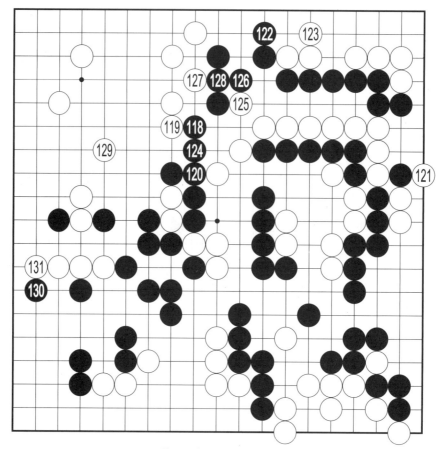

第 11 谱（118—131）

实战中，吴清源上下开合，将看似危如累卵的上方孤子与下方大队棋子连为一体。对于满盘治孤的秀哉，吴清源最后也大秀治孤绝技。

黑 118 尖看似是不疾不徐的一手，实际上却是治孤环节的重要一着。黑120 粘后，白 121 不得不补，黑 122 先与白 123 作交换，继而黑 124 接后，两处大块即成功会师。

白 129 封住左边为必然下法，若不及时补住，黑棋在无忧角处的各种伏击手段，恐怕会立即纷至沓来。这样左上一块尽归秀哉，黑棋抢到价值巨大的黑130，白 131 不得不挡。

至此，全局的脉络已勾勒完毕，接下来便是各处的精雕细琢，而大体盘算，白棋盘面此时已难以追上了。

研究室内，坊门弟子低头拆解本局，个个表情凝重。秀哉在大官子阶段，可以施展的空间已是愈来愈小了。

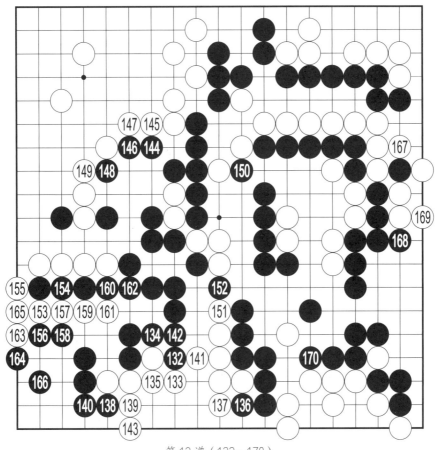

第 12 谱（132—170）

进入本谱，吴清源开始了稳健持重的官子收束。从黑 132 入手，至白
143，黑棋先对下方一块白棋展开定型搜刮，黑 144 至黑 148 再从中腹先手获利，
最后回到 150 位挤。就单纯官子来说，或许黑 150 这一手并非全局最大之处，
但此招一出，吴清源已经计算到自己已立于不败。

白 153 从左边夹入后渗入黑阵，获益不少，至黑 166，白棋先手洗空了黑
棋大把实地。黑棋虽然局部略亏，但就不贴目的形势而言，就像是万米长跑即
将撞线的领跑者，始终与身后的追赶者保持着一定的距离，这样的距离看似触
手可至，实则遥不可及。

黑 170 冲吃一子后，局面再无变数，白棋再无可追。

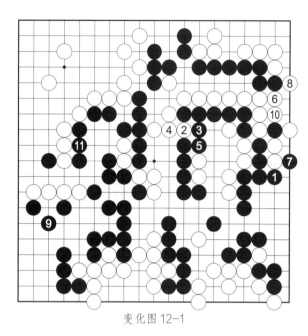

变化图 12-1

实战黑 150 稍缓，AI 建议如本图收束更善：黑 1 挡是全盘最大，即便白 2 得到先挖的便宜，再从 6 位夹过，黑 7 打，白 8 渡过后，黑再抢到价值巨大的黑 9 尖。此后，白 10 提，黑 11 补，双方各得一处，黑已立于不败之地。

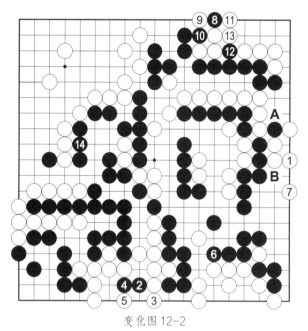

变化图 12-2

AI 认为，实战白在 A 位提应走 1 位立更好，与实战相比，黑 B 位挡不是绝对先手，黑 2、黑 4 的先手交换后再抢到 6 位冲，这样白也能得到 7 位跳。此后黑再从右上角收官，最后黑棋可抢到 14 位粘。

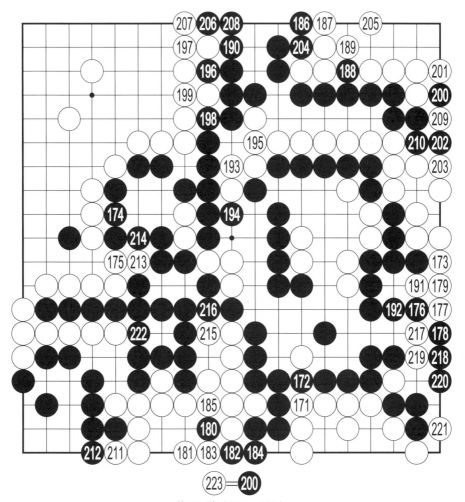

第 13 谱（171—223）

黑 174、黑 180、黑 186 都是机敏的先手。至白 223 棋局结束，吴清源执黑 4 目胜。

秀哉坐在盘前沉默半晌，思绪万千。看着眼前这年仅十四岁的少年即将成为濑越宪作门下最优秀的弟子，以他在本局展露出的天分观之，他将会名动棋坛、前途无限。有报纸决定登载本局棋谱，报社记者向秀哉询问棋局评论，这位棋界第一人望着盘端沉吟良久，缓缓说道："这一局黑棋行棋极为稳重厚实，手握优势一直保持到最后。通观全篇，黑棋弈得堂堂正正，始终未给白棋可乘之机。"秀哉轻轻抬头望向少年道："这授二子的本局，堪称是畅快淋漓的一局啊！"

当年本因坊丈和名人，看到坊门弟子秀策的棋而欣然长呼："吾门有望矣！"一个世纪的风云变幻，面对异国天才吴清源，同样贵为名人的秀哉面对少年吴清源的惊世棋才，其内心想必五味杂陈，但必然有一种情感是属于惜才之情。

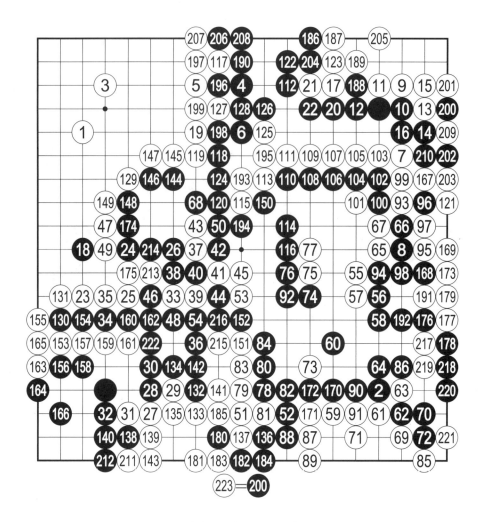

全谱（223手，黑4目胜）

比赛结束后已是暮色重重，师兄桥本宇太郎带吴清源去吃拉面，祝贺这重要而完美的胜利。街灯四起，灯火辉煌，两位青年俊士漫步在东京街头。这是一年中最后的时光，不时有灿烂烟花腾空绽放，一个异国少年等待着开启新的篇章。

吴清源尽管赢了这场与本因坊秀哉的受二子局，但测试棋还未结束。接下来的测试棋是对战村岛义胜四段，以吴清源5目胜告终。至此，吴清源已经在测试棋中直取三局，日本棋院终于正式授予他三段棋士的资格。吴清源由此开启了他在黑白世界里的职业生涯。

第六章 新石之风

与"艺兄"木谷实合创新布局

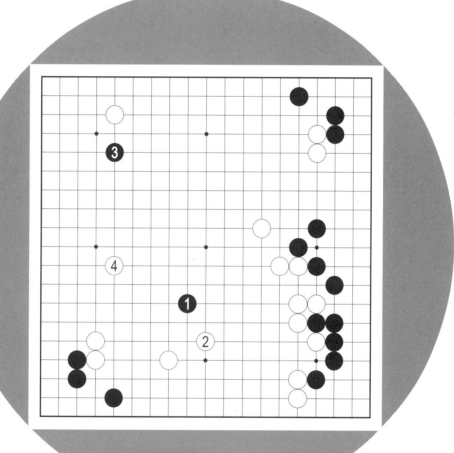

吴清源 木谷实

○ 新布局的诞生，突破禁锢获得自由，棋盘上的世界变得更加广阔
○ 霎时间引发新奇着法的热浪，壮丽的"空中战"在盘上随处可见
○ 近百年前的这场新布局革命，是由两位绝代风华的棋士发轫
○ 如同当时物理学的革命一般，成为围棋史上的一次全新沿革

1933 年，炎夏。

窗外的知了在不知疲倦地鸣叫着，每一声都声嘶力竭，漫无休止。房间里闷热的湿气就像是从蒸笼里冒出来的，手心的棋子置在盘上，个个都似出了汗一般。真是难挨的夏日！

两位青年隔枰相坐，再闷热难挡的天气，也不能让这局对弈停止。

纹枰一端，一位青年陷入长考。他身形宽硕，戴着一副圆框眼镜，头发精致地梳向一边，向后偏移的发际线愈发醒目，颇有学者的气息。青年忘我深思，过了半个时辰，方才落下一粒白子。

青年抬头望向对手——那男子体杰瘦削，也戴着一副圆框眼镜，眉间皱蹙着，远远看去，轻笼着淡淡的哀愁。

"你说……"宽硕青年倾斜着脑袋望向对方说："棋盘里现在也是夏季吗？"

棋盘？夏季？瘦削青年望向盘中，半晌，才缓缓说道："这些棋子，还分什么春夏秋冬吗？"

"棋盘中是没有季节的，但下棋的人有啊！"宽硕青年爽朗的笑声在他耳边浮漾着，"清源，今天先到这里吧！"

即将落子的瘦削青年将划在半空中的手慢慢收了回去，他抬起头，用手推了推镜框："这可是比赛呢！艺兄，你不下棋啦？"

这两位青年棋手，是当时日本围棋界的"绝世双雄"——吴清源与木谷实。两人此刻进行的对局，便是由报社主办的"吴·木谷"十番棋战。

彼时，来自中国的"天才棋手"吴清源一路高歌猛进、所向披靡，日本棋手"怪童丸"木谷实亦是状态神勇、鲜得一败。在当时的日本棋坛，二人堪称"一时瑜亮"。

根据主办方的规定，此次十番棋以分先开战，不涉及升降棋份的问题，只要两人按时把棋谱送到报社即可。也就是说，在何处下、如何打挂、是否续弈、对弈时间等事项，均由对局者决定，主办方并不强求。能在正式比赛中有如此优厚、宽松的条件，不要说在制度森严的当时，即便是放在现在，也是绝无仅有的。

听到吴清源的疑问，艺兄木谷实露出神秘的微笑："哈哈，又不是只有在这里才能下棋，我带你去个好去处。"

"哪里呢？"吴清源一脸茫然。

"去了就知道。"木谷实爽朗的笑声又一次在房间荡开，"不卖关子了。吴君，是我夫人的娘家——长野地狱谷温泉！"

吴清源的眼神里亮起了光芒。抵达日本之后，他几乎没有消暑旅行的经历。如此炎炎夏日，能得一处温泉放松，想必是不会有人拒绝的。况且这次又是好友木谷实热邀同游，吴清源自然是欣然应允了。

"地狱谷……"吴清源口中默默叨念着，突然他想起什么事情："我知道，那里的猴子还能泡温泉呢！"不过吴清源马上摇头笑道："但是现在可不是时候，我们得冬天再去。"

木谷实先是一怔，随后不好意思地挠头，像是被发现了什么秘密。

原来数年前，曾有两位棋士邀请木谷实前往长野游玩，据说长野地狱谷温泉的猴子居然会泡温泉！

"真是从未有过的事情。"怀着疑惑的心情，木谷实欣然前往。

木谷实随友人来到一家名为"后乐馆"的旅馆，一位少女正在门口迎接客人。

少女见有客人走来，笑靥相迎，木谷实停住脚步，待在原地，支支吾吾起来："请……请问小姐，在哪里可以看见泡温泉的猴子呢？"

少女莞尔一笑："先生，您说的是雪猴吧！这里的雪猴到了冬天才会出来，它们在夏天是不会泡温泉的……"她抿着嘴巴，笑容如一缕阳光融化了木谷实。

这位女子名叫柴野美春。后来，柴野美春被木谷实的诚挚和率真打动，成了他的妻子，地狱谷也成了木谷夫人的娘家。

地狱谷远离城市的车马喧嚣，是一处拥有山林温泉的幽静胜地。

温泉内，木谷实在划水，吴清源也划水；木谷实靠在栏杆边休息，吴清源也靠着暂歇。木谷实忍不住笑了，"怎么，连泡温泉也要学我？"这一番话让吴清源不禁挠挠头，不好意思地笑了——这回，倒是木谷实反将了自己一军。

上次吴清源模仿木谷实是在四年前，此时吴清源抵日不足一年，却已在各项棋战中高奏凯歌。但他从未碰到过木谷实，那位同样被称为日本棋界的天之骄子。木谷实年长吴清源五岁，在年轻棋士中，身为四段的木谷实堪称实力最超群者。就在那年盛夏举办的"吴少年出世棋"的第七局中，吴清源终于碰到了这位最强的年轻棋手。对于这样的对手，吴清源自知使用寻常着数很难取胜，于是思考出了一个别出心裁的对策。

在对弈之前，吴清源曾问师兄桥本宇太郎："面对强大的木谷实，我准备走一些新下法，起手天元怎么样？"

"有意思，你可以试试。"桥本宇太郎说。

于是，在对局时吴清源第一手便打在棋盘中心之点——天元。此后，无论木谷实走哪里，吴清源都以天元之子为对称中心，一路模仿。吴清源本以为几步模仿棋后就会发展成中央作战的格局，谁料木谷实始终边角行棋，中腹未染一分一毫。两人如斗气一般，下了六十余手也未能突破模仿棋那"镜像对称"的结果。

吴清源这令人意想不到的模仿招数令木谷实措手不及，每落一子都举步维艰。反观吴清源仍旧依样画葫芦，在时间和心理上均占了上风。本局两人的用时都超过5小时，不过，在后半盘吴清源弈出误着，最终两人战至282手，白棋终局以3目小胜。结束后，木谷实向记者发牢骚："他怎么这样和我下棋！"声音之大，连对局室的吴清源都听到了，或许，他就是吼给吴清源听的呢！

说起模仿棋，也有人将其称作"东坡棋"，这与北宋大文豪苏轼不无关联。苏轼精通诗词歌赋，其书法更是位于宋四家"苏黄米蔡"之首。但在琴棋书画四艺之中，苏轼唯独不擅长棋艺。偏偏苏轼的小儿子苏过精于弈道，苏轼无论使出何种着法，都一胜难求。

但绝顶聪明的苏轼怎肯甘休？一次跟苏过下棋时，他眉间一蹙，计上心来。苏轼的第一手直接下在天元，然后以此为中心点，苏过落子何处，他便着子于以天元为对称的另一处。几十手后，局面竟呈细棋模样。

苏过惊问："这是什么棋？"苏轼笑答："这是'东坡棋'。"此后，模仿棋便有"东坡棋"之谓。

模仿局结束后，天色已晚，回家的电车已经停运，吴清源和木谷实便在棋院的二楼住下。暗夜寂静无声，但两人各怀心绪，睡意全无。

　　"围棋绝对不会形成两次完全相同的局面。"木谷实率先打破了暗夜中的沉默："所以每一手，都值得我们棋士谨慎对待。"

　　猛然间听到木谷实说了这么一番话，吴清源身心为之一振。身为模仿棋局缔造者的两人，彻夜攀谈，聊到天明。

　　这次对局，成了吴清源一次非常好的学习机会。也是因为这一局，吴清源和木谷实成了无话不谈的挚友，成为棋坛的一段佳话。

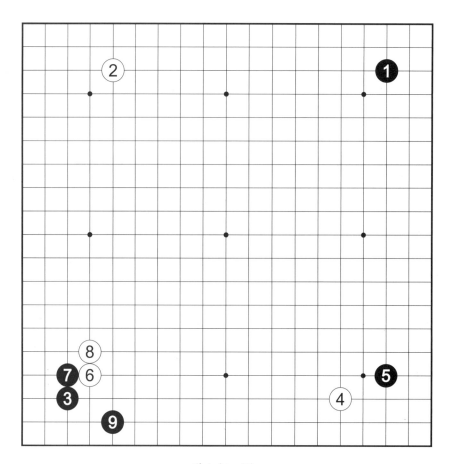

谱1（1—9）

这次的对决是由报社举办的十番棋战的第五局，虽然事先规定每方各有11个小时的用时时限，但新闻棋赛的用时安排相对宽松一些。这一局比赛后来也被称为"新布局诞生局"。

不过，新布局的产生绝非一蹴而就，而是经过大量的量变渐渐转成质变的。新布局的萌芽，或许在数年前吴清源和木谷实的对局中就已出现。在本局之前的一两年内，吴清源就下出过起手"三三""二连星"等新颖布局。

本局开局，吴清源以"三三"起手，异乎寻常。执白的木谷实应以两手目外，亦为别出心裁之着。

这是对局双方之间的气势对冲，也是朋友间的谐趣畅谈。寥寥数手，双方剑拔弩张之况已跃然于盘上。黑5挂入右下角，白6脱先肩冲下方。

AI认为，白棋肩冲之后，黑棋两边皆可爬。以本图1位爬为例，白2长出必然，接下来黑3可再爬一手，白长后黑再5位飞出。

黑3多爬一手意为白在3位拐头的价值比在A位要大一些。若白6再走A位拐，黑即可抢6位挂，黑步调快速。黑7跳出后，白可B位大飞。

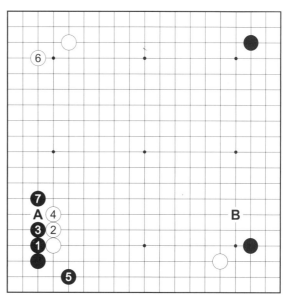

变化图1-1

黑也可先从3位拐，待白4跳时再从5位跳出，这也是AI的一种推荐。

左下黑形厚实，局部大致定型完毕（白若A位虎补稍缓，黑将抢占6位挂角）。白6守角瞩目，黑7小尖也是局部定型的好手。以上两图是AI认为肩冲三三的新见解。

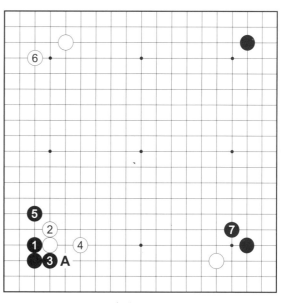

变化图1-2

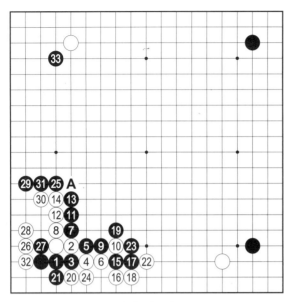

变化图 1-3

黑 1 从下方爬也是另外一种下法。黑 3 爬时，白 4 强硬扳下也是一种选择。以下黑 5 断后立即引燃序盘战，至白 32，白得地黑取势，以后黑 A 位的断点需谨防。

此变只是说明黑 3 爬后还有白 4 这种激烈应手。因手数众多，战斗激烈，权当欣赏。

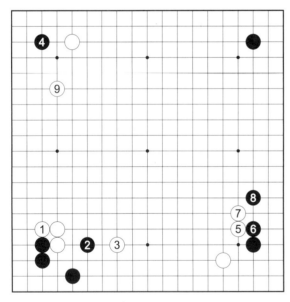

变化图 1-4

实战黑 9 二路飞后，本图白 1 拐头巨大，此即变化图 1-1 中黑 3 多爬一下的用意所在。此后黑 2 飞出，白 3 从四路夹攻是要点，黑脱先占三三瞄目。目外和高目的三三皆是侵分要点，或许这也是 AI 视角下目外和高目布局的"掉点"之因。

接着白在右下飞压后从 9 位大飞，呼应中腹，又将是一番地势之战的格局。

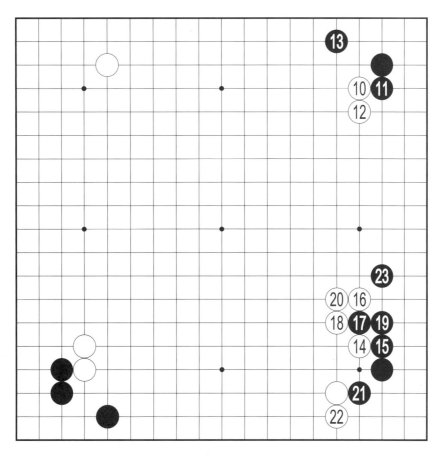

谱 2（10—23）

实战木谷实白 10 肩冲右上角，与左下三三构成相同阵型。彼时吴清源连弈两个三三，紧紧固守角地，于是木谷实定下了本局白棋的基调——构筑模样作战。

接着，白 14 从右下飞压，白 14、白 16 是当时的流行下法。黑棋挖粘后再从 21 位顶，白 22 立下后，黑棋再从 23 位跳出，吴清源的作战计划——坚实而轻快地捞取实地，待白棋成势后再伺机打入中腹。两人在右下的定型处理可谓尽善尽美，与 AI 的推荐并无二致。

此时，两位青年才俊怎么也不会料到，正是本局这茫茫无边的中腹，将会成为孕育他们创作出新布局的绝佳土壤。

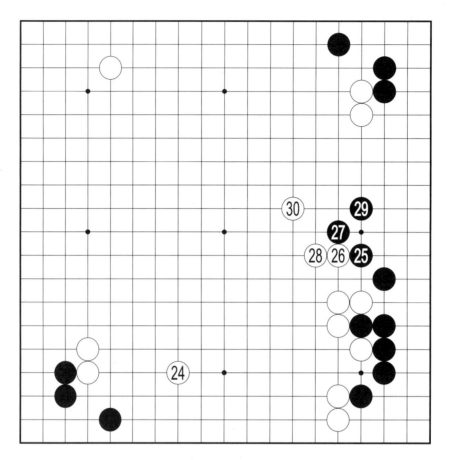

谱 3（24—30）

右边形成一道厚壁后，木谷实望着棋盘上的茫茫空野，长吁了一口气。他推了推眼镜，身子笔直地挺起，这是"长考派"木谷实冥思苦想的前兆。

棋盘上从不缺乏"长考派"，他们常常敛眉沉思，计算深远，出手极为谨慎严苛，名人秀哉即是如此。弈出"当湖十局"的清代棋圣之一的施定庵也是此道高手，这倒是让才思敏捷、落子如飞的对手范西屏一筹莫展，有时竟趁施定庵长考的功夫小憩。

此次对决就像是两位棋友间的寻常手谈。在轻松畅快的氛围下，木谷实用起时间来更是一点也不"吝啬"。

白 24 四路拆边，选点精妙。正常下法是拆二，实战白棋离左边二子远拆一路，距右边白壁却近了一路，种种变数，正是苦思后的精华所在。至此，白棋右下形成一道厚势。

黑 25 尖出，吴清源先从右边入手。至白 30 飞出后，望着茫茫白野，黑棋正寻觅着最佳着陆点。

　　时光回到木谷实提议封盘出游的一幕，准备落子的吴清源将手收了回去，两人随即兴冲冲地出门，来了一场说走就走的远足。

　　两人一番跋涉，住进地狱谷温泉静养休息，尽情呼吸这宜人的空气，心情也变得畅快鲜活。数日之后，吴清源走进木谷实的房间，见到木谷实正饶有兴致地向一位先生讲解棋局。

　　"清源，这位是作家鸿原先生。"木谷实介绍说："我计划写一本《布局与定式的统一》的书，一起加入讨论吧！"

　　木谷实提到了"新布局""不囿于角地的实利，而更重视向中央发展势力"等新兴观点，令吴清源大为惊叹。要知道，木谷实此前可是一个十分务实的实地派，现在却变成了浪漫的空中舞者。

　　摒弃低位频频着子于高处，"三连星"便是新布局的代表之一。后来木谷实的爱徒、"六大超一流"之一的武宫正树九段，更是对"三连星"布局有着近乎疯狂的热衷，其最具鲜明的"宇宙流"布局也可说是对新布局观念的继承和发展。

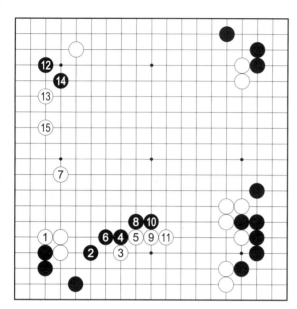

变化图 3-1

实战谱中白 24 折，AI 依然推荐在本图 1 位拐住，此为棋形要点。黑 2 飞后白 3 夹也是要点所在。接下来还有另一种变化：黑 4 从五路靠压，之后白 7 拆三稳妥，黑 10 从下方连压后抢左上挂角，至白 15 为两分。

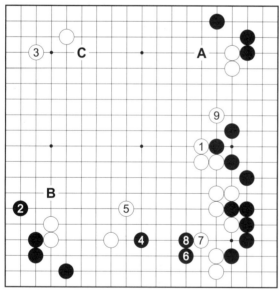

变化图 3-2

AI 认为，实战白 30 从上方飞稍嫌松缓，应如本图白 1 拐住更紧凑。

既然白 1 抢到中腹拐头，左边黑 2 飞价值也大，白 3 守角后黑 4 再打入下方，至白 9 飞封中腹，黑在下方盘活一块，地势之争仍在继续。A、B、C 皆是接下来黑棋可考虑的好点。

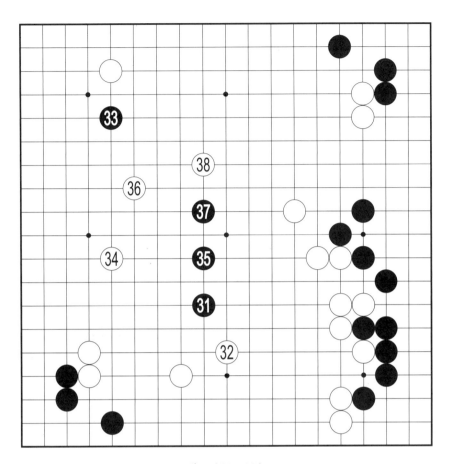

谱 4（31—38）

月余归来，碰撞出新布局火花的两人对于棋局的理解，似有醍醐灌顶般的彻悟。面对中腹的滔天白势，吴清源已按捺不住内心奔涌的"创作欲"，黑 31 径于七路高高吊入，令木谷实大惊。

"飞得真高呀！"木谷实瞪眼一乐，"大模样真大啊！"二人大笑。

木谷实忽又皱起双眉，沉思半晌后，白 32 从五路飞起。这一手以实利为重，将下方阵地围起来，下方粮仓满满，木谷实的心情自然不会差。黑 33 再转向左上五路高挂。黑棋从高位浅消白势，并与下方黑棋高吊一子遥相呼应。序盘空空荡荡的中腹犹如孤寂的穹宇，而此际的黑棋则成为点亮深空的耀眼流星。

木谷实的内心瞬间被点燃，他对中腹也早已心向往之。白 34 重重拍下，又是高高的五路大飞！黑 31、黑 35、黑 37 三手棋，在白 34、白 36、白 38 连续三手大飞的包围下，显得危机四伏，左上黑一子也渐渐势单力薄起来。两人彼此相望，突然一同大笑起来。

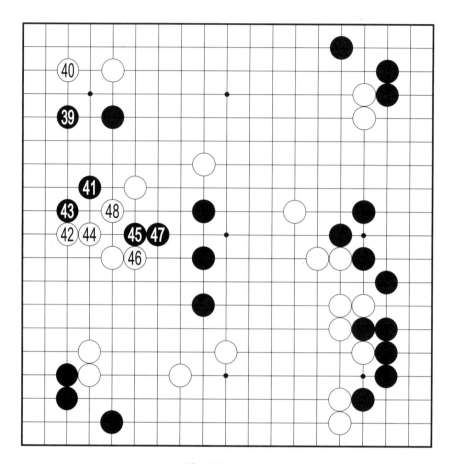

谱 5（39—48）

面对白棋在中腹的围追堵截，吴清源调转笔锋，脱先从 39 位跳下，这是极具胆识的一手。

木谷实擅于治孤，自然深知要攻击中腹三子的难度，所以白 40 占据三三，先稳固实地。黑 41 一面安营扎寨；一面奔向中腹三子，构成好形。接下来黑棋尖顶后再从 45 位象步飞起，左右逢源，先获便宜再治中腹。

白 48 尖不得不以单官阻止黑棋联络，木谷实的执着之态在棋局中显现——宁愿低效分断，也要保留后续的攻击手段。

盘面虽不足 50 手，但二人却演绎了一场空中攻守战，这样超脱奔放的新布局，这样脱离窠臼的战法，这样快意淋漓的对垒——妙局如此，夫复何求！

当下局面，AI的推荐应法之一也是黑1跳下，白2守角后黑再从3位拆边安顿左边。白可从上边4位跳，远远联络并蓄力环窥中腹黑三子。

以下黑棋更有强手：先从右边冲断吃住白二子，白12长走厚蓄力，黑13再从下方飞入试图联络中腹黑三子。此为黑先得利后治孤之策，需要深远计算作为支撑。

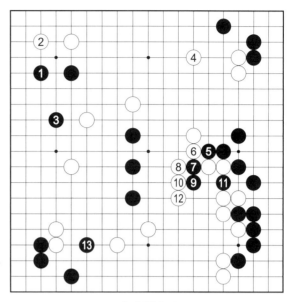

变化图 5-1

对于上方角部定型，黑1除跳下之外，如本图飞也是积极下法。

白2靠，黑3扳求战，白4虎时黑5退，以下白棋冲，黑7挡是必然下法，至白18形成转换，黑先手得角再飞入左下，实地充沛；白则抱吃黑三子，全局通厚，以后中腹攻防为局面焦点。本图是超越普通思维的灵活之变。

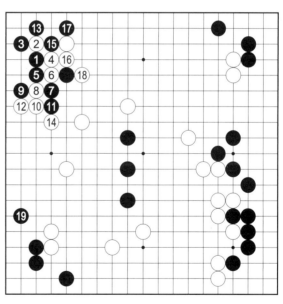

变化图 5-2

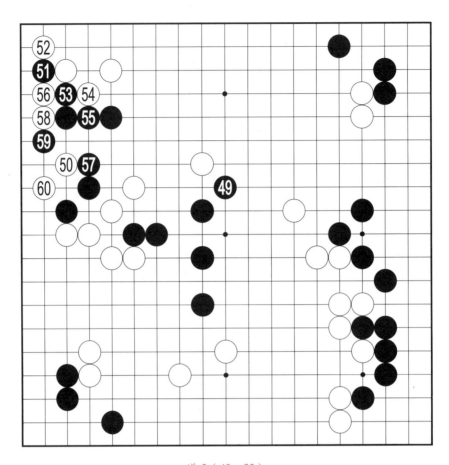

谱 6（49—60）

黑 49 尖，极其坚实。在周围都是白棋的情况下，吴清源显得很谨慎。

白棋一时难以进攻，木谷实索性从左边入手，白 50 点入黑棋空中，真是凌厉的一手！

吴清源略做思考，长指扣枰，黑 51 托在角内。

木谷实以手扶额，脱口而出："妙哉！"他思忖半晌，白 52 外扳，黑 53 顶又是好手，白 54 虎，黑 55 粘住，白 56 再断吃一子。此后木谷实强手连发，白 58 爬后再 60 位尖，此处白棋或渡或断，黑棋下方根据地被破。

实战黑在1位托是AI的推荐下法。

以下黑3顶，白4倒虎，黑5尖又是巧手，白若A位挡则黑B位挡；白若B位贴则黑A位爬。白6脱先于右上跳出，也是AI力荐的要点。黑7扳与白8交换后再9位飞价值不小，如此亦是黑棋稍优的局面。

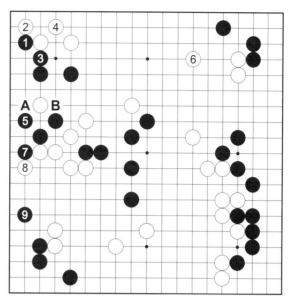

变化图6-1

实战白在左上角打吃黑一子时，黑也可1位打吃，白提后黑再从3位压。

与上图思路一样，以下大致白4跳，黑5、黑7后再9位飞出捞地。以后白A位扳黑也不惧，黑B位扳，白C位打，黑D位粘，黑留有E位断的手段。

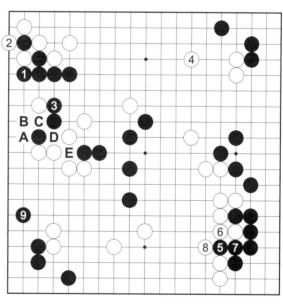

变化图6-2

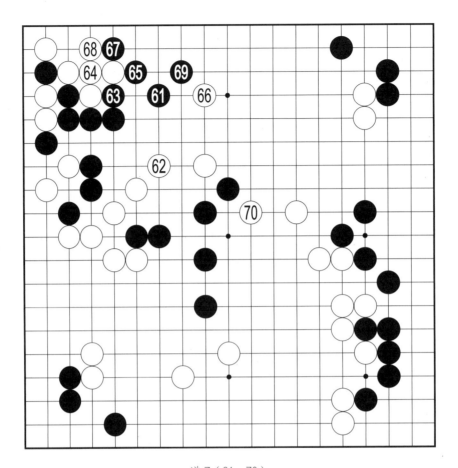

谱 7（61—70）

黑 61 如飞燕游龙，姿态轻盈。白 62 跳回将下方连成一线。此后黑 63 先手打后再在 65 位虎，形成厚实棋形。

黑 69 虎，黑棋上方走得越坚实，留给白棋的借用就越少，中腹一队黑龙的做眼空间就越大。

白 70 跳，正中黑棋要点。几经辗转，现在局面的焦点终于转移到中腹的攻防战。

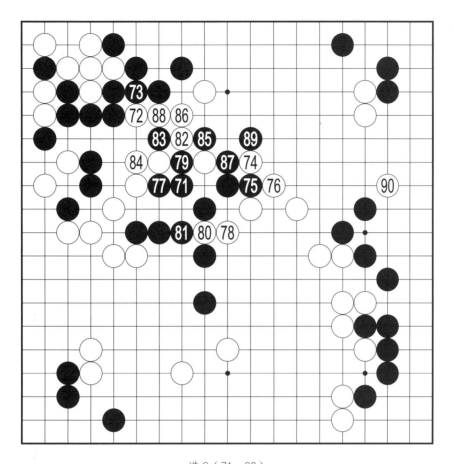

谱 8（71—90）

漫长的序盘战中，双方为圈营筑势都耗费了不少时间。等到四周初定，战火聚焦到中腹时，节奏却突然加快了起来。

黑 71 反刺，补守自身的棋形。白 72 与黑 73 交换，抢到先手后再从 74 位跳封，白棋构筑的大网从天而降。

此处治孤吴清源早已成竹在胸，黑 75 先冲一手，再从 77 位挤入，这一手暗含后续手段，是稳健且厚实的一着。

白 78 如凌空飞剑，刺在黑棋要点。黑棋先从中腹一通冲打，至 87 位抱吃一子，白 88 只得连回。

黑 89 打后，黑中腹大块已经出头，但下方断点显露。白 90 大飞右边，先抢大场。

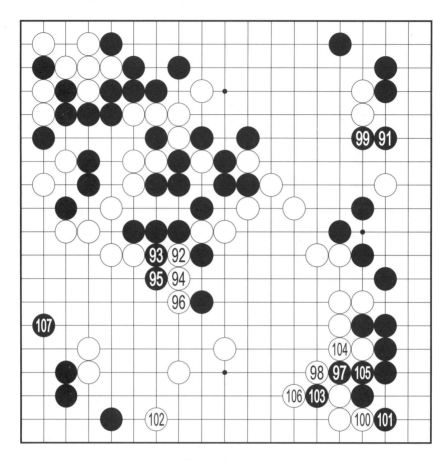

谱9（91—107）

硝烟散尽，局面转入后半盘。

黑91跳看似普通，实则是要分断此处白棋，劲力十足。白92转入中腹断开，是刚才黑棋攻击时所得之利，黑93、黑95从上方打下，白棋连长两手侵吞黑棋二子，并将中腹围出一块醒目的实地。

吴清源自右下角97位扳出，犹如在幽微之处，挠着木谷实的神经。白98必然扳住，黑99再从上方贴出，价值之大自不待言。

"好心痛啊！"对面的木谷实揢住胸口，不觉发出一声轻叹。天性乐观的木谷实，从不缺少对局中丰富的情绪表达，尤其面对的是好友吴清源。

有失就有得。白棋得到先手处理角部，并从下方102位飞下，下方阵营赫然醒目，令人垂涎不止。黑103单断精妙，右下交换数手后，黑棋抢到左边的二路飞，价值同样不小。

黑1从右下出动，不仅是时机正好的试应手，也是颇具价值的先手官子。AI在此际局面下同样力荐此着。

接下来白2粘，黑3、白4交换之后，黑5从中腹挤入是极为炫目的一手，白6打后，黑7再从上方跳出，价值巨大。白8飞后，黑中腹一带交换后取得了官子便宜，再从下方二路大跳而入，自可满意。

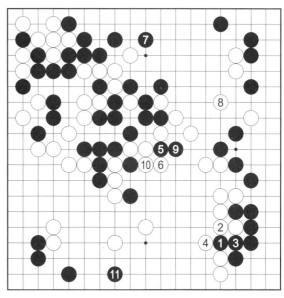

变化图9-1

黑1单断也是AI推荐的下法之一。

黑5、白6交换后，黑7跳关系着厚薄，价值不菲。白8拐头，黑再从9位顶处理下方，至白18长告一段落。黑19从右上飞封，黑有7目左右的优势。

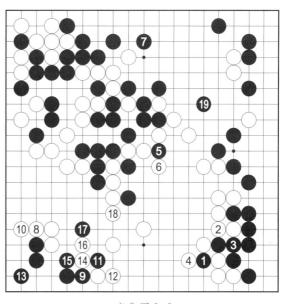

变化图9-2

谱 10（108—119）

白 108、白 110 连扳两手，木谷实索性将右边白棋舍弃。白 112 飞。黑 113 爬时白 114 扳，黑 115 再断，丝毫不让。

白棋在右边留下余味，再抢先从左边 116 位二路跳，准备对左边一块黑棋发起最后的攻击。

黑 117 冲，白 118 挡，此时若黑棋做活左边，白棋将顺调再从上方寻求便宜。

吴清源长考片刻，竟不顾左边，直接从上方 119 位长出！

这是计算远算、彰显胆识的强烈一手，先行加固右边黑棋，使白棋余味自现，攻无可攻。

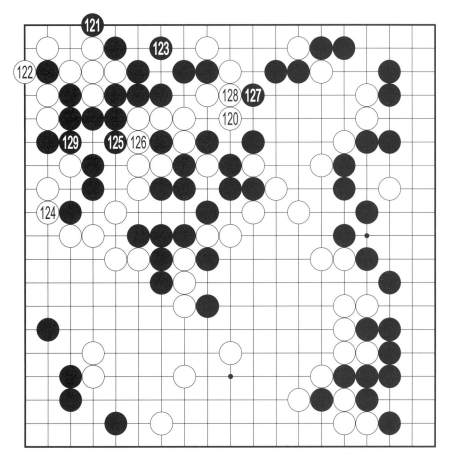

谱 11（120—129）

白 120 虎先补弱点，要求黑棋做活。黑 121 打后从 123 位虎，白 124 渡回后，黑棋上下行动，刚好成活。黑 127 刺与白 128 交换，黑 129 粘后，白棋此役几乎没有收获，宣告失利。

上方一带的战斗中，两块黑棋安然成活，黑棋右边脱先断开白棋也获利不少。疆域逐渐划定，此时黑棋盘面已有 10 目左右的优势。

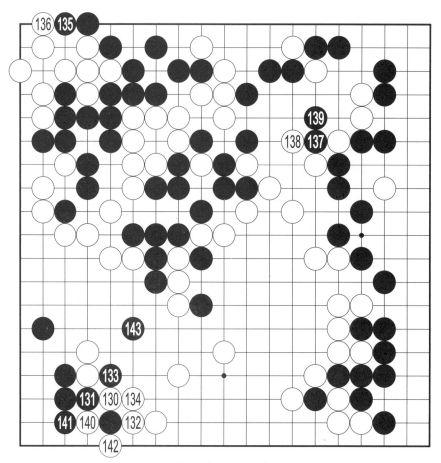

谱12（130—143）

一筹莫展的木谷实颇感无奈，一番攻击未果，只得从下方辗转守空。白130在三路顶住，欲借力做大下方。黑131挤后再于133位打，左上先手交换后黑137、黑139再捕获四子，兑现上方余利。

"真是精明啊，什么都不给我留！"木谷实风趣的言语伴着努力思考的表情，令人忍俊不禁。

望着这逐渐缩小的盘面，吴清源依然安静长考。此时战火渐熄，滔滔汪洋逐渐浮现出鳞次栉比的点点黑石，宛如一幅壮观的高空鸟瞰图。

白140、白142打拔一子，实力自然不容小觑。黑143得先手从中腹飞，一面接应黑133攻击白棋二子，一面瞄着扳入中腹获利，令白棋颇为烦恼。

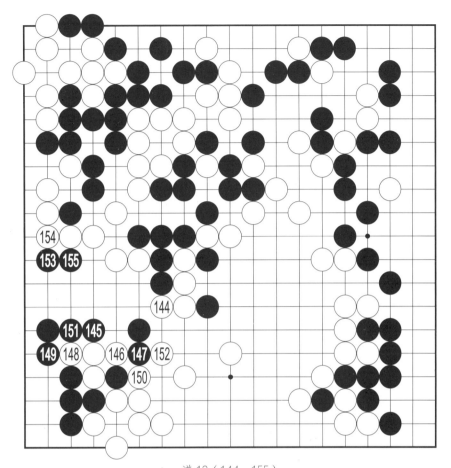

谱 13（144—155）

上下总会被黑棋利用，白 144 索性拐出，黑 145 在白棋二子头上顺手一靠，轻松整形，令白棋如芒在背。

白 146 如网中之鱼，奋力冲撞，至黑 151，白棋已被压成一团凝形，木谷实的心情绝对不会痛快。

黑 153 先手刺，白棋不得不应，黑 155 再贴，补厚左下角的同时，也顺带赚走了目数。

至此疆域的划分更加清晰，局面空间进一步缩小。木谷实低垂着头，不时地清点目数，吴清源则是闭目沉寂。

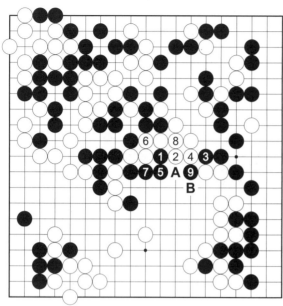

变化图 13-1

当前局面，黑棋握有明显的实地优势，通过AI的深算发现，黑棋有精妙的官子收束。

黑1挤入，试探性冲击中腹白形的弱点，白棋甚为棘手。白2打最善，黑3冲时若白4强撑，则黑5长后，白棋已难以善后，如图进行至黑9断，A、B两点白棋无法两全，已然出棋。

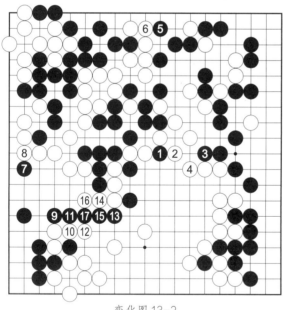

变化图 13-2

由上图可知，白4只能退回，这样黑棋已经便宜，再先手抢得黑5、黑7等大处，再从9位靠入，步调酣畅。

白10拐出后，黑11贴，待白12长出后黑又从13位扳。黑棋官子巧手迭出，至黑17顺利连回，可谓满帆风顺、快意淋漓。

黑1靠时，白棋已不好动弹，AI建议白可以先出动上方。白2冲瞄着黑形余味，黑3打吃也是一着强硬的回击。

接下来，白4顶严厉，黑5挡后白6再断，白强手迭发，至黑13，黑棋后手打吃两子，白却已拉回数子，先手获益不少。

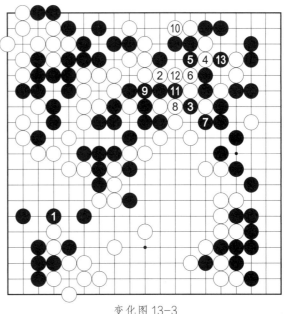

变化图 13-3

实战白棋1位提后，黑亦可从2位扳，以下白3阻渡必然，黑4拐时，白5先冲后再7位断，黑再抢先占到8、10位，再自中腹12、14位消除上图白从A位冲的官子手段，白更无望。

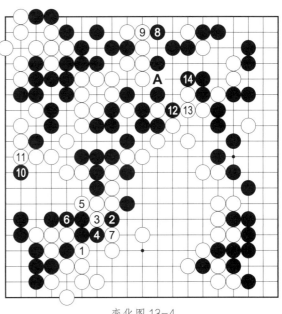

变化图 13-4

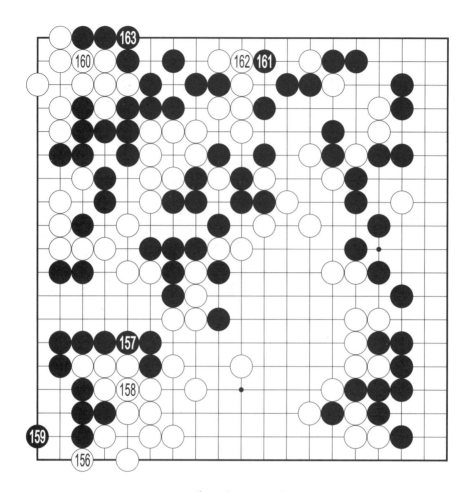

谱 14（156—163）

白 156 扳，黑 157 打，待白棋粘后黑 159 在角上稳稳一跳。木谷实推了推眼镜，摇头苦笑。

转角左上，白160打，黑161先手一刺后再在163位粘。"真是精明的次序啊，这样厉害的吴君该怎么对付呢？"木谷实笑道。

木谷实抬起头，"所以此时投了，才是最好的选择啊！"望着诧异的吴清源，木谷实瞪大着眼睛撇着嘴，满是无可奈何的神情。

没有人观战，双雄就在木谷寓所，弈完了这新风乍起的一局。

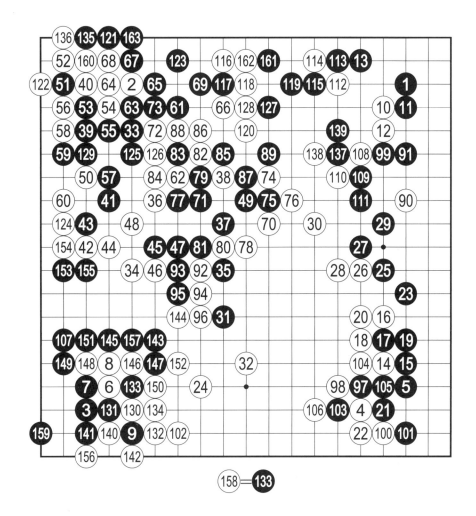

全谱（163手，黑中盘胜）

"你说，如果我们把这棋谱寄去登报，世人会如何想呢？"木谷实望着吴清源，诡秘地说："尤其是你这个视地如命的艺兄，突然尖在三路，又在一路腾空飞翔，他们会不会认为是对局者的名字印错了？"

"我想，他们一定认为我们长了翅膀。"吴清源回答。

当时的新布局仅仅是一点星火，而真正使其以燎原之势引起轰动的，是当时日本知名围棋评论家安永一先生写的《围棋革命·实战新布石》一书。

本局之后，木谷实与吴清源在大手合升段赛中频频使用新布局。当时安永一担任日本棋院主编，三人经常齐聚一室，就新布局一事展开深入探讨。

说是探讨，其实更多的时候是争论。吴清源和木谷实在棋盘上边摆边议，两位青年才俊的思维火花的碰撞，再由业余围棋名宿安永一归纳集合，付诸笔端。

1934 年，以木谷实、吴清源、安永一三人合著署名的《围棋革命·实战新布石》一书出版，成为跨时代的经典著述。据说新书发行之时，来购书的人群将售卖处围了个里三层外三层，四万本图书一抢而空，此书一跃成为当时的"超级畅销书"。

随着新布局的诞生，昔日被小目定式所束缚的布局终于得到解放，人们布局的思维好似突破了禁锢、获得了自由，棋盘上的世界也似乎更加广阔。此后，吴清源与木谷实经常将新布局应用于实战，并以绝高的胜率而再次鼓动起人们的热情。

思路一变，天地顿宽。

19 世纪末 20 世纪初出现的物理学革命历时 30 多年，改变了人类对物质、运动、空间、时间、因果性等的基本认识，带动了 20 世纪整个自然科学和技术的革命，为人类文明开辟了新纪元。而近百年前的这场"新布局"革命，由两位绝代风华的青年棋士发轫，成为围棋史上的一次全新变革。

本局后不久，吴清源和木谷实再次在棋战中相遇，木谷实打出的新布局也被报纸当成"号外"，传遍街头巷尾。

这一局，木谷实打了个比小目和星更高一路的"五五"布局，"木谷打五五"便成为当时的新闻，大肆报道于世，令世人瞠目。

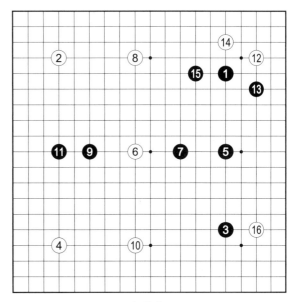

参考谱1

那时，吴清源与木谷实两人同为五段，在各项棋战中屡次碰面。不久后两人再次相遇，执黑的木谷实依然以"五五"高位开局。至白18空投中腹，黑19肩冲攻杀。有趣的是，四年之后木谷实在对阵本因坊秀哉的"名人引退棋"上，却一反新布局之风貌，回到实地流的"旧路子"上来。如果说新布局的出现是围棋进入现代化的晨光，那么这局"名人引退棋"则是古典围棋的最后一抹晚霞。

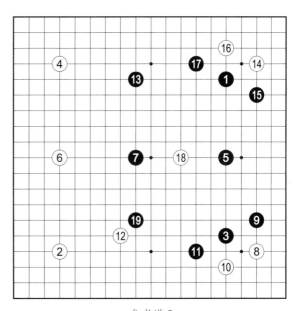

参考谱2

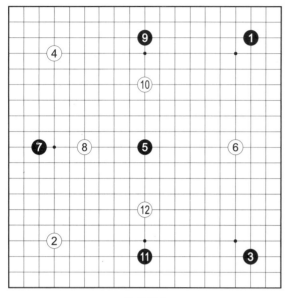

参考谱 3

新布局之中最典型也最令人称道的，是吴清源在 1933 年升段赛中与小杉丁四段的一局，被称为"十六六指"之局。"十六六指"是日本的一种摆石子比赛的游戏，因这局棋布局时棋形与这种游戏非常相似，故被如此命名。为对抗白棋高位上的新布局，执黑的小杉丁四段有意识地在低位上投子布阵。黑棋首先采取在角地与边上争取实利，然后占领天元，是企图侵削白棋中央势力的战法。

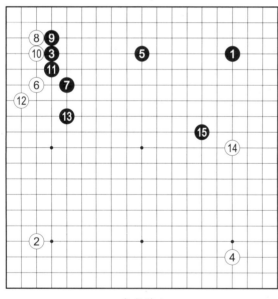

参考谱 4

本局弈于 1933 年秋，也是新布局的代表之作，对局双方是久保松胜喜代和吴清源。吴清源执黑以"三连星"开局，黑 13 跳气势十足，待白 14 高位拆边时，黑 15 在六路高飞，如此旷达豪迈之着，更是惊世之举。

无拘无束天马行空，不受任何繁杂定式束缚而颇具视觉效果的新布局，展示出围棋的无穷魅力，在围棋爱好者中广受欢迎。

第七章　世纪之决

与名人激荡世纪的"三三·星·天元"局

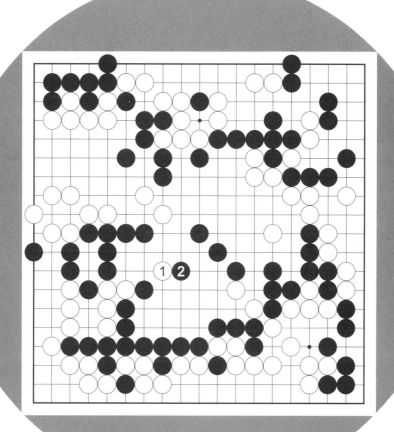

吴清源 ┃ 本因坊秀哉

◑ 那是一个沉寂的时代，双方合力经营、臻至完美

◑ 力图使一局棋精雕细刻，成为美轮美奂的艺术品

◑ 百年后再次回望，依然能感受到岁月刻痕，时光流转

◑ 这是二十世纪不可多得的名局，风烟散去，尽显英华

1933 年 10 月 16 日，吴清源再一次隔着棋盘，坐在本因坊秀哉名人的面前。秀哉虽然面无表情，却透着一股威严。他身上散发着一种让人琢磨不透的神秘气息，或许这就是王者之气。

此时，记者们已将对局室围了个水泄不通，头顶悬着的电灯，如同炎夏的太阳，发出的光亮令吴清源感到刺眼。他闭上眼睛，让自己尽量放松。

1932 年，日本某报社举办了"日本围棋选手权战"，并邀请了当时 16 位最强棋士参加。

"选手权战"是当时日本新闻棋战中重量级的大赛，最终优胜的棋士将有资格与当时的棋界领袖——本因坊秀哉名人下一局对抗纪念棋！

被誉为"不败之名人"的本因坊秀哉，自 1914 年被推举为名人之后，在棋界有着举足轻重的地位。秀哉晚年惜墨如金，鲜于出手，所以能与他对局更显得极其珍贵。对于一名历经层层选拔，战至名人面前的棋士而言，这是何等的荣幸。名人的绝技天下皆知，能够亲身与名人切磋，恐怕是所有棋士的毕生荣光。

在策划"日本围棋选手权战"之初，报社内部就期待来自中国的"天才棋士"吴清源能走到最后。在当时，成绩卓越的吴清源算得上是"流量棋士"，如果他能与秀哉名人展开一场对决，将会引起棋坛的轰动。

一番激战后，实力强劲的吴清源果真如报社期盼的那样，一路连胜包括木谷实在内的众多强敌，成功跻身决赛。而决赛的对手，正是他的师兄桥本宇太郎。决赛最终，吴清源执白以 2 目战胜桥本宇太郎，获得了冠军。当时报社的社长欣喜不已，预先做好的策划完美实现，他竟一时失态地紧握着桥本的手说："太好了！你输得太好了！"桥本哭笑不得，毕竟输了棋还受夸奖，真是稀罕事。

　　根据当时日本棋院的规定，五段棋手与名人对局时，正式的棋份应是"二先二"，即每下三盘棋中，有两盘让二子，一盘让先。由于秀哉在数年前的对局中，让吴清源二子从未"开胡"，又考虑到吴清源是本期"日本围棋选手权战"的冠军，故本次对决最终破例决定：在这场大胜负中，本因坊秀哉对吴清源的棋份是"让先"。这在当时棋手等级制度森严的日本，已经算是一个天大的新闻了。

　　裁判长宣布比赛开始，对局室突然归于寂静。此时，吴清源睁开双目，从喧嚣到沉静，只需一刹。

　　秋意甚浓之时，这场举世瞩目的棋局就此拉开帷幕。

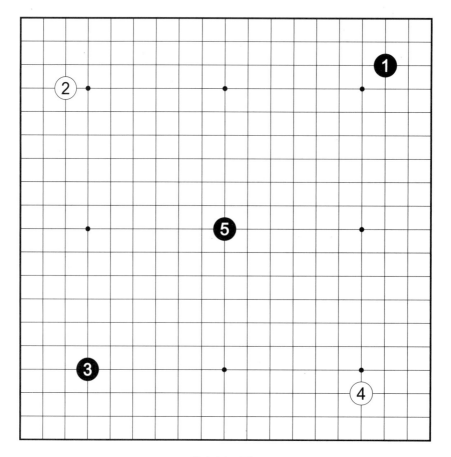

谱1（1—5）

吴清源戴着一副圆框眼镜，身着深色长衣，浑身透着浓浓的学者气息。他笔挺正坐，宛如沉默忧郁的贵族。待呼吸渐渐平稳，吴清源从棋笥中拈起一枚黑石，径直放于右上角。

此时，棋谱传到研究室，室内顿时一片哗然。研究室内围坐的大多是本因坊门弟子，他们各个面带怒色。吴清源对本因坊门家督和执掌四大家的名人，竟敢下出三三之手！

棋盘十九道线从角上沿线数起，星位是纵横两道线在四路的交叉点，这一点可以说是地和势的分界处。而纵横两道线在三路的交叉点并没有特定的称谓，人们便按其纵横路数，称之为"三三"。这三三之点，位置低狭，像是无人经过的野径，古今棋士极少在布局时走这一点，何况是起手第一着。本因坊门更是视"三三"为"鬼门"般的禁手。

在关注度如此高的对局中，吴清源面对名人起手三三，被坊门众弟子视为

"冒天下之大不韪"。可是，吴清源却平静地望着盘面，无暇察觉秀哉脸上的表情。

此时的吴清源正处于以新布局下棋的癫狂时期，其实在本局之前，起手三三的下法他早已实践过多次。三三和星位一样，一手占角，无须似小目一般需两手棋结合。

秀哉前两手棋均投子于角上小目，以此作为回应。这样四手过后，棋盘上竟构成了以天元为中心的对称图形。

"左右同形走中间。"吴清源的脑海中闪出这句话，这正是当年围棋启蒙时期，父亲教自己的一句棋谚。而现在，一种强烈的感觉促使自己落子在棋盘的最中心位置——天元。

黑5终于出手。开局三手棋，黑1、黑3、黑5如一道划破天空的闪电，将整个棋盘划分成两半，真是破天荒的新颖构思。

吴清源遵从了新布局理论，黑棋为了使实地与外势保持平衡，故而采取将第5手下在天元上的布局。此三手棋天马行空、气概非凡。因此人们也将本局称为"三三·星·天元"之局。

当时，濑越先生十分担心："打出这样罕见的布局，恐怕不到百手就会溃不成军呀！"

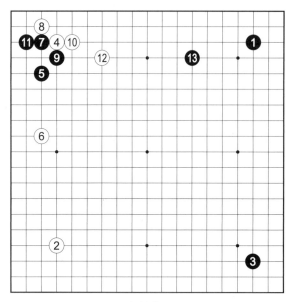

参考谱 1

研究室内，众人对吴清源的第一手颇有微词，议论不休。一位名叫长谷川章的五段棋士，在盘上摆出棋形说道："半年前，我与吴清源相遇，他连续两手三三，着实让人大惊失色。"众人问起最终结果，长谷川章淡然说道："最终我以1目告负。"

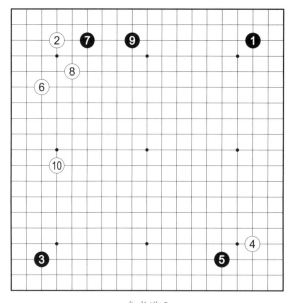

参考谱 2

研究室角落中，木谷实一人静默拆棋，他回想起与吴清源月余前的对局。那一局吴执黑下出对角三三，两人战了个天昏地暗，最终他虽执白获胜，但委实领教到了三三的威力。

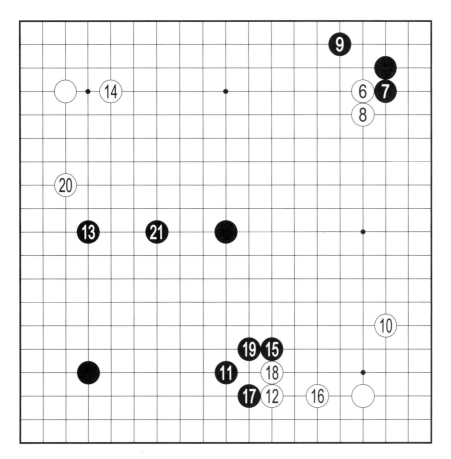

谱 2（6—21）

年仅十九岁的吴清源执黑在前三手即下出了"三三·星·天元"的奇异布局，顿时在因循守旧的日本棋坛掀起轩然大波。

不过，一生历遍无数争局的秀哉倒还镇静，他不疾不徐，白6从容肩冲三三。这一手力图压低上方，间接减弱中腹天元一子的威力。另外，在这个对称局面下，秀哉以白6肩冲，此后白棋根据黑棋应对的方向，来决定守角的方向，也是巧妙所在。

秀哉于右上角先肩冲交换两手，再于下方大飞守角，以观黑棋动静。吴清源却依然是奇异怪招风行盘端，黑11、黑13两手连续占据边星，将左下方四个星位全部占住，构成一个四方阵型，棋形极为有趣。

秀哉嘴角露出一丝笑容，这完全是少年的激情下法呀！棋子背后蕴藏着似火的激情，若是自己在他的这个年纪，会不会也能充满豪情地下出这样的棋呢？

白14在高位挂角，黑15飞气势如虹，对此，秀哉思索了近一个小时，方落下白 16。作为防守，这一着未免过于坚固，甚至效率低下。秀哉可能是想一方面照顾空虚的大飞角阵，另一方面为空旷的左下黑阵暗自蓄力。接下来黑棋构筑外势，白棋依然稳稳坚守着角地。数手应接，奔放的新布局与沉稳的旧布局之间的龃龉，在对局初期就早早呈现出来了。

研究室内，坊门弟子的质疑与声讨之声不绝于耳。木谷实远远坐在角落，自顾自地拆解着棋局。如果此刻坐在吴清源对面的是他，面对着惺惺相惜的对手，他肯定会说出很多有趣的话。

白 20 低拆，秀哉依旧稳扎营寨，步步为营。对面的青年将黑 21 打下，老者的神情变得更为严肃了。这是才气四溢的一手，它强化中央模样，行棋的步调极为奔放不羁。

这样热情奔放的着法，就是风靡的"新布局"吧！秀哉暗忖着，轻轻拍打着手中的折扇。

从全局来看，黑棋这样近乎执拗地圈地，似乎过于偏向取势了。将目光移向右上，此时四路肩冲的白棋二子却变得危机四伏起来。

"打挂吧。"秀哉轻轻说道。起身时，他望着棋盘面露微笑道："有百目左右。"

这是 10 月 16 日展开的首日对局，一直进行了 21 手，即本谱黑 21 为止打挂。

可以随时打挂封盘是名人独享的一项特权，而执黑的晚辈吴清源却没有这项权利。

研究室内，木谷实面露不快之色，似为自己的好友吴清源愤愤不平：黑棋出着之后，白棋依情况决定打挂的时机。在封盘期间，秀哉可以召集门下弟子研究对策，而孤身奋战的吴清源却要忙于各项棋战。照这样的节奏下去，一局棋少说也要下十几次，那就相当于上手方的秀哉在黑棋出着后，有十几次拆解研究的良机。

实战左下方黑棋四个星位构成一个正方形的巨阵，气势磅礴。不过，AI此际给出的推荐图则极度务实：黑左边挂后形成托退定式，再从7位飞，上方黑形顿时生动起来，与天元一子也遥相呼应。

此后白8跳，则黑9二路飞即可，目数不小且瞄着白形的弱点；白8如在A位远一路跳很积极，但黑在B位打入后易形成战斗。另外，右下黑在C位靠也是瞩目的要点。

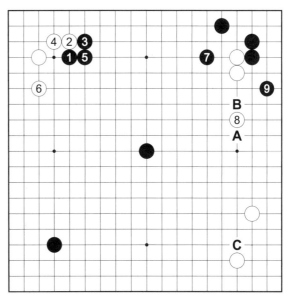

变化图 2-1

面对下方黑棋的四个星位，白在A位点入三三当可考虑。另外，右上角的白1拐也是十分瞩目的好点。

黑2飞后白3拆，与实战相比，本图白形效果自然更佳。以下，黑在左上角B位挂或C位碰，都是此局面下醒目的大场。

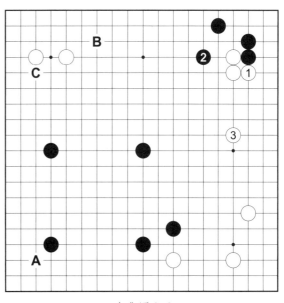

变化图 2-2

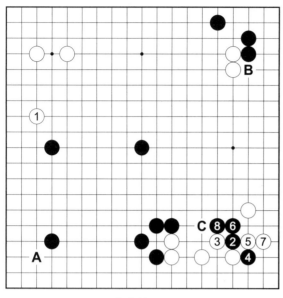

变化图 2-3

实战白1自左边拆边虽有价值，但不及A位点角或B位挡住，此为AI之视角。

白1拆后，黑也有紧凑战法：先于右下2位靠入。接下来白如3位外扳，则黑4扳角，至黑8拐后，黑无不满，以后黑在C位长还有先手意味。

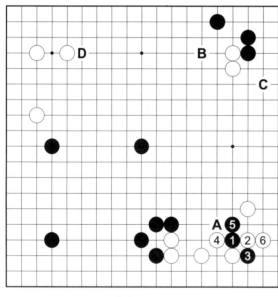

变化图 2-4

黑1靠后，白如2位内扳，如图进行亦还原成上图。

除A位拐住外，黑此际还可考虑保留此处脱先他投，抢占B、C、D位等处的瞩目大场。

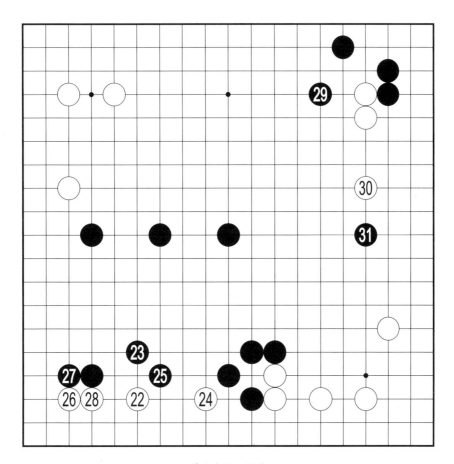

谱 3（22—31）

秀哉与吴清源每周一对局，双方各有 24 个小时的用时时限。10 月 23 日，第二次的续弈开始。执白的秀哉思考片刻，白 22 从左下的右侧挂入。

看似略做思忖，恐怕秀哉在打挂之后已经将这里的变化拆解得烂熟了。不过，在黑棋如此雄厚之处，白 22 就这样轻描淡写地侵入进来，还是令人稍感惊诧。

秀哉对弈素来缓慢，而这一次双方则更加慎重。与秀哉相比，吴清源再慎重小心，行棋速度也比之快了不少。这对面的名人，简直比以长考著称的"艺兄"木谷实还要慢啊。

黑棋可以尖顶将白棋赶入黑阵之中，进行坚决而严厉的攻击，那样局面也将会立刻紧张起来。不过，吴清源沉思半晌，最终弈出黑 23 飞，这一着颇有中国古谱中的"镇神头"之味。

寥寥数手，双方却耗费了不少时间。黑 29 飞后，白棋角上二子顿显单薄，白 30 跳，黑 31 当头拦住，即便是名人的孤子，吴清源也会果断攻击。黑棋天元一子所构建的一块厚势虽远远相隔，却极具威慑。

面对如此局面，本因坊秀哉长考甚久依然难以下定决心出手，最终提议再次打挂。

白挂入左下角时，黑1尖顶攻击是最普通的下法，也是AI首荐。白如在3位长，则黑在A位跳出，黑得攻击之趣。

不过，出自秀哉名人之手，自有其深意所在。黑1尖顶时白2可直接点入角内，以下黑3扳头（B位下扳亦可）最强，白4跳后，双方一本道进行至黑11。白先手得角，黑加固左下，虽呈两分，但以治孤见长的秀哉名人先手获角后再走到右上价值巨大的白12拐头，恐为吴清源所不愿吧。另外，黑5亦可先保留，抢占C、D等处也是一法。

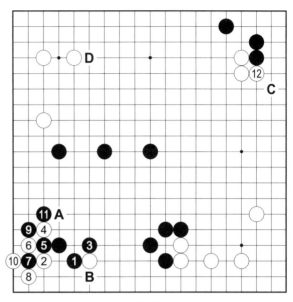

变化图 3-1

上图之后，黑1尖先手获利时，白6位团是普通下法，在此处AI推荐有高效率的下法：白2多送一子再4位打，黑只能粘，白6再团，效果比直接挡要好一些。

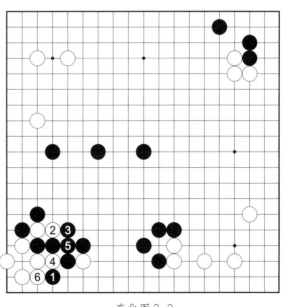

变化图 3-2

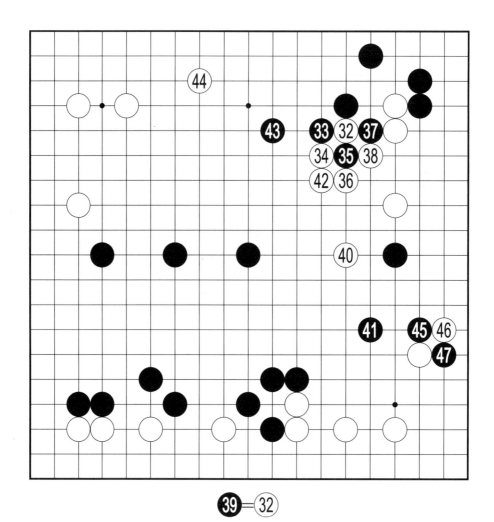

谱 4（32—47）

10月30日，双方来到第三次续弈。

经历了一周的盘算与揣度，秀哉终于下定决心，白32靠入。接下来，黑33扳必然，白34扳是早就准备好的应手。黑35打，白36反打。此后黑棋拔掉一子，白38反打，黑棋粘上后，秀哉将白40重重地拍在盘上——镇头！

原来，秀哉自弃去白32得外势后，便以此为厚壁攻击右边星一子。白棋转守为攻，行棋步调堪称优美。从开局一直处于守势的秀哉终于觅到了攻击的步调。

自五路大飞出来的黑41随即映入秀哉的眼帘，此时老者身体前倾，过了许久，才缓缓地挺直了身子。秀哉嘟着嘴轻轻地摇头，显然这一手出乎他的意料。

黑41大飞，这一手轻快自如，是闪转腾挪的极佳一着。秀哉素来腕力强劲，力动山河，这一手却如清风拂岗，从容化解了秀哉的千钧之力。

白42先粘之后，黑43跳出头也属必然，秀哉求个调子，顺便抢到白44大飞。这是醒目的大场，更是双方实地消长的绝佳点。此时，左上角白棋的实地瞬间扩张不少。

轮到吴清源动手了，黑45靠下，刚好与前面的黑41相呼应，白46扳后黑棋再断，进行更为强烈的反攻！

随着黑47扭断，棋局顿时变得复杂起来，局部便需要考虑两个方向的退、三个方向的打等下法。

秀哉依旧忖度难定，枯坐了近一个小时，直到日已西斜，才宣布打挂了事。

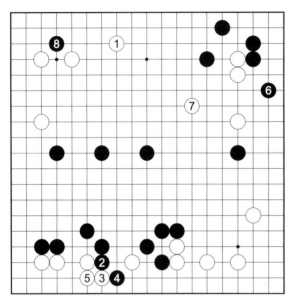

变化图 4-1

秀哉名人打卦的局面下，AI当作何处理呢？且来观之。

白1大飞构成张开翼形亦如实战，价值巨大。此后黑2、黑4先冲下交换，再从6位飞下，白7大飞补形后，黑8再点入左上角，如此双方的"腕力"在短短数合内，便呈现了均衡。

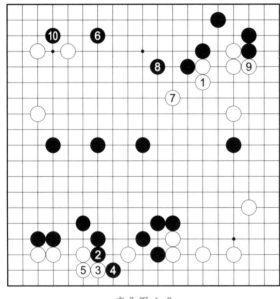

变化图 4-2

实战黑33扳时，白在1位冷静退回亦无不可。这样加固己方的同时，留待以后再来攻击右边星黑一子。

此后黑抢到6位逼后，再徐徐张开上方并浸入角地，黑步调快速，白扎实坚固，各为两分，如此是AI推荐的变化。

除实战的反打弃子定型，白1就这样老老实实地接回也可，这样黑2与白3各自退回，黑再抢到6位逼的大场。而白棋也借机在右边加厚自身，暗暗蓄力对右边星黑一子施加压力。

白13、白15挺头后，黑16飞补右边为正确应对，不过，黑棋上方撑起的模样也隐隐有了不安的味道。

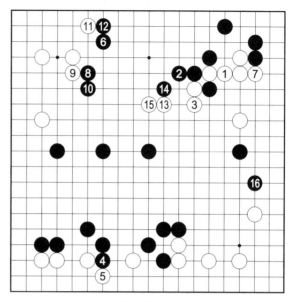

变化图 4-3

实战白在右上弃子取势后，黑还有更严厉的着法。AI建议，黑1、黑3索性再从右上入手，撕开白的薄弱之处。白4不得不再粘，黑5与白6交换后，再从7位肩冲，右上获得实利后，黑9至黑11简单压低白棋即可满意。

至黑17跳，黑上方所获丰厚，白18靠入寻觅战机，竭力拼搏。

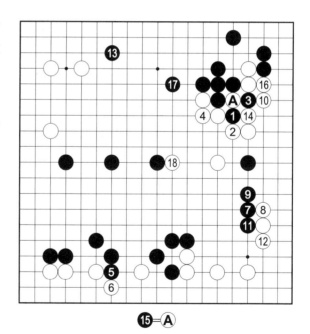

⑮＝Ⓐ

变化图 4-4

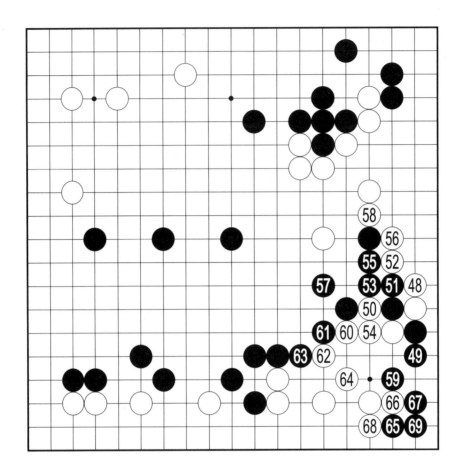

谱 5（48—69）

11月6日，第四次续弈开始了。秀哉犹豫不决地落下了白48，向着前方长出。这看似平淡无奇的一手，却是反复研究与确认的结果。

秀哉作为日本当世的围棋第一人，面对异国青年后生，以及这举世瞩目的大对局，自然需要精心准备。吴清源五段则不同，当时他不仅要倾力对阵"大手合"升段赛，还要转战其他新闻棋战，而这一局棋局，只是他需要面对的其中之一而已。

此后黑49向角内挺入也是必然之着。以下黑白双方各执一端，黑57虎补外围，白58紧紧顶住，黑棋得以在右下角盘活，顺便将外围紧紧封住。对局经历数个回合，最终归于短暂的平静。双方各划疆域，再战别处。

黑1断时，白2打吃亦无
不可。之后黑7、黑9打吃上
面一子为先手利，黑11长，
白12打，双方各自补厚。黑
15与白16简单交换后，再抢
先从左上点入，步调迅速。黑
11长如直接在A位断吃二子
也价值不菲，非常实惠。

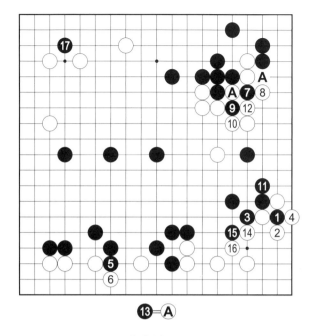

变化图 5-1

值得一提的是，实战黑在
A位虎时，白切不可在B位尖
封角内黑二子，不然此后黑将
黑1、黑3连扳下来，白棋需
防黑5、黑7金鸡独立的手段，
而右上数枚白棋也将被黑隔
断，陷入两难。

所以倒推的话，此际黑也
可省A位虎补，直接自黑1位
扳入，以下至白8夹几乎为一
本道下法，黑通过"金鸡独立"
的巧手吃得白棋二子，便不用
再补棋了，之后再点入左上
角，步调极佳。

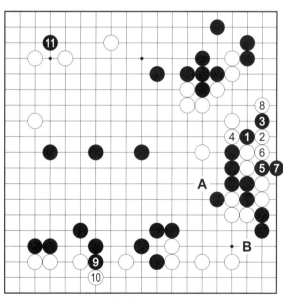

变化图 5-2

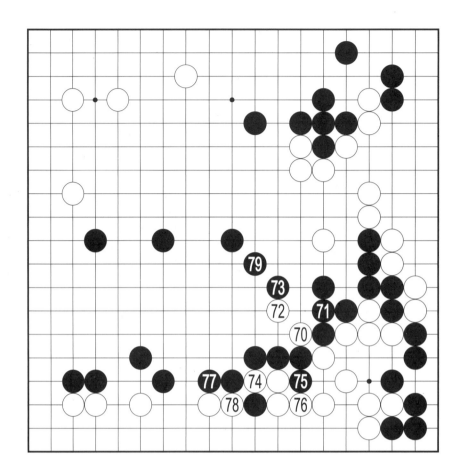

谱 6（70—79）

一周之后，11月13日，大战重开。此时已是深秋时分，秋风乍起，满是寒意。

秀哉思忖良久后白70打完再72位尖出，这里留下的余味对下方的反击将起到关键作用，这也是名人的苦心之着。

黑73靠住空中的白二子，名人笔锋一转自白74挤入，严厉无比。此时因有断点黑已不能从78位粘，只得黑75先冲后再黑77位挡住。白78割下一子，实空顿时变得清晰，这一带交战，名人秀哉通过巧妙的手顺明显得分了。

黑79位显然是白棋的打入点，是以此际黑棋坚实补住。棋盘下方白棋变厚，白70、白72二子虽被侵吞，但中腹黑空的余味仍未消除。棋盘下端疑云阵阵，搅扰着对局双方的心绪。

秀哉良久不动，他苦思冥想了三个小时仍未落子，第五次对局就此封盘。

实战白在黑空中埋下伏兵，再从下方白1挤是严厉好手。黑三路一子已无法连回。如黑2与白3交换后再4位接住，白5断后，黑拿不住白5、白7二子，黑无法两全。

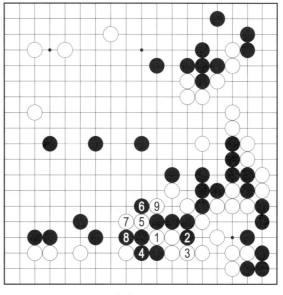

变化图 6-1

白棋吃住下方黑子后，诚然白2位是醒目的侵入要点，但黑1位恐怕更为紧要。AI认为黑1如抢到此处虎下，白若胆敢在A位冲入，黑在下方B位立，白将得不偿失。所以白只有4位扳，至白10，黑可扳角继续定型，这样白棋在左边黑空打入的可能性就变小了。黑5也可脱先左上打入，如此黑棋步调快速，白棋目数压力不小，面临难局。

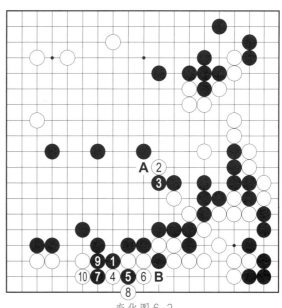

变化图 6-2

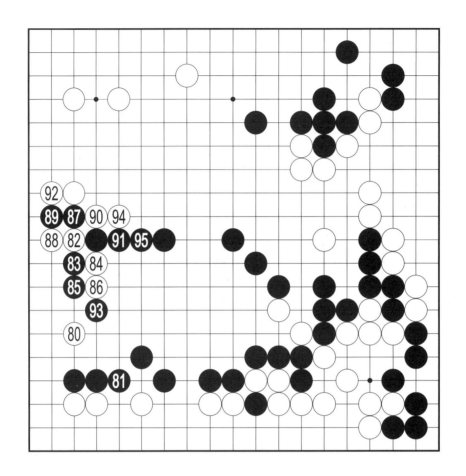

谱 7（80—95）

11 月 20 日，第六次续弈打响，秀哉这一次未做停留，落座后便直接拍下白 80。这是饱含深远计算的一手，它毅然潜进左边黑阵之中。对于以治孤为绝技的秀哉来说，这恐怕是苦心孤诣的胜负手吧！

黑 81 将薄弱之处连接起来，白 82 托后再 84 位再断，显然是准备已久的连环组合拳，黑棋只能弃掉左边二子，回手扳吃住白 84、白 86 二子。

令黑棋忧愁的是，白 80 一子尚有生机，而中腹这一块黑阵却愈发缩水了。

谨慎的秀哉依然久未落子，他的目光锁定在白 80 一子周围。

这方寸盘间，霎时间满是肃杀之气。

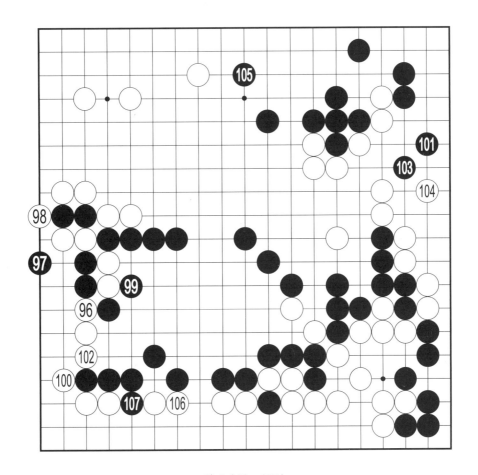

谱 8（96—107）

11 月 27 日，第七次续弈。

依然是秀哉率先出手，白 96 重重拍下，带着不由分说地严厉。黑 97 自一路跳下，隔断两边联络，白 98 拔掉二子为先手，待黑 99 关门吃住白棋二子，白 100 再从左边二路扳起，准备扳粘获利后再先手回补右方。

吴清源放眼全盘，此际白棋在左边获利，目数已经完全追上，黑棋不过是棋形更为厚实而已。吴清源置左边的大棋不顾，径自右上率先出手。黑 101 飞后，秀哉白 102 渡过。黑 103 再尖先手，待白棋补回后再从 105 位飞下。这一手，吴清源细思甚久，至此整盘脉络已定，呈现细棋局面。

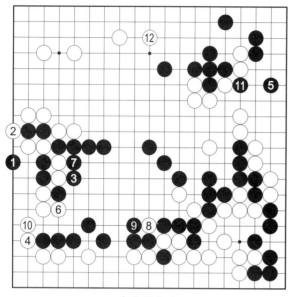

变化图 8-1

左边一带，双方力争完美，黑1至黑5皆是AI的第一推荐。

此后，AI强调白6打后（秀哉名人于此处作保留）在8位断试应手，再10位渡回。黑5、黑11右上攻击，白12再捞一票，以后借黑棋余味拼力治孤，局面将接近不少。

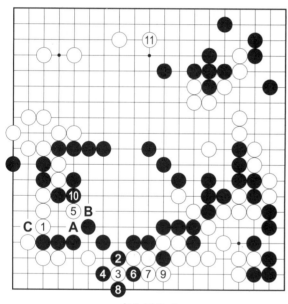

变化图 8-2

实战白1渡过，黑2在下方虎依然是价值很大之处，白3扳，黑4挡后白5先点巧妙。以下，黑10补后白能抢到上方拆一。以后白在A位双，黑在C位断后再B位挡（次序要领），白留有吃三子的手段，局面依然漫长。

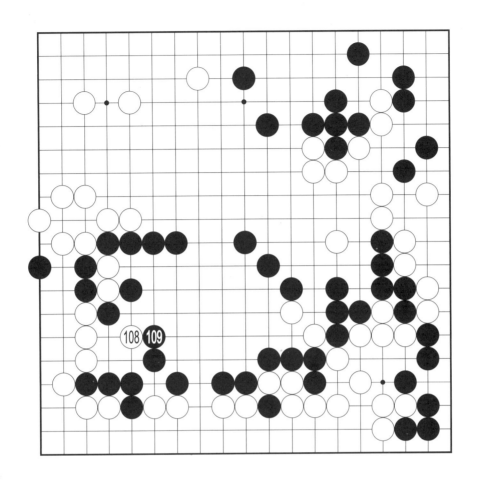

谱 9（108—109）

一周一会。12 月 4 日，双方开启第八次续弈。

报社将每周一吴清源与秀哉名人对局的棋谱连载于报上，这盘棋从开局至此，已有 50 天了。

经过二十多分钟的思考确认，秀哉落下白 108，这一手看似平淡，却暗藏机关，此处影响着左下白角、下方白边乃至黑空中的攻防，藏匿着无数计算手段，是颇具心机的苦辣之着。

吴清源只思考了两分钟便挡住。黑 109 简单一手，被老师濑越宪作斥为轻率之着。局后复盘时，师父以严厉的语气说道："或许单拔掉二子会更好些！"

秀哉经过了三个半小时的大长考，依旧未落子，他显然意识到棋盘上出现了转机，扭转局势的机会来了，可是如何组合手段，又需要大量的计算和检验。长年累积的胜负感使得秀哉异常谨慎，所以再次提出打挂。

第八次对决，一天之内竟只弈得寥寥两手而再次封盘。

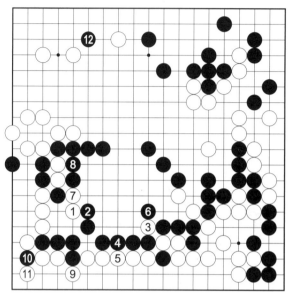

变化图 9-1

白 1 跳入时，黑 2 挡，随手。此际白 3 先断好手，黑 4 粘，白 5 顺势挡住，黑 6 不得不补。

白 9 挡住后左下一带尽成实地，黑 12 只有抢先打入左上，盘面已十分接近。

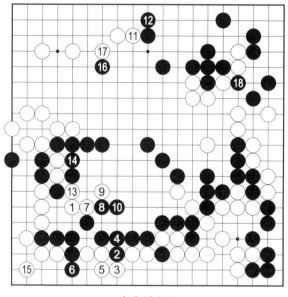

变化图 9-2

白 1 时黑 2、黑 4 挖粘是好手，黑可 6 位立下。以下应接双方力图最善，白虽冲入黑腹地，下方白棋也被黑棋穿断。过程中白 11 先顶机敏，黑 16 先侵分再黑 18 断吃二子，如此黑保有些许优势。

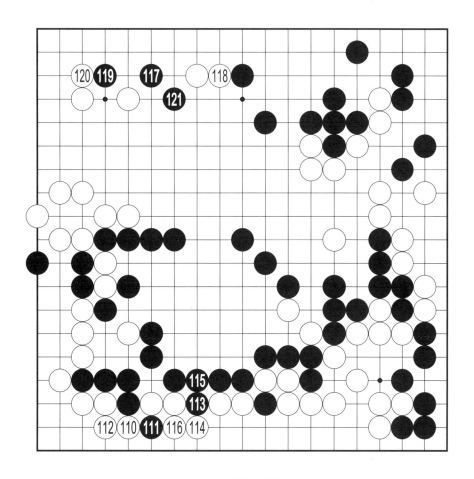

谱 10（110—121）

第九次对决，于 12 月 11 日早晨打响。经过一周的缜密思考，秀哉将下方
黑棋挡住，黑 111 断是小巧手段，如此黑 113、黑 115 得以先手挖粘。此后，
黑棋中腹的大空余味仍然未尽，这也为最后的名手留下伏笔。下方至此定型完
毕，黑 117 终于打入上方，这是吴清源早就准备好的打入选点，也是 AI 推荐
的最佳侵入点。

自开局以来，两人从右上展开接触战，秀哉弃子反攻，战火自右上蔓延至
右下。两人在下方极尽心思之巧和手顺之妙，至此战火转入左边，就这么顺时
针转了一圈。

秀哉出手了，白 118 横顶上方三路一子，是顽强的抵御。胜负的弓弦已经
愈绷愈紧，双方决不可后退半步。关于这一手，秀哉曾说："这是必死的反击，
除此之外都要输棋。"

吴清源自然不会简单跟应，他再迈一步从 119 位跳，白 120 只有挡住，黑
121 再尖，向中腹进发。秀哉斟酌推敲良久，迟迟未落子，于是又宣布了打挂。

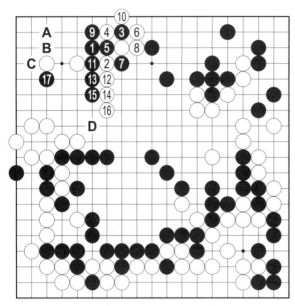

变化图 10-1

黑1侵入严厉，AI的最佳选点与吴清源实战无二。接下来白棋应法众多，白如2位尖封是严厉手段，但黑3从二路托同样有力，白4如6位外扳，黑退后再于A位跳即能活棋。白4扳虽严厉，黑也有强手应对。

以下进行到黑17，不论白上扳或者下扳，黑都可在B位夹腾挪。白如在C位立不给借用，则黑在D位跳，作战黑未必惧白。

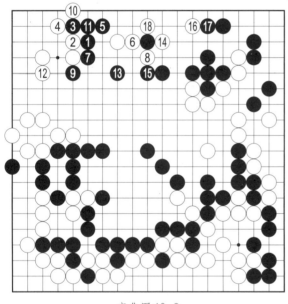

变化图 10-2

白2若挡角，黑3扳后再5位虎，若白封锁，黑自然从二路渡过，白如何肯？

白6顶为最强下法，黑7贴，白8扳，黑9扳后白12并是好补法。黑13飞后白盘活上方一块，黑完成封锁，也是两分定型。但黑棋全局厚实，对于不贴目的局面，白自然不能答应黑如此简化局面。

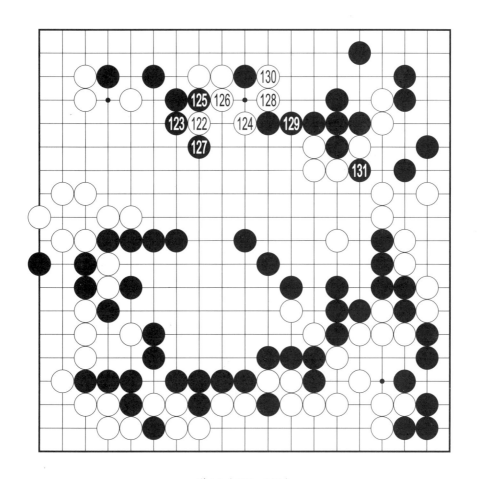

谱 11（122—131）

12 月 18 日，第十次续弈。统算下来，这一局"名人挑战赛"已持续了两个月之久。

白 122 跳起，黑 123 挡住。之后，秀哉又白 124 靠，这一手是腾挪的好形，机警又灵活。至白 130 贴吃一子后，白棋也顺势在原本黑棋阵地的上方盘活。局部大转换的战斗终于尘埃落定，双方都侵入了对方阵地并形成转换。令人称道的是，双方正好达成了一种新的平衡：从目数的得失方面来看，双方谁都没有吃亏。当时研究室里的人们认为这是双方最佳的应对，形势对黑棋稍有利，因为黑棋不贴目，白棋要取得盘面优势并不容易。

黑 131 打吃，是右上厚薄要点，吴清源自然不会错过，他渐渐稳住了阵脚。秀哉又慢了下来，他极为敏感的胜负嗅觉，让他此局未再落一子。

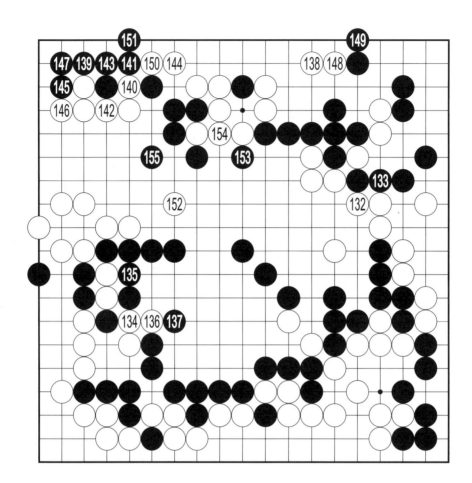

谱 12（132—155）

第十一次的对局，在 12 月 25 日这天正式打响。

秀哉的第一手是简单的白 132 打，黑 133 接上之后，将白三子纳入麾下，这手价值之大自不待言，此际局势更加细微。

下方白 134 至白 136 是白棋的先手权利，兑现之后再转到上方白 138 飞，秀哉也当仁不让地占据了醒目的大官子。若不这样，黑棋以后抢到白 138 左一路进行官子搜刮，将会令白棋痛苦万分。

接下来，双方转战上方，虽然看起来都是些简单的应对，但背后却有着大量的计算和判断，可谓是两人呕心沥血的杰作。

细微的局面虽无惨绝的百目对杀，但双方都没有丝毫的马虎。

老者忽然亮起长袖，白 144 落子，如一把利剑直直刺来。

按说黑棋只需将自身粘回，即可无忧。而盘端的另外一侧，青年的身体猛然晃动，眼睛紧紧盯着棋盘。

统算下来，这一局已持续了两个多月。

在此期间，吴清源参加了多场日本棋院秋季升段赛，这些大手合比赛需要连弈二日，常常弈至深夜方能终局。素来清瘦羸弱的吴清源，遭遇这样频繁而激烈的对局，他的身体已到了承受之极限。而秀哉打挂之后，有一周时间拆解研究棋局，修养调整身体。

此时，吴清源在角上的扳粘将棋下薄，意外地露出了破绽。白150断开之后，黑棋后手补活角上，虽然目数上获得了便宜，但外围黑棋骤然变薄了，他忽略了秀哉的强手！

秀哉的剑气咄咄逼人，白152飞，看似平凡的一手，却蕴藏着一波接一波的攻势，上方黑棋数子顿显危机！黑153扳后再黑155虎，这是吴清源极力的拼搏。秀哉如若不能形成强力的攻击，黑155之后将有跳下的手段，这会令白棋痛不欲生。

百余手的激战之后，牵动人心的大战仿佛才正式开始……

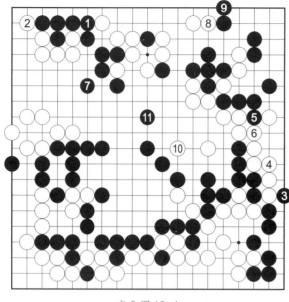

变化图 12-1

此局之后，不论是后来的围棋大家，还是当下的围棋AI，皆推荐黑棋在1位厚实粘住。黑连通后，整块棋将厚实不少，黑7虎又是厚实的好手，一边防守一边留有跳下的官子，至黑11跳后，黑棋将有微弱的领先优势。因黑棋全局通厚，即便是官子绝顶的秀哉名人，要想翻盘也绝非易事。

如此进行的话，黑棋也就不至于被白在1位断开而遭猛攻，而连带暴露出隐蔽在中腹棋形深处的一丝罅隙了。在不贴目的情况下，最终结局很可能被改写。

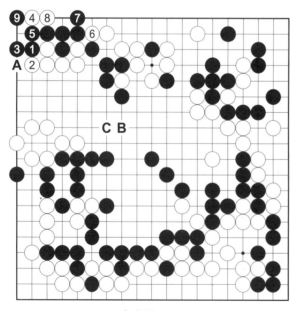

变化图 12-2

实战黑1扳，白2挡后，黑再回头6位粘亡羊补牢，已亏损近1目了。是以开弓没有回头箭，局部黑3立下最好，但接下来白4点入巧妙，黑粘后白再断开，黑7至黑9不得不如此，则白A位挡成为先手，以后白在B、C位一带拦截，局面已是十分接近，黑棋已有危机。

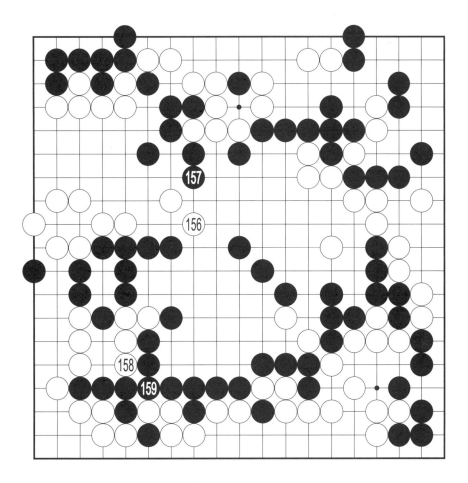

谱 13（156—159）

1 月 15 日，第十二次对弈。

三个月过去了，泛黄的秋叶渐次凋零，寒风刺骨，写尽萧条。

本应上周举行的比赛，因为吴清源发烧而取消。长久以来各项棋赛的转战，加上这样一场举世瞩目的对决，吴清源身体出现了问题，他高烧烧到了 40 度。经过一周的休整，吴清源的身体刚刚恢复，便再次来到胜负场上。这一天，两人一共进行了寥寥四手。继第八次对决只弈得两手棋之后，秀哉再度惜墨如金，两个回合就宣布打挂。

黑棋接回四子后，全局已进入到关键性的最后决战。假如白棋既不能有效地攻击上边一块黑棋，又没有手段针对黑棋中央大空的话，白棋形势将不容乐观。

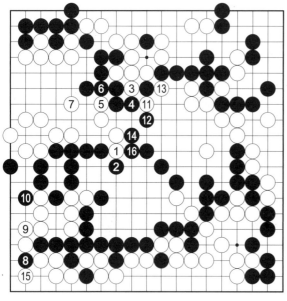

变化图 13-1

白1先冲是最能想到的手段，至白7，白棋一面护住边空而联络中腹，再窥伺中腹黑棋弱点，是厚实得当之着。

接下来黑8先断，精巧。得到黑10扳的先手是AI一直强调的手段。白11、白13先手打拔也满意，此时将是盘面相当的细棋。

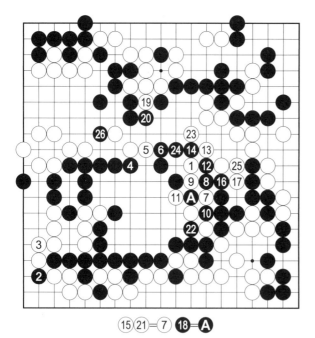

⑮㉑=⑦ ❶❽=Ⓐ

变化图 13-2

白1跳也是不错的一手，此手补厚右边，同时瞄着黑棋的恶味，黑棋仍需谨慎。黑2、白3交换后，黑抢到4位挡，白5冲时黑6挡，紧凑。以下白7挖，黑8打奉陪到底，至白25，黑棋断尾求生，再抢到26位跨后，AI判定依然是极度细微的盘面胜负。

总之，这两种变化图对于白棋而言可争成平手，那么还有没有更为激烈的手段呢？

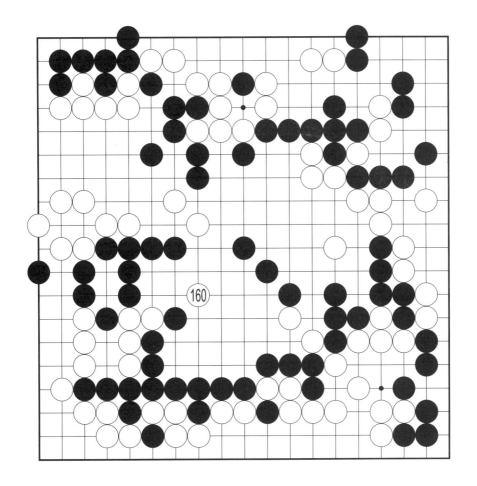

谱 14（160）

1 月 22 日，第十三次续弈。

　　妙手隐藏在无数纵横交错的交叉点之中，让人难以寻到，但它却真实而客观地存在着，只是需要对局者通过平时的积累和认真的揣摩，把它从盘中空白的点中找出来。

　　秀哉白 160 的这一手，虽不是棋形优美的手筋，但却蕴含着深远的计算，给人极大的震撼。

　　年华易逝，妙手难得。秀哉的眼角流露出一丝惆怅与哀伤。

　　现在，这一颗白子就这样安静地置于盘上。这一手，后来被认为是二十世纪不可多得的妙手之一。

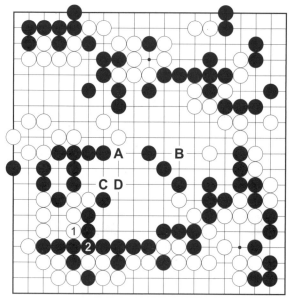

变化图 14-1

上谱之后，对于这样的局面，秀哉名人及门下弟子势必进行了大量的比对和研究。

经过AI的大量计算，A至D的选点排在前列。但随着计算的深入，D点开始排在首位，并最终一骑绝尘遥遥领先，黑棋的胜率随之也在大幅衰减。此点正是实战秀哉下出的妙手！

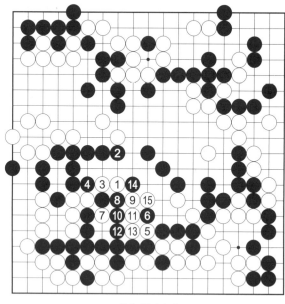

变化图 14-2

白1的精妙之处在于深入黑空，正中黑形之要冲。此手看似惊险万分，黑棋却无计可施。

黑2如挡，白3挡，黑4断后，白再于下方5位先断巧妙。黑6打吃时，白7打后再从9位一气儿拍下。黑14断打，白15长后，由于黑大块气紧，眼见两边已无法两全。

另外，白1点入后，黑若从3位阻断，白则2位冲入黑腹，黑明显不行。

上图黑断开白两块后，白棋在 2 位松了一气。那么尝试黑 2 尖如何？

不过，如此白依然是白 3 挡，黑 4 断后白再从 5 位断的手顺。以下至白 11 打，之后白 13 虎恰到好处，黑只得 14 位提吃一子，白遂连回一串，将黑空破个精光，大获成功。如此黑棋依然未有良策。

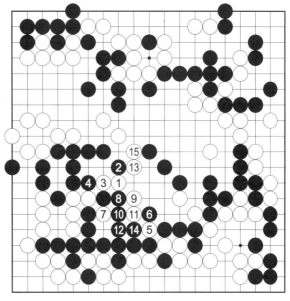

变化图 14-3

白 1 若直接从 1 位扳出，与实战虽仅一路之隔，结果却大相径庭，谬以千里。

接下来黑 2 势必断开，白 3、白 5 最强，至白 13 将黑大块分断，很是激烈。黑 16 跨也是强手，中腹及左边情势非常复杂，黑极有可能通过此处余味得到安定，如此盘面目数也不会差。不到万不得已，白棋也不敢行如此极端之策。

由以上几图比之，实战秀战施出手筋之妙，可窥一斑。

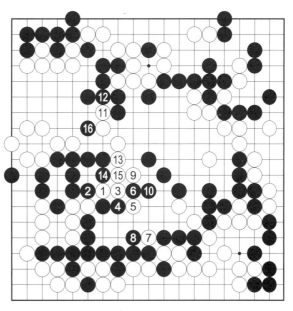

变化图 14-4

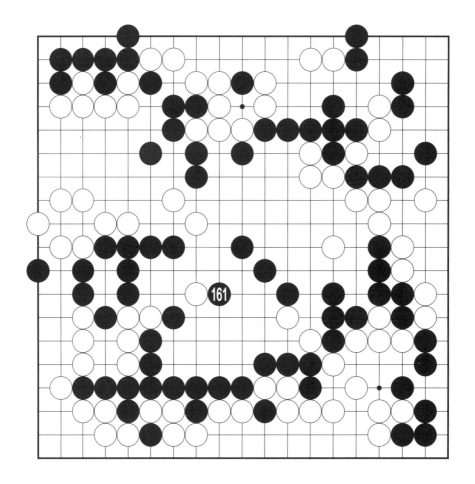

谱 15（161）

清瘦的青年面对着盘上的一颗白子，陷入深思。他的气色不佳，重度的感冒发烧并未痊愈。

他的眼中充满着一层薄薄的荫翳。昨天晚上的一幕幕，挥之不去……

暗夜，佳肴。吴清源与木谷实受日本棋院高层人士大仓喜七郎邀约，前往大仓家中做客。

晚餐是丰盛的中国菜，三人谈天说地颇为尽兴，但有关吴清源和秀哉对局的事却只字未提。就在两人即将告辞之际，大仓先生却突然问："黑棋的下一手，要是打在这儿怎么办呢？"随即他指出了那个选点。

吴清源看向大仓先生指出的那个点，作为围棋业余爱好者的大仓先生，恐怕难以窥探激烈战局的奥妙。吴清源当时并未细想，便随口应答。吴清源在那段时间还要应对升段赛和其他新闻棋战，身心交瘁的他回到家也几乎不会去摆这一局。

吴清源再一次见到它，就已经呈现在棋盘之上了。

大仓先生从何知道这一手呢？或许，大仓之前专程去本因坊打听局势走向，却被告知："没关系，还有撒手锏呢！"因此他得知这一手的秘密。而大仓询问吴清源，便是在试探他的应手。

溪云初起，山雨欲来。既然已经成为现实，那就只能全力应对。

吴清源在思考了 1 小时 20 分钟之后，终于出手了。

黑 161，这是苦心孤诣的治孤妙手！

对于这手棋，吴清源赛后自陈："这是极危险的应法，但除此之外，好像再无他法。"

超强的能量，往往在绝境之中迸发而出。这一手切断了白棋的归路，守住中央大空，可谓顽强至极。它看似剑走偏锋，但在局部巧妙防住了白棋的长驱直入，这已是最大限度减少损失的防御之手。

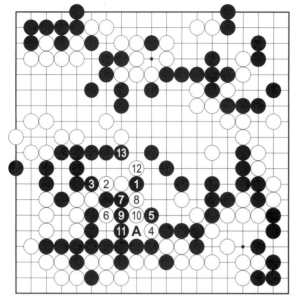

变化图 15-1

实战黑 1 被后世所称赞，是为当前局面下最强的防守手段。在名人秀哉和坊门弟子的共同智慧下，吴清源单枪匹马应对出的一着，更为难得。

此际白如继续施以 2 位先挡再 4 位断的连环杀着，进行到白 12 打时，黑 13 可阻断联络。可以看到，此时白因气紧不能从 A 位粘回，黑 1 断恰巧补住下边断点。如此将形成对杀，黑棋断然不惧。

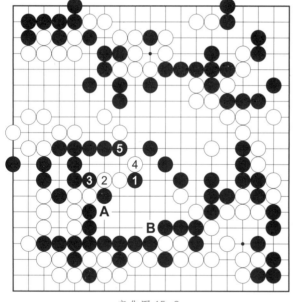

变化图 15-2

事实上，实战黑 1 也带有赌命一搏的成分，是为妙手，也是作为大胜负师的吴清源施出的究极之手。

因为白点入的妙手出现，局部出棋已成事实。白 2、黑 3 交换后，黑只有 5 位连根切断白棋。下方 A、B 两处白棋要借用的味道甚多，局部变成一道实战"发阳论"。

此处黑空中伏击着异常严厉的手段，白1飞后再白3挤，但在实战中委实不易发觉。

黑2虎、黑4粘为局部最善，接下来双方应对几乎为一本道的下法，白棋在黑空中走成双活，自然大获成功。

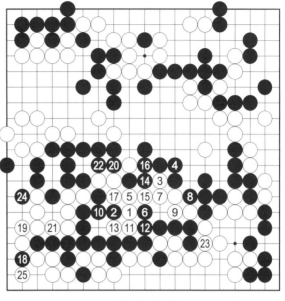

变化图 15-3

黑1粘后，白2单提亦可，至白8依然成双活。黑9只能从右边动手一搏，进行至白16，以下A、B两处皆是白棋先手，黑亦无计。

实战的这一着胜负手，也在考验着白棋。刚刚经历过打挂的名人，或许对这一着冷手也未曾考虑过，也不会再次打挂慢慢拆解吧。

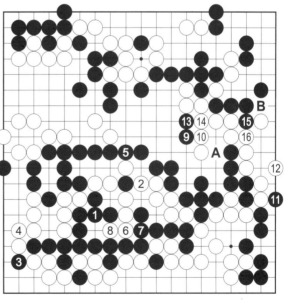

变化图 15-4

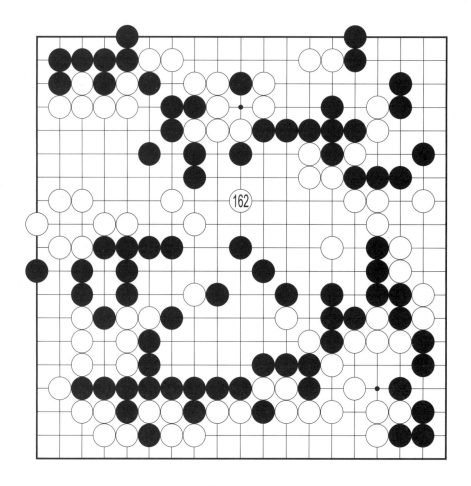

谱 16（162）

得意的妙手相继从老者和青年的指尖弈出，展示在盘间。在观战室内，濑越宪作、桥本宇太郎、木谷实等棋士，乃至一众坊门弟子，皆心系棋局，如临局内。

当吴清源施出靠的妙手作为回应之后，秀哉的脸上瞬间阴云密布，不知是否出乎意料，他凝视着棋盘中央，良久未落子。

不过，这一次对局的节奏加快起来，没有以往那样动辄数小时的大长考。不一会儿，秀哉再次出手，在中腹的空旷地带，白162如黄莺般展翼飞起。

下方空中遭到黑棋强烈的反击妙手，白棋已无直接出棋的严厉着法。秀哉这一手自中腹断点入手，以上方形状之羸弱，牵引下方黑棋周遭之余味，使黑棋不得不防范。

实战名人秀哉施放强手白
1，残酷而毒辣。黑2若简单
双补，白3以下再从中腹下方
冲击，黑被直接切断毫无还手
之机，只有从12位跨断以求
对杀。

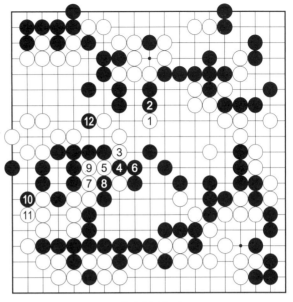

变化图 16-1

接上图。白1至黑4为双
方必然下法。白5长出，实战
白162恰好起到连接长气的作
用，黑无法阻断中腹，将玉碎
终局。

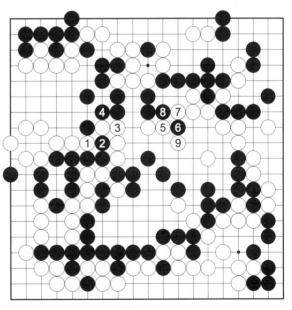

变化图 16-2

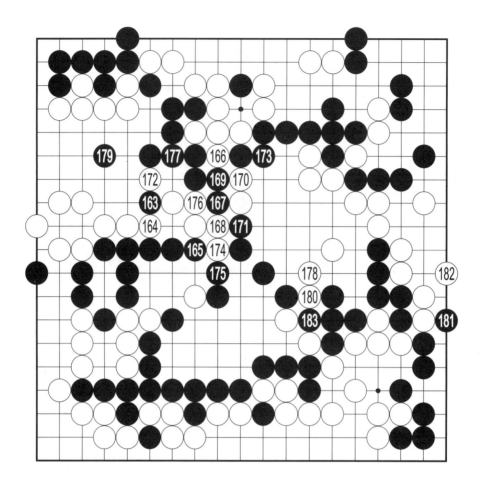

谱 17（163—183）

巧夺天工的三招妙手接连进发，令人震撼。现在，这沉重的压力，又给到了黑棋一方。

既要照应上方弱棋，又要防备白棋联络中腹的白子，青年以黑 163 防御。这手棋从白棋缝隙靠出，反守为攻，极力整形，已是极妙之着。这一手，也是当下局面 AI 的首要选点。

白 164 冲时，黑棋顺调再补，下方恶味终于消弭，上方一队黑棋也因黑 163 而巧妙脱险。

以下数着已成必然。黑 171 断时，白棋可于 173 位提吃一子，也可如实战中扳吃黑 163。黑白双方各有所得，黑棋总算幸免于难。不过，目数上的微弱劣势黑棋始终难以缩小。

实战黑 173 粘之后，外围切断的两枚白子成为维系黑大块生死攸关的棋筋。

不过，白棋切不可简单从 1 位逃出，黑 2 靠，白 3 长后，看似黑棋无法拿住这数枚白子，但黑棋这里伏击了好手段——黑 4 尖的巧手一出，白棋已无法连回！

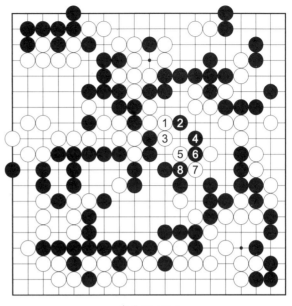

变化图 17-1

接上图。白棋数子无法接回，白 1 至白 5 只能亡羊补牢。此后双方收官至白 19 几乎为必然，黑已逆转局势，盘面优势不可动摇。

据说当时在观战室里，一众坊门弟子密切关注对局动向，无不担心秀哉会如本图逃二子。彼时虽然已近终局，秀哉尚余 3 个多小时，作为身经百战的秀哉名人，必然不会贸然行棋，犯这种低级失误。

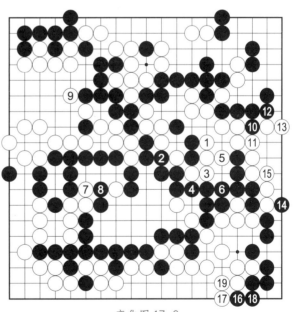

变化图 17-2

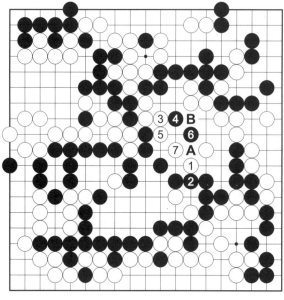

变化图 17-3

实战白1刺，暗揣心机，黑万不可简单于2位粘上，不然白3将曲出，黑已难擒住白数子。

黑最强以黑4、黑6应对，白7小尖，恰巧得到此前白1之接应，此后黑如在A位冲，白在B位即可化解，如此黑将大势去矣。

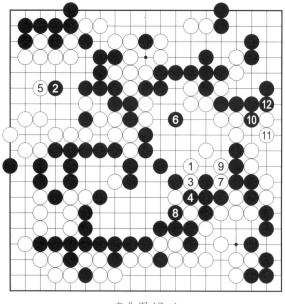

变化图 17-4

实战黑只得脱先从左上2位跳入。白5与黑6各自补强，但右边白3冲后，黑数子已难以接回，胜负至此已无变数。

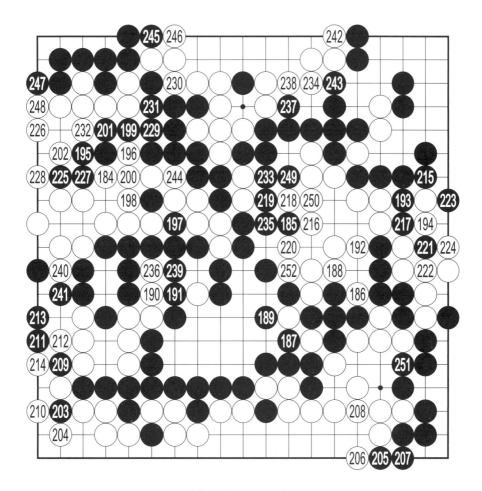

谱 18（184—252）

此时，棋盘上只余下那些待收束的官子。对局者对于结局已经明了，研究室里，那些坊门弟子依旧埋头研究，在这一周的时间里，他们恐怕已将最后局面的各种收束演变了无数回。

白 186、白 188 扑吃黑棋五子，结局已定，白棋盘面 2 目。当收束到白 252 时，盘上只剩下单官。在传统的日本围棋大家的观念里，单官是断然不会再收束的，若再继续收束则属于"亵渎"棋道，局面便到此为止了。

过程中，吴清源黑 211 尖，秀哉白 226 倒虎等都是精巧的官子好手，双方收束无可指摘，堪称完美。

双方的时间都未消耗殆尽。终局时，吴清源剩余 1 小时 54 分钟，本因坊秀哉剩余 1 小时 44 分钟。就在结束的那一刹那，秀哉的脸上露出了久违的微笑，那股肃杀之气也消失了。房间内的气氛不再沉闷，变得轻快许多。

当一幅巨作画下句点，老者与青年隔座陷入沉思，作为晚辈的吴清源低头沉默，等待秀哉的复盘。老者缓缓抬起头来，众多记者凑了过来，期待秀哉谈谈本局的看法。

"黑棋的着法十分独特，虽然布局方式暂且难以认同，但之后的发挥十分出色。"获胜后的秀哉兴致甚浓，指着左边盘说道："比如这手棋举重若轻，精妙至极，堪称神至之笔！"

秀哉忽又沉默半晌，慢慢说道："以前我和许多高手都进行过激烈的争棋……"老者仿佛回到往昔，细数起当年的峥嵘岁月。

"但是，在我一生当中，从未有过一局争棋像对吴君这盘棋一样举步维艰，苦战到最后。"说罢，秀哉如释重负，长长吁了一口气。

秀哉就这样毫不吝啬地赞扬着对面的青年，比赛的压力消失了，此时是老者对青年超越年龄与棋力等级的深深怜惜。记者们如获至宝，匆忙记录着秀哉的点评。这些溢美之词，连同最后一日的棋谱，一同载入翌日的围棋新闻版面里。

后来，秀哉点评此局时，再次谈道："坦率地说，此番对局在各种意义上来讲，都是很难下的棋。另外，吴清源、木谷实二人创造新布局，以此向旧传统挑战。种种原因，使我未能达到超脱之境地，这使我深感技艺尚不成熟。可以想象，对方以'三三·星·天元'的新法来打，我身为名人，心情无论如何也难以平静了……"

一个时代行将结束，一个时代才即将开始……

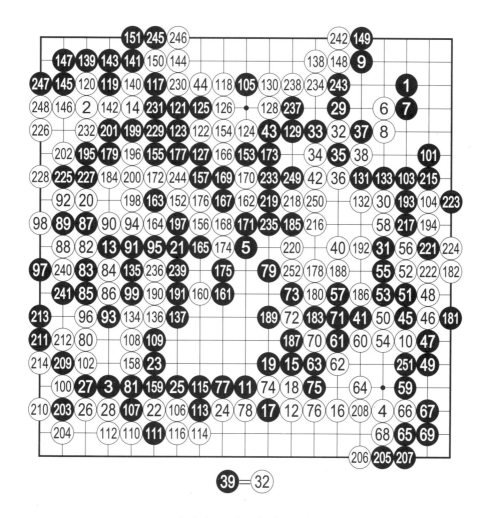

39=32

全谱（252手，白胜2目）

银座是东京极为繁华的商业街区，据说在这一条街上，能尝到来自世界各地的美味。

两位青年坐在银座的一家中餐馆内。面对一桌美味菜肴，身形壮硕的青年却闷闷不乐。

"以名人的权威，这样的结果不能使人信服，过程更是令人不满！"他义愤填膺，对面的清瘦青年频频笑意相劝。

这两人，便是当世新布局的奠基者——木谷实与吴清源。大胜负战罢，木谷实邀请吴清源聚餐。谈及本局，他对这种随意封棋的比赛制度大为不快，认为极不合理，也极不公平。"吴君，如果以后我有这样的挑战机会，我一定竭力去争取更公平的对局条件，也一定舍命争取胜利！"

　　木谷实做到了。四年之后，在与本因坊秀哉进行的 "名人引退纪念对局"中，木谷实击败数位高手，最终站到秀哉的面前。根据他的强烈要求，主办方终于同意对古老的对局制度进行改革，由此，封棋制度正式实施。而这些要求，秀哉也一一允诺了。最终那局引退棋，木谷实执黑以 5 目胜出。

　　秀哉与吴清源的这场经历十四次对弈、历时一百多天的对局，终于画下了句点。吴清源虽然输了这一局，但新布局的蔚然成风并未受到影响，并且因为在对局过程中吴清源所遭受的不公正待遇，深深刺激了大多数棋士，新布局的浪潮反倒愈演愈烈。这局被誉为"二十世纪第一名局"的对弈，也成为近代围棋和现代围棋划分的标志。

第八章　御风之舞

吴清源与木谷实的再一次较量

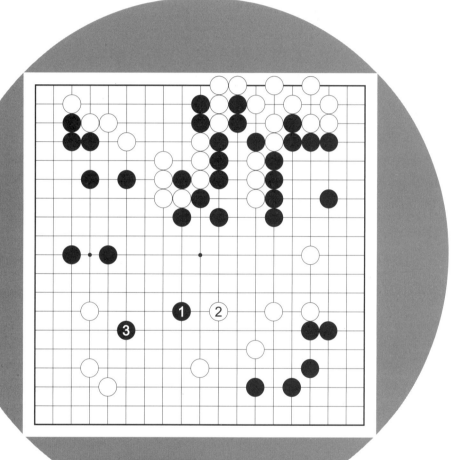

吴清源　木谷实

- 天才们秉持颇具胆识的创造力，筚路蓝缕以启山林，开创时代之滥觞
- 在绝代双雄的一再决斗中，新布局因此而圆融通达、焕发出勃勃生机
- 青年时期，他们不再是离经叛道的独行者，而是结伴而行的同路人
- 若干年后，他们将会于更大的舞台开启对决，成就另一番佳话与传奇

1934 年秋，两位青年再一次对坐于棋盘前。

其中一位身形壮硕，生着一对密而不浓的八字眉，英气十足，眉下是一双炯炯有神的眼睛，他看起来如满腹经纶的儒雅学者；另一位青年身材消瘦，眉目端庄，高挺的鼻梁上架着一副眼镜，一双墨瞳神采飞扬，他静默端坐，浑身散发着一股无与伦比的独特气质，更显清穆的君子之风。

棋盘之外，他们是无话不谈的挚友；棋盘之上，他们是纠缠不止的对手。他们的出现为棋坛注入了新的活力，他们的对决是引人乐道的热门话题。

这样两位名动天下、并称为棋坛上"双子星座"的青年棋士，又在比赛中相遇了。

在与名人秀哉的对局结束后，新布局如春日里繁盛的樱花，骤然绽放。这场对局不仅对禁锢的旧理念带来巨大冲击，还为棋界注入一股新流。木谷实、吴清源和安永一合著的《围棋革命·实战新布石》一跃成为棋界风靡一时的著作。这本书以精美的辞藻，对新布局展开充满逻辑思辨的讨论。该书同时也对新布局的发展与传播起到了巨大的推动作用。

在 1934 年的大手合比赛中，两位炙手可热的年轻棋手——吴清源与木谷实继续使用新布局，神勇无阻，战绩彪炳。

报社自然不会错过这瞩目棋界的新闻。从 1933 年春日开始，在报社的大力运营下，同时身为五段的木谷实与吴清远开始了十番棋之争。四局战罢，吴清源以一胜三负落后，如果再输一局，则会遭到木谷实的降级。被逼到悬崖边的吴清源开始了第五局的争夺，有了在地狱谷与木谷实探讨新布局的经历之后，吴清源打出了极具新意的中央战法，该战法成为新布局的发轫之始。

"木谷·吴十番棋"本为美事一桩，谁料木谷实率先升到六段，两人的棋份相差一个段位，而"十番棋"是建立在同等互先棋份的基础之上的，在当时段位制度森严的环境下，比赛不得不中止。那次争棋最终进行到第六局，双方各胜三局，打成平手。

面对段位差距的窘境，报社马不停蹄地主办了这次以"先相先"形式展开的三番大战。

何为"先相先"？为何又是三番棋战呢？

"先相先"即当段位相差一段时，对弈三局，段位低的一方第一局执黑先行，后两局再依互先对局一样，第二局执白第三局再执黑，这便是"先相先"，也称作"先互先"。对于段位相差一段的两人，三番棋恰好不过，段位低者执黑弈二局，执白弈一局，最终率先取得两胜者即获取优胜。

本次三番对决，首局执黑的吴清源以 6 目取胜，第二局木谷实执黑 7 目胜。前两局两人皆执黑摘得胜果，来到决胜局，谁会取得最后的胜利呢？

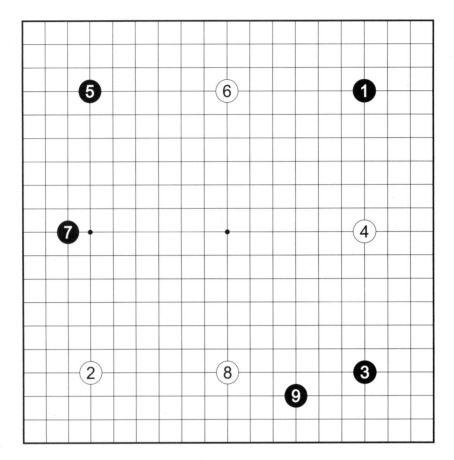

谱1（1—9）

开局，执黑的吴清源以"二连星"起手。这看似极为普通的着手，在当时的时代背景下，却是特立独行般的存在。

中国古棋中，有以交错置于四角星位的座子开局，这样的规则传入日本之后，却鲜有人起手落子占据星位，一直到本因坊秀哉时期皆是如此，后来座子制度逐渐被废除。所以当吴清源面对名人秀哉时，执黑第一手落于星位时，观战的棋士无不讶异。

在当时，新布局早已超脱固有的窠臼，飞跃于传统的理念之上，对于星位的理解也找到了新的平衡点。在吴清源与木谷实的引领下，起手星位再也不是离经叛道的着法。

正所谓"王杨卢骆当时体，轻薄为文哂未休"，新布局极为奔放不羁的下法，在当时被斥为轻薄浮华是在所难免的。这种新思潮对坊门棋士所尊奉的传统布局造成了强大冲击。可以说，新布局的出现和发展，使星位的内涵与外延发生了翻天覆地的变化。

执白的木谷实第二手同样占据星位，但从白4开始接下来的两手，他竟连续落子于边星之处，这样极为少见的序盘"趣向"，是新奇甚至大胆的着法。

通过AI分析，开局放着空角不占径直分投实非上策，不仅白4、白6、白8三手棋胜率均下降不少，就连每手棋的目差也亏损1~2目。

AI对围棋这项传统竞技带来的提升大家有目共睹，以数字胜率衡量对局过程中的好坏、得失、盈亏，不失为一种简单且有效的方法。但通过它来分析棋谱时，不可单纯地以胜率的降低去否定一手棋。如同脱离时代背景看待问题，甚至用现代的理念框架去投射过去的事物，这种分析都是在"扭曲"事实真相。

在某种层面，AI视角其实是一种"上帝视角"，从这样的视角看人类棋谱，能维持胜率已是超常发挥，胜率的持续降低是最正常不过的现象。

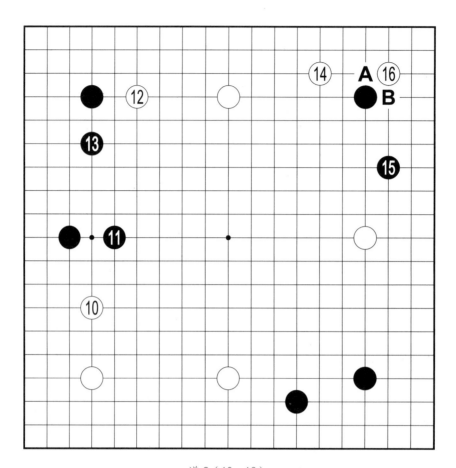

谱 2（10—16）

白 10 高拆，白 12 高挂，木谷实继续高举高打，自由不羁地在高空飞行。

鼎盛时期的木谷实惜空如命，绝对是"实地派"棋手的典型代表人物。而在新布局初期，他却摇身一变，以如此面目示人，颇为有趣。

白 14 在右上小飞挂时，吴清源没有选择小飞守角，而是以大飞守角应之，这一手极具气势，也暗合了新布局的意韵。

白 16 点角势所必然，接下来黑棋有两种应对办法：要么以攻击为主，从 A 位分割白棋；要么在 B 位挡，稳守边空。至于黑棋选择从哪边挡，值得深究。

事实上，角部黑挡哪边皆为可取。先以黑1位挡来看，至黑9顶为必然进行。白10点机敏，黑粘最善，白12尖补后，黑13扳紧要，白14扳时黑15跳值得品味，如此棋形有弹性，以后C位虎是好形。白如A位打，黑可B位贴；如白B位贴，黑就简明A位粘，还可C位虎强战。局部两分。

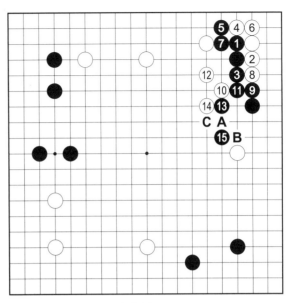

变化图 2-1

黑如1位挡，白2爬，黑3退为必然下法。接下来的局面变得微妙，白4脱先右下飞挂是AI推荐的下法。

普通黑A位飞补的话，白再5位粘，黑两边皆得治理，自无不满。黑从5位冲吃二子得角，白拔花后上边加固，再抽手右下白12点角，黑棋也无便宜可言。

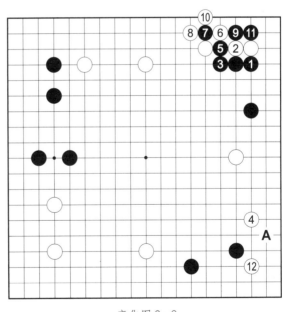

变化图 2-2

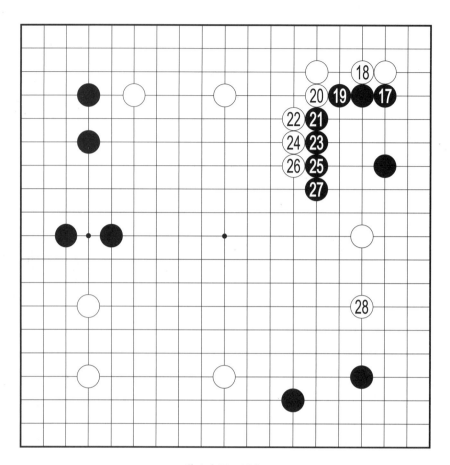

谱3（17—28）

实战中，吴清源挡在黑17位。黑19长后，白20强硬贴起，黑21扳头后白22再紧紧扳住，双方一气横推变成一本道进行。黑棋四子横长挺入中腹可谓厚实无比，面对木谷实，吴清源把棋走得结实无比且留力后半盘，可认为是针对木谷实的独特作战思路。

到黑27长出为止，白厚壁与上方边星一子稍显重复，而黑棋右上之形也稍有重复之感，局部依然两分。旧的平衡被打破，又出现了新的平衡。

白28高拆二，继续在空中漫步。另外，木谷实高拆可能也是为黑27挺头一带的厚味着想，如此可联络得更结实一些。

实战白1贴时，黑从上方冲断也是不错的应手。黑4弃一子吃角转换。至黑10飞补，黑棋实地充分，不无满意。

本图和变化图2-2棋形相似，但两图相较，本图多了1位的白子，白棋效率显然要差一些。所以黑2选择冲断正当其时。

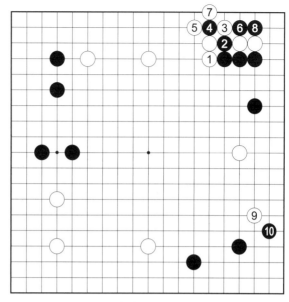

变化图 3-1

黑1强硬扳头也可考虑，白2打后4位粘，如此黑抱吃一子无不满。进行至黑17，两边实地大且厚实，上方黑棋还留有出动手段。不用贴目的黑棋自然乐见。

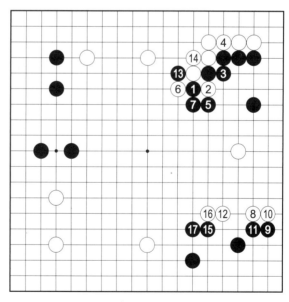

变化图 3-2

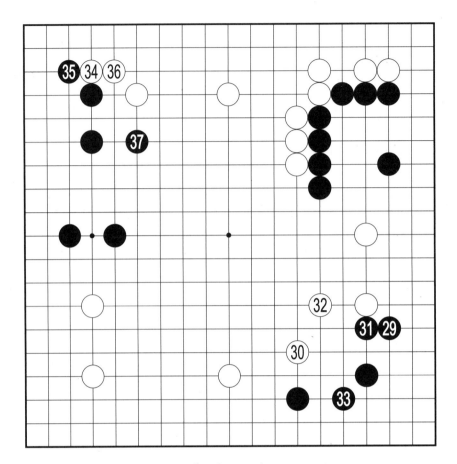

谱 4（29—37）

吴清源黑 29 小飞自然不会错过。白 30 五路大飞，其飘逸潇洒自不待言。黑 31 贴时，白 32 顺势联络，姿态更是优美轻盈。黑 33 小尖守角，步伐稳固扎实。

通过黑 31、黑 33 彻底守住角地与白 30、白 32 将中腹连为一体的交换来看，双方在地与势方面达成了意向上的共识。

白棋再一次占据先机，白 34 抢先在左上托角。木谷实抢到瞩目的大场，此处是双方强攻的要冲所在。在左上角托退之后，黑 37 跳向中腹。仔细品味黑 37 这一手，左边黑阵构成立体形状，并瞄着上方白阵的打入。不纠结局部实地的得失，而是放眼全局寻找更均衡的下法，亦可谓新布局的精髓之一。

新布局的春风刮起后数年，木谷实摇身一变回归本性，继续走起实地派路线，这或许才是他的"本来面目"。在1938年与名人秀哉进行的名人引退棋即可窥斑见豹，此为后话。

若是数年之后的木谷实，或许会选择本图变化：白2挡下后再扳粘，至白10小尖将右边守住一隅更显实在。过程中白8先夹细腻，黑棋角部留下余味。

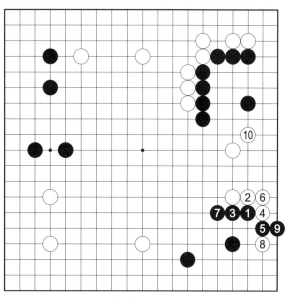

变化图 4-1

实战黑棋右下角的固有缺陷，尖补自然有一手棋的价值，但此际左上关乎双方棋形要点，黑棋可抢先托退定型，再抢先将右上冲断得角。如此棋盘相对缩小，白棋实地压力不小。

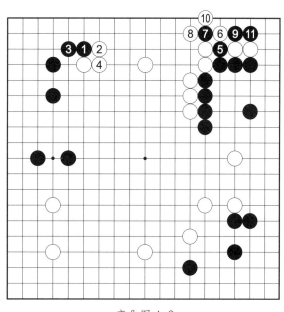

变化图 4-2

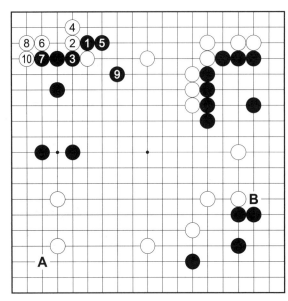

变化图 4-3

黑1在左上抢先托后，白2也有强烈反击。以下白棋转到角上成活，黑9飞控住外围。白10拐头不可省略，接下来黑棋可脱先他投，A位点角或B位拐皆可考虑。

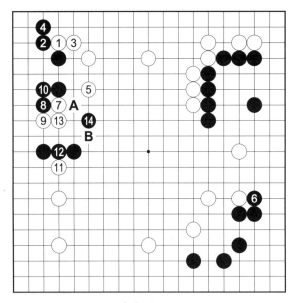

变化图 4-4

实战白棋在1、3位托退后，黑4在二路立价值巨大。如此白抢到5位跳扩张上方也极为醒目，黑6可脱先再捞一票。

此后白7靠下，黑在A位扳可成乱战。黑8下扳，大致进行至黑14，白棋或A位连回或B位反击皆可考虑。如此将是现代感十足的AI战法。

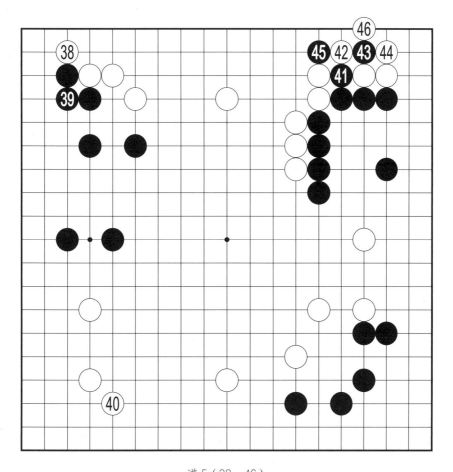

谱 5（38—46）

白 38 扳与黑 39 交换得先手利，木谷实自然不会错过。白 40 再守左下，构成两翼张开之势，开局取势的木谷实终于将实地的砝码压在了局面的天平上。

黑 41 冲断，积蓄了许久的汹涌波涛，终于从盘端右上方涌入！

黑 43 先断后打，白 46 提后，黑棋来到了局面战斗的分歧点。

双方经过数十回合的交手，此时局面已来到三四十手，正是序盘向中盘过渡的关键时期。吴清源在右上冲断，显然是准备兑现蓄谋已久的强烈手段。目光聚焦在上半盘，黑棋将投石何处呢？

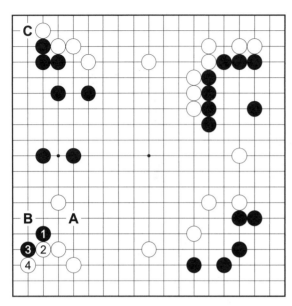

变化图 5-1

AI 视角下，黑棋在右上冲断之前，黑 1、黑 3 可先潜入左下角试探白棋应手。白 4 挡之后，黑或于 A 位轻灵飞出，或在 B 位虎构成弹性棋形，都是腾挪下法，也可抢占 C 位挡，都是价值巨大之处。

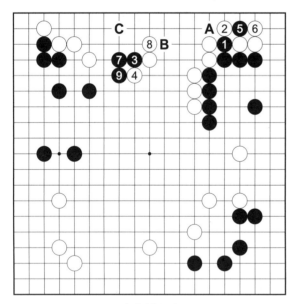

变化图 5-2

黑 1 冲，白 2 挡后，AI 推荐黑可先从 3 位靠投石问路，待白 4 扳后，再从 5 位断，白自然只有 6 位吃的心情，如此黑 7 再长，白 8 立，黑 9 拐头，黑棋成功。白 8 如在 9 位挡，则黑在 8 位扳，因有 A、B 位的先手和 C 位跳下的要点，白欲吃黑绝非易事。

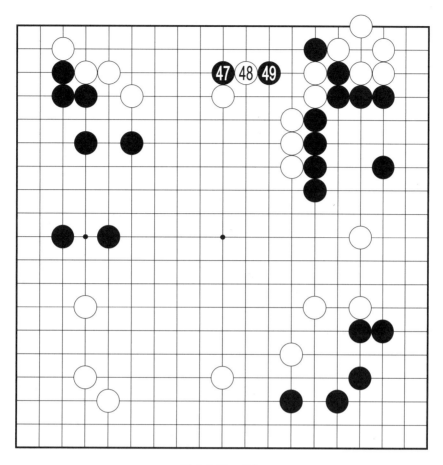

谱 6（47—49）

实战中，吴清源给出的是黑 47 托！

瞄着右边的余味与左边的空旷阵地，黑 47 托可谓左右逢源、且战且走的绝佳试探，是极为严酷的一着。

木谷实从右边扳住，黑 49 夹便顺理成章地出现了，它是与黑 47 衔接的连环手段。

此际的木谷实，一定是沉浸在众多选点的长思之中。其他棋士一般是从最先可能出着的选点开始思索，木谷实则不同，他先从最不可取的选点出发，一一列举排除，再选定最终着手。

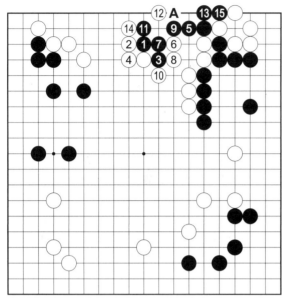

变化图 6-1

黑1托入时，白如从左边扳，黑亦有顽强的反击手段。

黑3扳，白4粘减少借用为正手，接下来黑5二路长最为激烈，白6跳亦是强手。以下双方力图最善，黑11曲时白12点为棋形要领，黑13立后，白宁愿角上成劫也要在14位挡住（如在15位团则黑14位拐后再A位挡成活）。黑在下方弄出棋来，恐不为木谷所乐见罢。

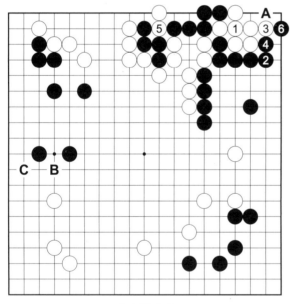

变化图 6-2

接上图。白1粘少谋算，此时白对杀已不利，黑2立，白3立后先手吃住四子为最善；白3如在4位挡，黑在6位点是巧手，此后白挡，黑再A位点，白即被吃。

白最明智的下法是保留右上劫争，先B位点刺，待黑粘后，白再C位跳下，为左边定型的好手。

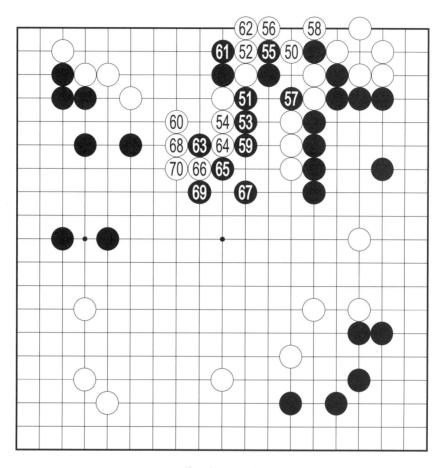

谱 7（50—70）

双方在上方展开攻防战，一番折冲后黑棋挺头而出。此役过后白棋外围三子被分割，已不好动弹。

不过，右边黑形坚实，白棋三子尚不足惜，所以木谷实已事先预料了舍弃外围三子的下法。白 60 跳补后，局部告一段落，两人在此处的折冲发挥完美，各有所获。接下来，被分割的白棋与一队黑棋在中腹的攻防，将是局面要点。

黑 63 跳引诱白棋冲断是有趣的一手。一般情况下，黑棋在 64 位拐，白棋在 63 位虎后，黑在 66 位扳，继而在 69 位长。实战中，黑棋利用弃子得到 67 位、69 位虎的完美棋形。不过此番交手，白棋忽视了其中反击的强手。

黑白双方在上方一番缠斗后，又来到一番新局面。下一手，吴清源又将投石何处呢？

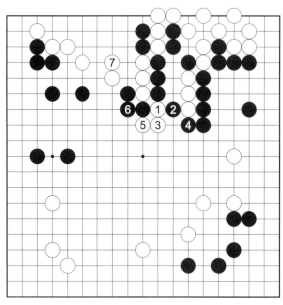

变化图 7-1

实战白 66 若从右边白 1 位断，则更为严厉。

以下黑 2 打、黑 4 吃住必然，白 5、白 7 打后再双，白形较实战明显好不少。

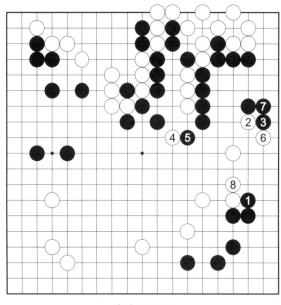

变化图 7-2

本谱之后，黑最易想到的是 1 位拐头，此处依然价值巨大。

接下来白 2 至白 6 一番腾挪，再回手 8 位退，中腹一带又将是一场攻防战，黑棋依然主导着局面。

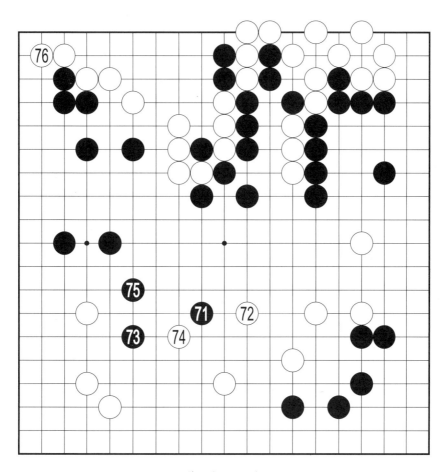

谱 8（71—76）

经历七十余手的战斗，局面虽不是全盘缠绕的厮杀，但也到处弥漫着紧张的气氛。黑白双方在上方各得一块大空，而黑棋左右再得一边一角之利；白棋左下虽稍显空虚，但在中腹却有不少潜力。在这样一个开放式的局面下，黑棋的下一手将决定着未来局面的走向。

黑 71 从中腹飘入，如空谷里缓缓落下的雪花，此手联络上方呼应中腹，并侵消白阵、破其潜力，同时还瞄着下方白形。吴清源的这一着实战手，让人不难想到日本围棋史上的名场面——"耳赤妙手"。

面对此手，木谷实白 72 跳，这是防守的姿态。黑 73 大飞再次从高空落下，白 74 迎风一点，黑 75 跳回。接下来白 76 于左上角一立，形厚目盛，这一手的价值不少于 20 目。可以想象，木谷实当时定是带着十足的气势，将这一手重重地拍了上去。

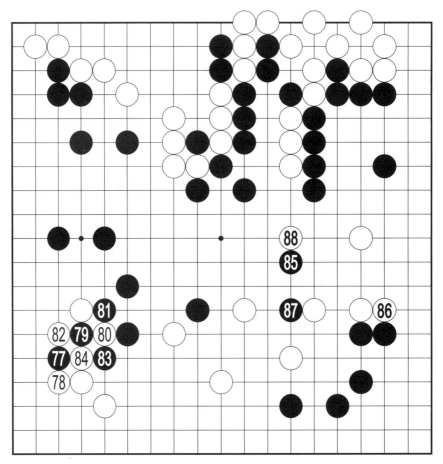

谱9（77—88）

实战中黑77侵入白角，这是前面提到的AI认为的要处，毋庸置疑也是吴清源准备已久的选点。

白78挡角，黑79尖出必然，白棋挖后至黑棋反打，角上劫味愈发浓烈起来。以后黑棋往三路断打，开劫严厉，上方白空中劫材不少，黑棋大可一战。吴清源下一手黑85脱先跃入中腹，通过追究白棋腹地薄味，来决定劫争开启的时机。

白86贴住，木谷实竭尽全力，终于抢到了瞩目的地方。此处关系到双方厚薄，价值之大自不待言。黑87靠继续伏击，通过追究白形，一边扩大上方阵势，一边寻觅左边的劫材。

强大的木谷实自然不会委曲求全，他搜肠刮肚，终于想出搅乱局势的究极手段。白88靠入选点幽妙，尽管左边有恼人的劫争掣肘，但以治孤为拿手好戏的木谷实还是主动发起了反击。

黑1、黑3在左下动出时，白4立也是不错的应对，黑5团，如此白先手扳粘后再白10靠，再抢到右边12位贴的大场。饶是如此，黑棋盘面依然是优势。

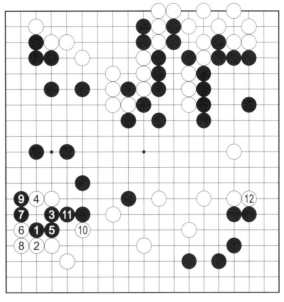

变化图9-1

实战黑1靠时，白2顶，之后黑棋倚仗右边先手在左边得到先手打拔。黑9点严厉，接下来黑11冲后黑13顶，次序井然。黑扳到21位，白棋飘在中腹，实空差距仍无消解，白难不着急。

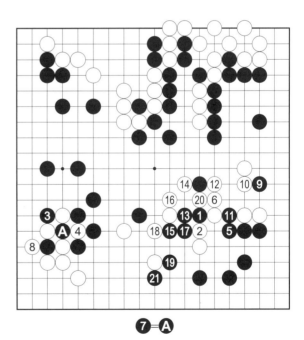

⑦＝Ⓐ

变化图9-2

谱 10（89—113）

面对木谷实施出的激烈之手，优势下的吴清源简单黑 89 扳住，接下来双方进行一本道的下法，白棋弃子连通右边一队，极为精巧。黑棋将上方五子拿下，并抢到了价值极大的二路扳粘。

当然，木谷实自有他的考量。右方棋形稳固后再无后顾之忧，在浩瀚的左方黑阵中，他似乎酝酿着一个周密的计划，准备发起终盘前的最后一搏。

白 102 碰是劣势下的再次试探。白 104 拐与黑 105 退的交换机敏，至黑113 尖，白棋静静等待机会，黑棋则坚实应对，准备安全奔向终点。

终点愈来愈近，而双方差距并未缩小。一路追赶的木谷实，即将开启他最后的冲刺。

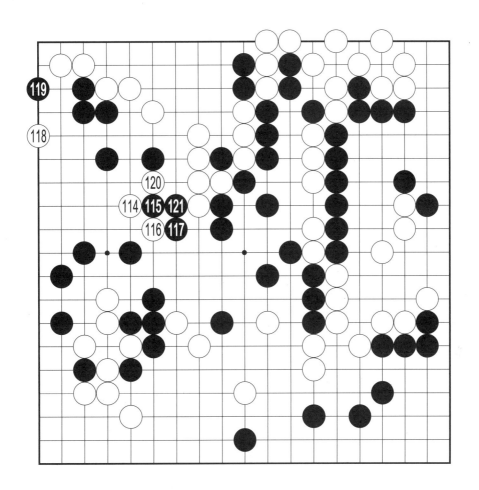

谱 11（114—121）

治孤素来是木谷实的独门绝技。他这项炉火纯青的治孤之技，不论是步子平稳的传统旧布局，还是处于天马行空的新布局，每每情势不佳之时，他总能力挽狂澜，既能刺穿对手肺腑，又能巧妙脱厄、逆转胜出。不可否认，他是善于后发制人的选手。

白 114 深深潜入左方大空，黑 115 靠断是必然之手。白 116 扳，黑 117 拐时，木谷实再从左边一路大伸腿飞入，此际也有试问应手的意思。

若以平素论之，这样的收官下法不是不行，问题是白 114、白 116 自损在先，难不成是自相矛盾？"木谷流"的真谛在于亦真亦幻、因变而变，更有实中有虚、虚中生实的含义。白 118 和黑 119 的交换，实则饱含着深远的算路和绝妙的设想。

白 120 打，黑 121 粘后，木谷实的下一手可谓苦心孤诣的生死手。

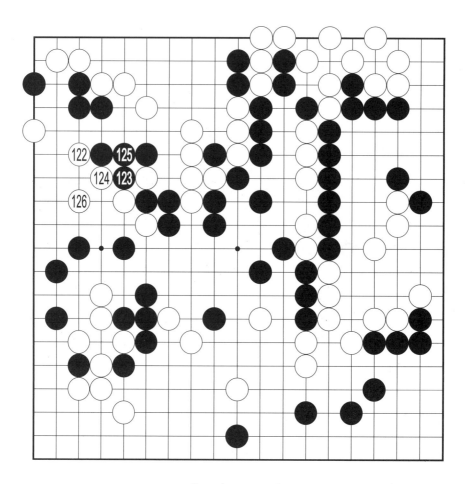

谱12（122—126）

"绝代双雄"在盘上的激战已蔓延至百余手。双方自上半盘转战中腹，白棋在上方略做试探后慢慢渗入，蓦地钻入左边的黑空中。

木谷实做完数手铺垫之后，终于施出他的必杀手——白122靠！

这在如钢铁般坚实的黑棋之上腾挪，白棋的意思很明了：在坚固如铁的黑壁中，盘出一块地。

此时黑棋的应对也颇为棘手，既不可给白棋借力，又不可轻易让白棋盘活。

面对白棋眼花缭乱地靠入，实战中黑123打吃是AI的第一推荐，是计算精深的稳妥好手。此后白124打，黑125粘，白126再虎，在黑空中白棋瞬间搭出弹性棋形。左边黑空内骤然发起一场攻防战，虽是临近终盘，却似战役刚刚开始。

AI 推荐白 1 先刺，与黑 2 粘交换后，再从 3 路立，黑如 4 位粘阻白连回，则白 5 跳，黑 6 需提，白 7 再补，稳稳活出一块。不过饶是如此，黑棋目数优势依然醒目，白棋还需努力追回。

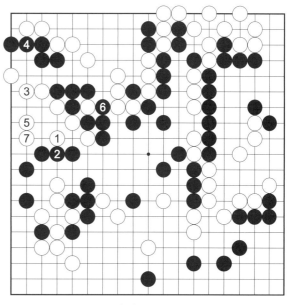

变化图 12-1

黑如不愿白简单成活，可 2 位先打，如此白 3 打成劫。以下双方开始力拼劫争，应对惊险之极，也惨烈之极。劫争波及四周，蔓延甚广。黑 16 提劫后，以下白可在 A 位一带寻劫，黑棋可在上方白空中 B、C 位等处寻劫。

局面将在劫争的愈演愈烈中变得更加浑浊，这自然也为白棋所期待的。

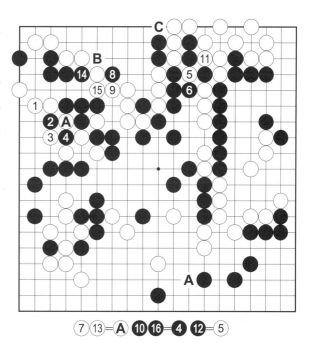

⑦⑬=Ⓐ ❶⓰=❹ ⓬=⑤

变化图 12-2

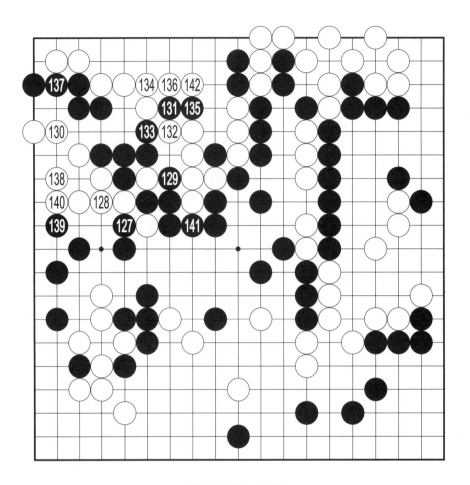

谱 13（127—142）

接下来黑 127 打后再从 129 位提，此后白 130 立是好手，白棋左边渡过与做眼已呈见合。

回到实战，吴清源黑 131 靠入，通过白棋上方的余味整形。黑 133 断时，白 134 团为正应。

黑 137 连回一子将白棋分断，得到白棋后手眼活的先手便宜。上方黑棋弃二子包裹中腹，可以说是早就预想好的结果。

看似犀利而激烈的劫争被化解了，与其说是白棋幸运成活，不如说是顺遂黑意的有意闪躲。从这一带的应接可以看出，执黑的吴清源似乎有将优势转为胜势的神奇本领。他行棋的步调时而轻快时而幽缓，简单又自然，落在棋盘上的每一手，都是为局面服务的，这就是出色的局面掌控力和异于常人的胜负感吧！

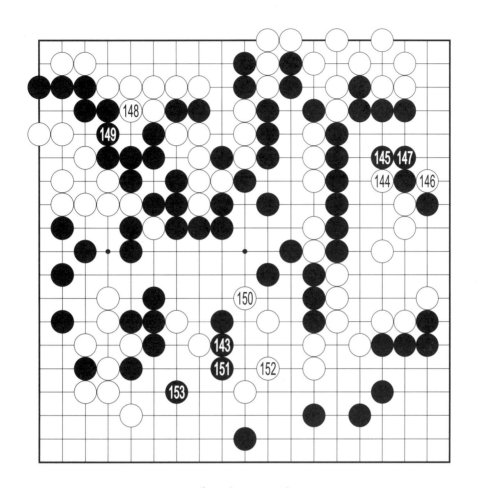

谱 14（143—153）

局面来到了官子战，黑 143 贴价值不小，此处十分醒目，若直接在 151 位点也是不错的一手。

接下来木谷实展现出了绝佳的胜负嗅觉，白 144 扳完再在 146 位打是时机正好的先手。此后白 150 向中腹尖，黑 151 挺进，白 152 尖回，黑 153 飞补。

局面逐渐定型，吴清源目数优势正渐渐积蓄着。一直在身后追赶不息的木谷实，临近终局，步伐却跟跄起来。此时，黑棋约有 8 目的领先优势，白棋的败势已难以挽回。

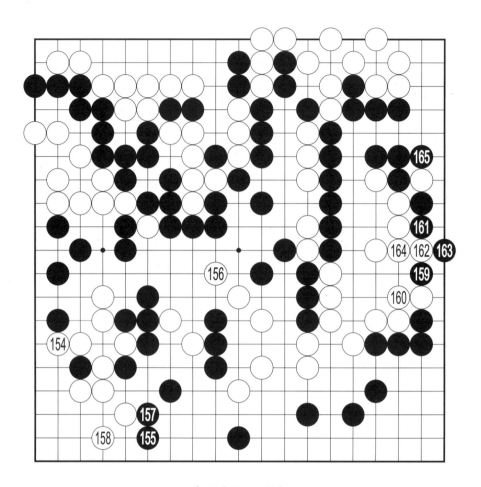

谱 15（154—165）

盘上硝烟散尽，剩下的只有大官子了。二人又该如何打扫战场，完成最后冲刺呢？

盘点目数，执黑的吴清源盘面领先不少，毋庸置疑，更需要冲刺的是对面的木谷实。因为上谱白棋的官子缓着，黑棋吃住白棋二子并从二路飞下，吴清源的盘面优势愈发明晰。随着白 156 小尖冲入中腹黑阵，局势的天平又是一震。说起来，中腹白棋三子斜向相连，自是消去了黑棋中腹的潜力。而黑棋顺势抢到黑 157 贴先手得利不说，更是抢到右边大官子，所获之利更为明显。黑 159 夹作为盘上极大之处，也是 AI 的第一推荐。这着官子巧手，让形势本就不乐观的木谷实，陷入更加困难的境地。

木谷实白 160 粘，黑 161 爬是与夹相关联的下法，至黑 165 打吃，黑棋在右边获取官子便宜。黑棋这种定型手法值得细细品味。

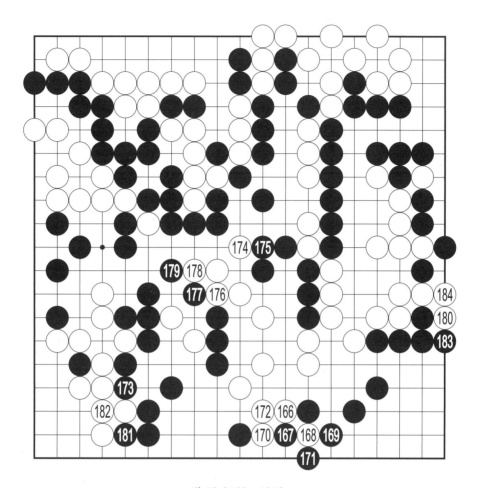

谱 16（166—184）

白 166 靠后，黑 167 扳后白再在 168 位断。劣势下的木谷实，在下方寻求
突破的可能性。

黑 171 打拔一子，待白 172 粘时，黑 173 再从左下挤住。

此后，黑 177 扳后，黑 181 从下方先手打到，至白 184 粘。在当时黑棋不
贴目的情势下，白棋要想翻盘，已是不可能的事。

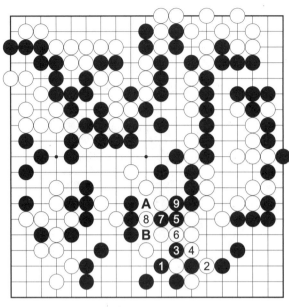

变化图 16-1

回过头来，黑棋在下方应对自然是稳控局面的下法，此时还有更严酷的变化。

黑 1 从三路打，白 2 只有从右边反打，接着黑 3 提后白 4 打，黑 5 巧手一扳可谓是酷烈的一击。以下黑 9 粘回，白 A、B 两处断点已无法兼顾，上方白数子连不回去，结局立现。

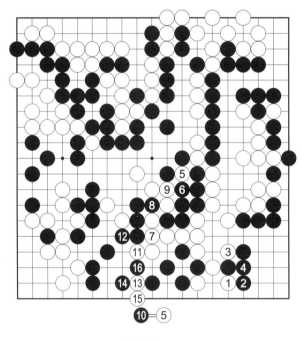

变化图 16-2

接上图。白 1、白 3 虎打，白 5 扑再 7 位粘是小巧之着。白棋得到 11 位先手，至白 13 靠下最后一搏。

且不说黑下方全弃也是赢棋，即便黑 14 夹后，若白一路立阻隔，黑 16 后，白棋亦徒劳无功，彻底崩溃。

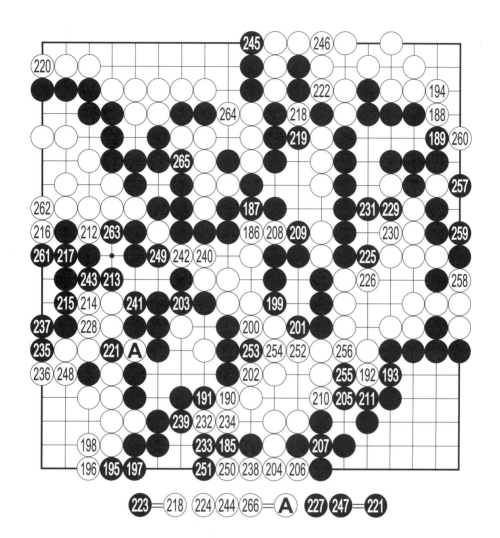

谱 17（185—266）

　　黑 185 并是滴水不漏的官子收束，可谓一锤定音，至此木谷实心中最后一丝希望的火苗彻底熄灭。

　　进入小官子阶段，白 188 从右边二路扳，接着白 190 冲与黑 191 交换后，抢到白 192 的先手官子。

　　黑 199、黑 201 顶在中腹围出 2 目，或许稍有商榷之处。此时，黑棋从下方 204 位的一路渡是最大官子。

　　实战中黑棋在中腹落后手，白棋自然不会错过白 204 的分断。黑棋虽然官子小亏，但吴清源选择隐忍退让，将领先优势稳稳控制在木谷实始终无法赶超的程度。

全谱（266，黑胜8目）

最终两人弈至266手结束终局，黑棋盘面8目。吴清源拿下本局，获得了本次吴清源与木谷实三番棋的胜利。

一直在木谷实身后疾速追赶的吴清源，以精进之势让两人的差距变得更加微妙。后来者的脚步，是如此的凶猛。

在双雄的一再决斗中，新布局也因此而圆融通达，焕发出勃勃生机。

这两位堪称"一时瑜亮"的新锐棋士，宛如清朝时期的两位棋圣——范西屏与施定庵。天才之间总是能相互影响，共同激励，一起奔驰。

两人的思想超脱时代，凝结着天才们的过人胆识和创造力。

数年之后，他们将会相逢在更大的舞台，开启另一番惊涛骇浪的对决，成为棋坛永不磨灭的佳话与传奇。

第九章 相谈之棋

绝代双雄与师父的花式联棋

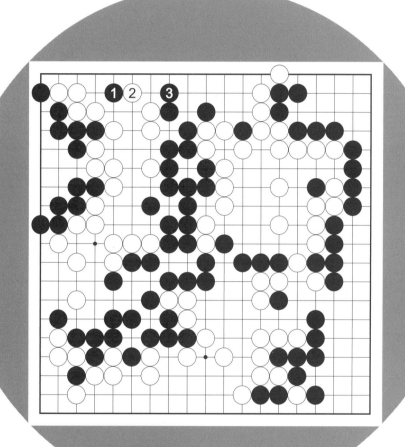

吴清源、木谷实 | 濑越宪作、铃木为次郎

- 两位棋界元老将一生付于棋道,每一手棋不无浸透着滴滴汗水与股股心血
- 师父以盘上每一颗极具生命力的棋子教诲弟子关于棋道的理解与信念
- 通过一局纠缠玄素,新布局的奥秘精髓就在这探索中生枝生叶、溢满春华
- 这是承载新布局念力,满载青春气息的一局,也是弟子对师恩最好的报答

"师父向我们发起了挑战。"

望着屋内正坐卧打谱的吴清源，前来拜访的木谷实开口便来了这么一句。此时正是初冬时节，木谷实呼着白气，从薄雾笼罩的寒风中走来，连眼镜上都起了一层白雾。望着面露讶异之色的吴清源，这位素来幽默的棋士继续卖着关子，他用最简洁的字眼透露出最丰富的信息，然后他幽幽地补充道："争棋。"

事情还需从头说起。1934 年初结束的那场"选手权战"，是由至强新锐吴清源面对至尊名人秀哉，其影响力之大，关注度之高，恐怕只有一个世纪后世人皆知的 AlphaGo（阿尔法狗）与人类顶尖棋手代表李世石之间的"人机大战"方可比拟。吴清源与名人秀哉的那场比赛不仅让世人记住了来自中国的吴清源，还记住了从他手中弈出的那一步步振聋发聩的新手新型。

吴清源与木谷实提倡的新布局，不限于形式上的投石中腹、高举高打，在奔放恢宏的表面之下，还要注重全局的均衡，这才是新布局的主旨和要义。不过这样的布局思想虽然说起来简单，但哪怕是对于高段职业棋手来说，想要真正理解并付诸绝非易事。

在"大手合"等赛事上，吴清源、木谷实二人频频弈出新布局，两人以新布局为锋戈，各路英雄纷纷弃甲。其中，具有代表性的两盘棋分别是"大手合"升段赛上木谷实胜长谷川章的一局，以及吴清源胜小杉丁的一局。

作为新布局的发物者，木谷实和吴清源也难以轻松自如地运用新布局，每个棋手都会被新布局那华丽又奔放的观感所震撼，被它无拘无束、不落窠臼的心意所鼓动，被它天马行空、大胆自由的精神所激励。于是，日本棋院乃至整个日本棋坛的棋手，宛如被打通任督二脉般突然抬头，开始在对局中积极向中腹行棋，对于新布局无数棋手无不摩拳擦掌，跃跃欲试。

无意苦争春，一任群芳妒。

创新之路历来都充满荆棘险阻，创新者所承担的非议与压力难以言述。不论是业余棋手，还是职业棋手，他们也不一定能够轻易地全盘接受新布局。他们学习着、困惑着、动摇着，他们时而赞成，时而质疑，时而反对，而这样犹豫的态度，也在推动新布局的发展和传播。总之，以革新面貌出现的新布局，正以惊人的速度席卷棋界，这自然会令有些人如鲠在喉，尤其是相对保守的本因坊一门。

以秀哉名人为代表的坊门弟子们怒不可遏。为了针对《新布局法》一书，两位坊门弟子村岛谊纪五段和高桥重行四段还出版了一本名为《打倒新布局》的著作，专门打压新布局。这本书多半是坊门棋手共同研究所得的成果，秀哉名人还为此书写了序言，书中提到，吴清源、木谷实的"怪诞思想"不过是哗众取宠，这种思想必会把围棋引入歧途。

除此之外，吴清源的老师濑越宪作和木谷实的老师铃木为次郎也对新布局持反对态度。两位老师力劝自己的弟子"迷途知返"，莫要越陷越深，最终无法回头。

善抓热点的报社觉得这里大有文章可做，完全可以借此好好炒作一把。于是，报社立即周旋运作，准备发起一场别开生面的"相谈棋"。

何为"相谈棋"？与一般两人单独对弈不同，相谈棋需要成立两个组，同组队友可相互商量，定好决策后再落子，然后等待对方商议后的着法，如此往复。

这样新颖的"团战"形式，好处是可以群策群力，能有效避免因单人造成的思维盲点和计算失误，但缺点也自然存在，那就是难以贯彻一个人的思路，交流起来或有不畅。不过，这样新颖的赛事使棋局的趣味性和观赏性大大增加，加上新旧布局对决的噱头，必定会使报纸发行量再创新高。

经过木谷实滔滔不绝地讲解，吴清源才终于明白事情的来龙去脉。对于师父们下的挑战书，两人只有应允。

吴清源的眼前又浮现出师父的高大形象。自旅日以来，无论生活还是学习，皆托师父照顾。濑越宪作先生绝不奉行坊门那种以权威压制的门规，也从不照本宣科地教学，他鼓励学生发挥能动性，激发学生的潜能，甚至还会主动聆听学生讲下过的棋局，这在当时等级森严的日本棋界，简直是闻所未闻的事情！

　　或许正是因为师父这种另类的授艺方式，才能让自己在面对棋盘时能够大胆地抒发性情，自由创作！吴清源又想起了师父屡次提到的话："无贵无贱，无长无少，道之所存，师之所存也。"

　　能够在棋盘上无束缚地创作和抒发，没有什么比这更美妙的事情了。

　　那么，既然老师鼓励学生毫无拘泥地自由创作，下自己想下的棋、做自己想做的事，作为老师的学生，必当秉承师志，不可退缩。

　　"清源，战还是不战？"

　　吴清源笑望着木谷实，心中已有了答案。

　　数日后，报社主办的"相谈棋"正式打响。从 1934 年 12 月 10 日开始，一直弈到 1935 年元旦结束。双方各有 16 个小时的用时时限，共封棋四次。

　　新布局与旧布局将要在棋盘上见真章，师父一辈必将使尽平生解数，而徒弟们也自然会将新布局昭示于盘端之上。这场牵动人心的新旧之争，至此掀开了波澜壮阔的对决。

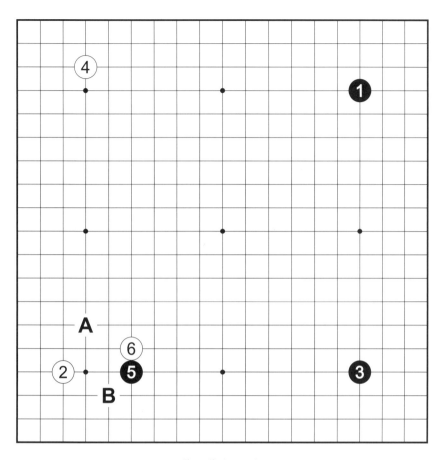

第 1 谱（1—6）

"新布局"的浪潮迭起，使千百年来的围棋观念也因之动摇。此刻，就连吴清源的师父濑越宪作与木谷实的师父铃木为次郎也坐不住了。

"相谈棋"大战拉开帷幕，一方是持"旧布局"为圭臬的两位师父，一方是支持新布局理念的两位爱徒。

本次比赛的场内摆设也颇为有趣，对局室分为三间，中间的大房间内摆放着比赛的对局桌，而相对着的两个小房间内布置着两队棋士的研讨席。同组棋手定好着数后，出来在对局桌上落子，另一方看到落子后再回房研究，如此往复。

对局开始了，吴清源和木谷实的起手之着早就定好了，新布局自然要拿出新招牌——两颗"二连星"随即奉上。而师父们也果然谨遵古法，两手小目赫然下于盘上。

随后黑 5 二间高挂，不疾不徐逼挂左边，可谓平静冲和，淡然悠远。这是两人最近善用之着，尤其是吴清源，后来此手也成为吴清源布局的代表下法之一。

　　吴清源将这一手置于盘上，师父濑越宪作出门观看。他紧蹙双眉，随即转身回房。两位棋坛元老紧闭房门，展开了漫长的探讨……

　　濑越宪作生于广岛，少年时曾在方圆社学棋。二十岁时还未拿到正式段位，自觉已有三段棋力的他去找方圆社社长岩崎健造，对方道："你如能打败铃木为次郎，我便授你三段。"濑越宪作答应挑战，在六番棋中最后以 4 比 2 击败铃木为次郎，如愿得到三段段位。

　　此后濑越宪作服兵役期满，又重返东京研究弈道。经过一番不懈努力，濑越宪作第二年便和铃木一同晋升为四段。两人缘分匪浅，从四段到八段一直同时晋升。多年以后，濑越宪作与铃木为次郎、雁金准一、高部道平四位共同组建"裨圣会"以弘扬棋道，可称佳话。

　　濑越宪作德高望重、棋力高强，是日本近代屈指可数的围棋大家。主要著作有《御城棋谱》（十卷）及《明治棋谱》。据说濑越宪作年幼时便对古谱颇有心得，且对当时报纸上的死活题极感兴趣，宁可不吃不睡，也要找出答案。

　　而木谷实的师父铃木为次郎也是一代棋豪，他出生于爱知县，乃是岩崎社长门下高足。因嗜棋如命，铃木为次郎错过报考当时最好高中的机会，此后便专心学习下棋，棋力日益提高。铃木为次郎盛年之时在新闻棋战中所向披靡，战无不胜，当时连名人秀哉也惧他三分。

　　濑越宪作与秀哉对局遗谱共十三局。濑越受三子两局全胜，受二子的六局五胜一和，受先的五局四胜一负。濑越宪作和铃木为次郎两人执黑面对秀哉时都胜多负少，这一点在当时的日本棋界可谓凤毛麟角。由于秀哉的名人身份所限，加上日本棋院成立后重新改变交手棋份，濑越宪作和铃木为次郎都没有等到执白与秀哉对局的机会，两人也因此一直耿耿于怀。

　　半晌工夫，门终于开了。师父濑越宪作走到盘前，将白 6 重重打了下去。

　　此手自五路靠是直接求战的下法，第 6 手起双方棋子就交缠在一起，其势不可谓不足。布局伊始，战火激燃，这也完全符合变化纷繁的新闻棋战的氛围。

　　作寻常想，白 6 在 A 位或 B 位飞都是容易想到的应接，如此将是徐徐展开的局面，未料想师父们早早地挑起了序盘战斗。白 6 上靠后，黑棋的应手颇为纷繁，可以两边扳，也可两边长，甚至可以各种碰托。局面一下子变得复杂起来，饶是两位青年才俊，也得花费不少时间来精拆细磨。

　　两位徒弟与两位师父即将在局部大打出手，局面激烈起来了。

看到吴清源将黑1这手靠置于盘上，木谷实即注目局中，陷入沉思。

两人互为黑白，瞬间摆到白10长出，吴清源飞快地将黑11挂入左上。

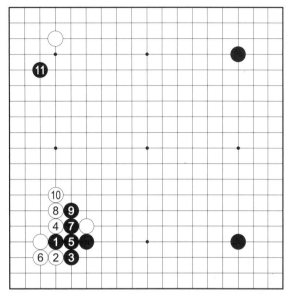

变化图 1-1

两人又摆出另一新型：这回白2从上扳头，黑挖粘必然。白8连扳强硬，黑9二路立棋形坚实。

此后白10粘，黑11跳，两方各自安顿，白12折边后再呈一变。"都无不可，都无不可。"木谷实微微笑道。

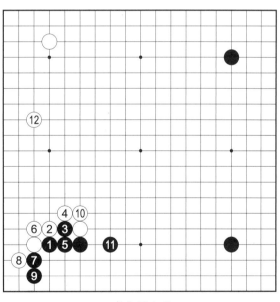

变化图 1-2

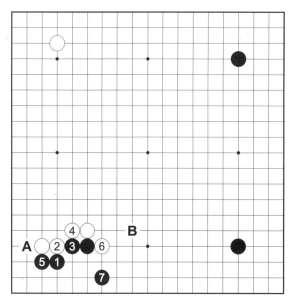

变化图 1-3

黑1飞角，稍不易想到，也是可行的手段，此为AI推荐下法之一。

以下黑3顶再黑5挡，待白6扳时再二路飞，以下白或A位立，或B位飞补。左下即定型完毕，是两分之型。

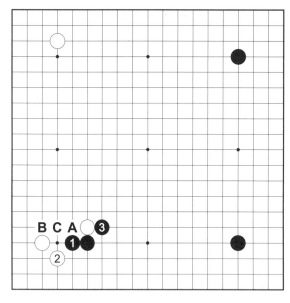

变化图 1-4

黑1单长也可考虑，以下介绍白2这一新颖手段，寻常自然是A位挡住。

白2尖后，黑3扳，局部又告一段落。黑3还可考虑B位靠，如此白C位扳，又将导入乱战。

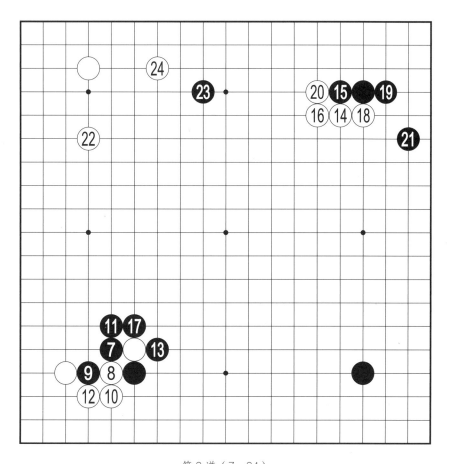

第 2 谱（7—24）

黑 7 扳，这一手同样复杂且猛烈。两人在序盘暗下决心，既然师父们在开局极力迎战，那就要在局部向师父们展示出最严厉的手段。

白棋互断来迎击，接下来黑棋也祭出早就备好的后续着法：黑 9 打后再在 11 位长起，至 13 位打吃一子。白棋厚厚吃住一角。

白 14 从五路肩冲，眼见是引征左下一子。师父们开局即肩冲五路，除了彰显满满的斗志之外，其所体现出的如新布局般自由奔放的勃勃生机，更令人肃然起敬。

黑 15 先爬，再从下方拔掉一子了事。白棋接着处理右上，白 18 压后再厚实拐下，黑 21 小飞不可省。接着白棋在左上角连布两手，速度轻快，步调轻盈。如白 22 这手二间高拆，正是 AI 指点之着。面对左下黑棋开出的一朵"梅花"，白棋此手起于高位隔岸相迎，远远抵消着黑棋下方厚势，颇具棋韵。

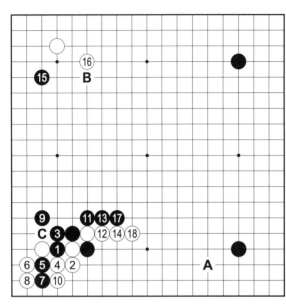

变化图 2-1

实战黑在 1 位打后，再从 3 位粘住也是一法。白 4 挡，黑再从 5 位断求战。白 6、白 8 吃住黑二子，黑 9 简单交换后（值得品鉴之手）从六路连压过来，再得先手挂角。白 18 退后，黑在 A 位守角兼消白边，或 B 位上靠撑起左边，皆可战。另白 6 如在 C 位挤，战斗更为复杂。

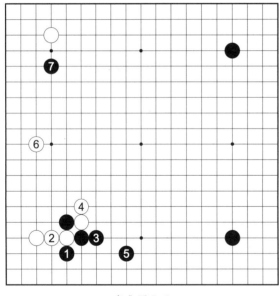

变化图 2-2

再回头看四子扭断处，黑 1 打完再黑 3 退亦未不可。白 4 长必然，黑 5 简单飞拆，白 6 护边时黑 7 再左上挂角。如此局部亦成两分，不失为一种佳构。

以 AI 视角观之，右上白 1
引征更好。黑如消劫，白 3 至
白 7 次序精妙，黑 8 先拐亦是
要领，连压两手后再争左上挂
角，以后在 A 位粘价值极大，
此后白大致需 C 位或 D 位补，
如此黑 E 位跳下；白如不补，
黑以后 B 位断严厉。

与实战相较，白阵从上方
转到右边，白 13 挺头后，白
棋右边模样不错，AI 判断此定
型白棋更好一些。

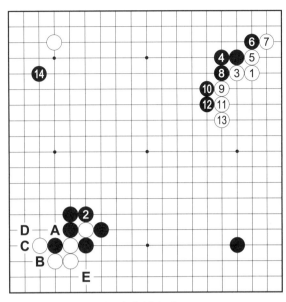

变化图 2-3

白 1 拐头是必争之地，价
值之大无须赘言。黑 2 飞也是
必然应对，均为 AI 给出的推
荐选点，双方精湛之技跃然盘
中。

AI 认为，白棋可先在 3 位
扳更佳，如此挤压黑角，更有
护住上方之意。此时黑若简单
在 8 位跳下则白得便宜，黑 4
断，如此白舍二子定型（过程
中黑 12 如在 A 位打，则白从
一路滚包），再护住上方构筑
模样，局面呈另一番格局。

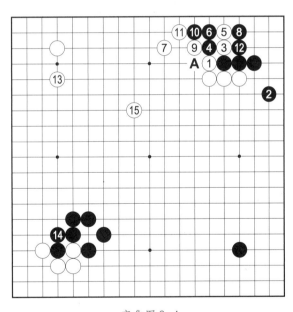

变化图 2-4

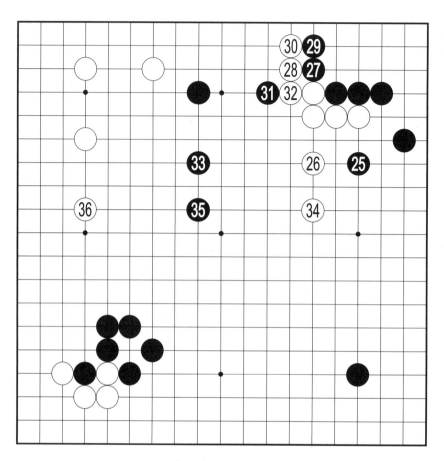

第 3 谱（25—36）

黑 25 飞出对右上四子展开攻势，白 26 跳出相当谨慎。黑 27 从三路扳是不容错过的形之要点。白 28、白 30 只能扳下挡住。黑棋上方扳立后角上棋形厚实不说，还顺手得到黑 31 位的刺。白棋一块薄味顿现，以后作战难免受限，这一带黑棋调子甚佳。经此数个回合，吴清源、木谷实两人在拿捏棋形方面的机敏感觉，已映照盘中。

黑棋再高高跃起，直奔中腹，新布局的气息更是扑面而来。

接下来双方争相跃出，黑棋三子如步伐坚定的威仪王师，堂堂正正、浩浩汤汤地迈入中原。

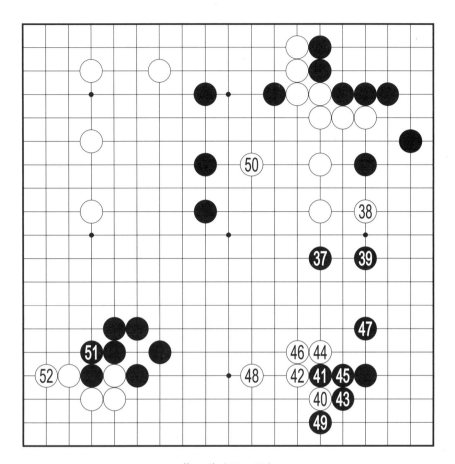

第 4 谱（37—52）

　　黑棋得以在 37 位迎头一镇，找到攻击的步调。白 38 跳，黑 39 依旧不依不饶，步步紧逼。

　　白棋如继续在上方着子，黑棋下方阵势将做大并将变得不可控。白 40 当即打入，这一手展现出两位棋界元老卓越的胜负嗅觉。进行至黑 49，黑棋开局左上角的亏损已逐步弥补不少。

　　过程中，白 48 拆稍显缓滞，被黑 49 二路打，硕大的角目被收走不说，白棋数子与上方一队也不得不提防了。

　　白 50 再转到上方悠然跳补。黑棋终于占到 51 位粘的巨大之处，并与白 52 立先手交换。序盘白棋左下角得到的实地优势，已被骤然拉平。

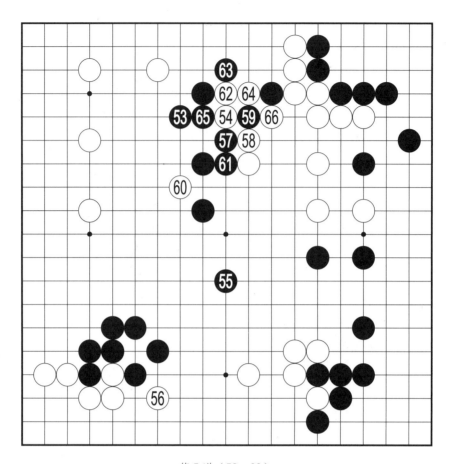

第 5 谱（53—66）

黑棋左下抢先交换后，黑53回到上方尖补。白54飞补形，同时再窥黑形之漏。此刻，吴清源与木谷实一方来到棋局走向的关键节点。此际，黑棋如从左下三路挡，无疑是目数极大的一手；另外，黑棋在58位跨断一子安定上方，同时强调中腹白棋大块的薄味，也不失为有力下法。两人拆解良久，定下最终选择：自中腹55位大飞。这一手极富韵味，是承载新布局思想的一手，也是满载青春气息的一手！

黑55这一手鱼跃般飞出，接着白56跳出。通算起来，自然是白棋更为实惠，但在不贴目的情况下，黑55悠然飞起呼应全局，也彰显出两人对后半盘的自信。此后黑57、黑59在上方尖断，黑二子可取可弃，这是两人精心谋划的棋形。白60刺尽显机警，濑越宪作与铃木为次郎风姿不减。至白66，右边一块白棋顿成厚实铁壁，黑棋也顺势联络。这一役师父们在实地上追回不少，但黑棋得以连通，这对于二位青年才俊来说，也并非不可满意。

实战黑53尖联络固然为本手，不过AI认为黑1应从左下厚实挡下。这一手形厚目多，价值极大。

此后白棋的手段也很精彩：暂不顾下方安危，先从右上2位点入，黑3虎，白4在角里飞考验黑棋。黑如在A位夹，则白B位冲是先手，黑5退，白已便宜；黑5挡下，白6、白8飞下，上下两边皆可得利，以后白C位并，黑角很"麻"。如此局面激烈。

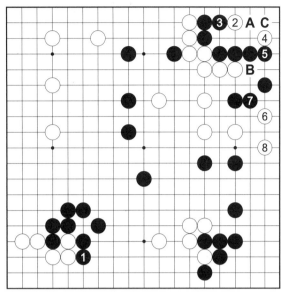

变化图5-1

实战吴清源与木谷实弈出奔放自由的空中之步，彰显出新布局的蓬勃生机，不过AI还是推崇黑1挡的下法。

此后大抵白2粘，黑3爬，白4再大飞以求联络。在中腹黑可5位跨断整形，如此白棋亦不能冲断，黑可从左边打入。

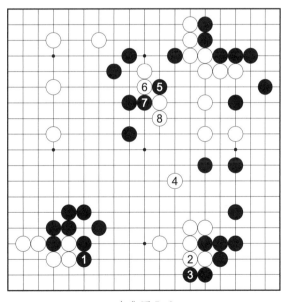

变化图5-2

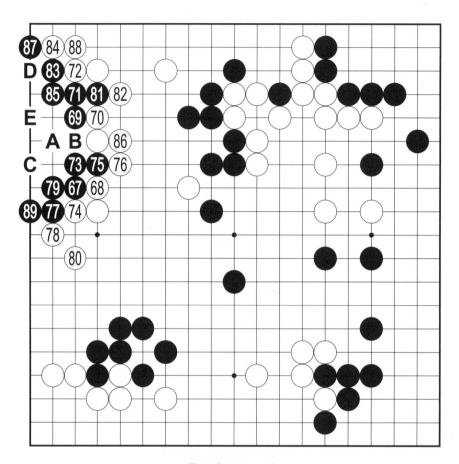

第 6 谱（67—89）

两人对此局面拆解甚久，该黑棋动手，中腹已经基本安定，当务之急是黑棋如何侵入左边白阵，这需要好好盘算一番。治孤打入素来是木谷实的拿手绝活，他早已技痒难耐，拿起黑棋打入左边，让吴清源以白棋应对。两人摆了数十种变化，一一比较，最后选出他们认为最满意的变化图。

就这样，两人将本图兑现在实战里。从左边三路潜入开始，黑棋犹如一艘投入激流白浪的潜艇，这是他们计划许久的打入手段。至黑89立，黑棋后手做活，白80虎在外围，周壁如铁，这样的厚势辐射外围，使下方拔花的黑棋隐隐显出薄味来。值得一提的是，今后若白棋在 A 位点入，黑 B 位挡，白 C 位尖时黑棋只有在 D 位粘，白 E 位后成双活，这也是白棋后续的利益。至此白棋形势追回不少，两位师父精湛的功力展露无遗。

AI 视角下，黑 1 飞，白 2 二路尖补是好形，此后黑再如实战从 3 位点入。木谷实选点果然刁钻敏锐！

此后不同于实战的 A 位点，黑选择 5、7 位连续打入。黑三子连续落在三路，形成相连之形，极富弹性，此前黑 1 与白 2 的交换获得便宜。

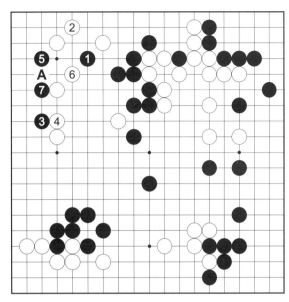

变化图 6-1

接上图。白 1 拐下，黑就二路倒虎，以下黑形成连接虎形，颇为有趣。

白 7 从一路打，黑 8 虎和白 9 交换后再在角上盘活，本图亦是一变。

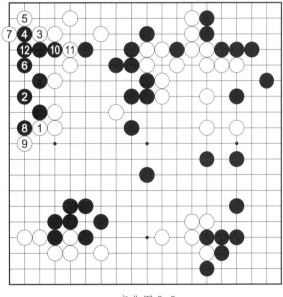

变化图 6-2

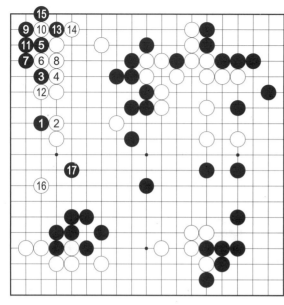

变化图 6-3

黑1、黑3如实战打入，也是AI推荐下法。不过接下来黑5可托入角上三三。以下白6挖，黑7打后再于9位虎，白12打时，黑在角上打拔一子。

如此进行，较实战由边转到了角上。黑棋目数未变，但白棋厚薄差异明显，黑棋后半盘处理起来或许更为容易。

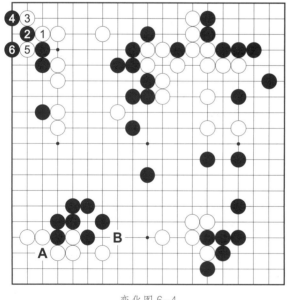

变化图 6-4

实战白在1位挡时，黑2、黑4连扳也是此际强手，白5若打，黑就做劫周旋。

以后黑在A位断、B位一带皆有劫材，当可一战。本图也是黑棋积极之策。

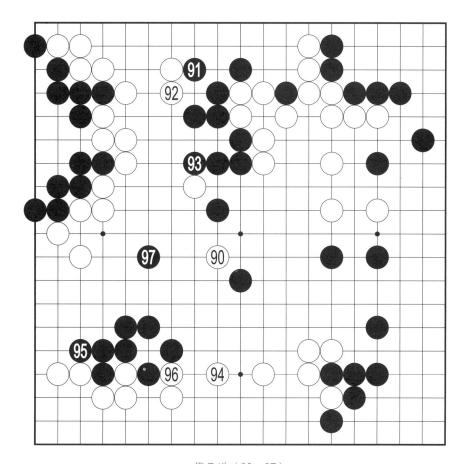

第 7 谱（90—97）

师父们终于吹响攻击的号角。白 90 飞刺，瞄着中腹的薄味大做文章。黑棋两边厚实的地方现在竟生薄味。黑棋上下求活，略显苦楚。

两人议定从上方 91 位虎，这看似不起眼之处，却是棋形的要冲所在。此际黑棋若是简单挡住，白棋则可通过一串攻击再抢到上方 91 位，黑棋眼形全无，将非常危险。白 92 厚实长起，黑 93 挡增厚自身。面对师父的攻击试探，二位青年才俊的应对颇为小心。

白 94 将下方连为一体，先拿下实地再伺机攻击。黑 95 拐乍看滞缓，实为苦心一手，是为了以后在三路断的定型。

白 96 挤为形之要冲，老辣苍劲。黑 97 不疾不徐跳入中腹，有对白 90 一子施压并隐隐蓄力在中腹战斗的意味。

第 8 谱（98—113）

局面的关键时刻，两位师父久久盘算着。紧闭的房门终于打开，濑越宪作踱步上前，投石盘心——白 98 飞，这一手将上下两块黑棋拦腰截开。白棋前半盘积攒出来的厚势岂能甘当摆设，当然要发挥出效用。

旧布局之美，在于含蓄、隐忍，后发制人。濑越宪作与铃木为次郎两位大师作为在日本传统围棋制度的土壤下滋养出来的求道高士，逍遥于方圆之上，游刃于纵横之间，他们将这一生的心血付于棋道，所弈出的每一手无不浸透着滴滴汗水与殷殷心血。这不是一盘简单的对决，更像是师父用棋盘上每一颗极具生命力的棋子教诲弟子，告诉他们老师对于棋道的理解。

黑 99 冲，白 100 顶住，黑 101 扳头，白 102 贴出，黑 103 奋力断。两种色，四块棋，万般情势，无数纷乱。虽然两方只萦绕着一个局部，但战斗的光和热却已波及四处，蔓延全盘。至黑 111 团出一眼后，黑棋得以获得先手，抢到盘上极大的黑 113 托。至此，本局到了最后的官子阶段。

白 1 飞是攻击要点，AI 经
过计算得出同样选点。接下来
黑 2 冲，白 3 顶。黑 4 先扳也
是好手顺，至此与实战相同。

白 5 小尖连回更佳，此后
黑在 6 位尖是攻守俱佳的好手，
白 7 虎后黑 8 贴住，接下来看
白棋如何对上方黑棋动手。

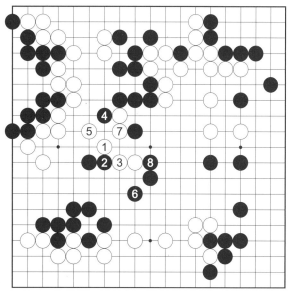

变化图 8-1

接上图。白 1 至白 5 分断
黑棋，黑 6 至黑 10 次序井然，
简洁做活。白 13 先刺问应手，
再占到下方 15、17 位的大场，
黑 18 托过（黑在 A 位挤也是
要点），如此盘面将十分接近，
胜负留待大官子收束。

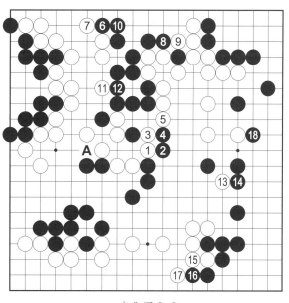

变化图 8-2

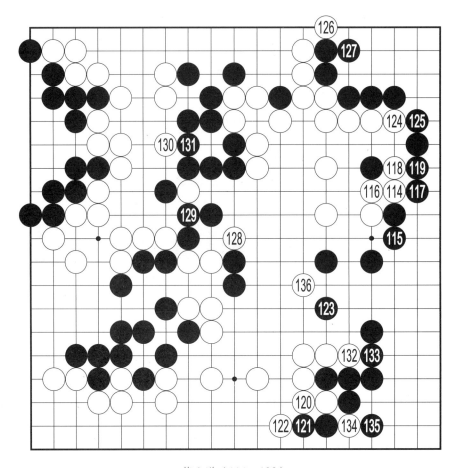

第 9 谱（114—136）

　　盘中四处已大体定型，此刻来到了官子战。师父一方自白 114 扳入，方向正确，若从 115 位扳，则会被黑棋切断。至黑 119，黑棋得以从二路厚实连通，回头再看，白 116 若在 118 位单冲会更好，如此黑味稍差一些。白 120、白 122 价值不菲，但此际空间变小，黑 123 是基于对局面精确判断后的厚重好手。黑棋稳稳跳补到此处，计算精湛、判断清楚的吴清源与木谷实，此刻已是胸有成竹。

　　白 124 冲完再在 126 位扳，兑现先手后再转到中腹 128 扳出，这里黑棋薄味乍现，需谨慎应对。黑棋两手坚实做眼后，白 132 冲、白 134 断再交换两手，这两手如同山谷里突然刮起的一阵狂风，白棋准备的"大着"即将施出。

　　濑越宪作与铃木为次郎袖中带风，寒光一闪，白 136 冷冷一刺。这一枚蛤碁石在盘上轻轻晃动，中腹两颗黑棋竟不易脱身，此处乃师父们施出的胜负手。

实战黑 115 退后，白在 1
位单冲是好手，如此黑 2 冲时
白 3 再粘，与实战相较黑在右
边形薄不少，这看似不经意之
处可能是后半盘官子战的分水
岭。

以下黑 4 先断次序精巧，
此后黑 6、黑 8 先手得利，再
抢到黑 10、黑 12 的逆收利益。
白 13 刺，黑 14 粘，稳健。至
此盘面十分接近。

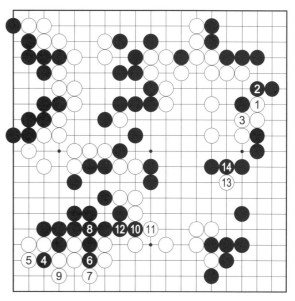

变化图 9-1

接上图。白 1 点入，黑 2
顶不予退让的话，黑 3、黑 5
交换后再 7 位扳，黑如再挡，
白在角上强手连发，至白 17
后角部会形成复杂变化。以下
白将做成缓气劫，白轻黑重，
黑棋凶险。

回头看，白 1 点时，黑在
5 位尖回，或白 7 扳时黑在 13
位夹更为稳妥，如此亦是接近
平空的细棋。综上可见，右上
最初交换白逸机也。

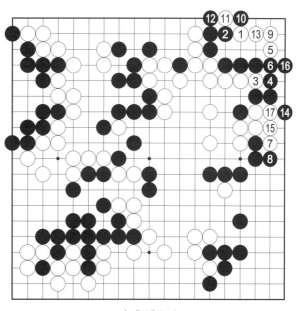

变化图 9-2

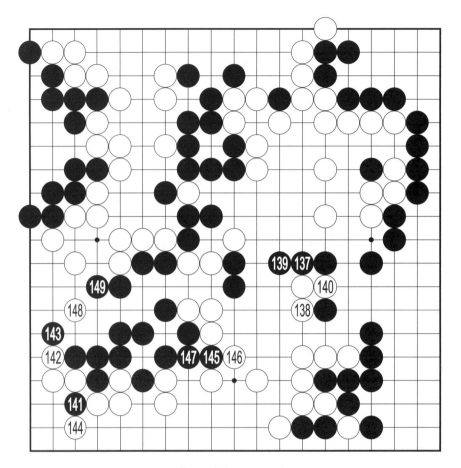

第 10 谱（137—149）

斗室之内，吴清源、木谷实两人不停地摆着中腹的各种攻防变化。半晌，得到木谷实的默许后，吴清源将黑 137 挡置于盘中。

实战各自连回，这一带双方各取所获，皆无不满。白棋走厚此处后再无弱棋，黑棋则亟待盘活左下。

黑棋开始整理大块，先自黑 141 一断，白 142 拐后再白 144 吃住一子，前面黑棋在三路看似笨重的一手贴，终于发挥效用。黑 145、黑 147 再从中腹挖和粘，黑棋终于占得此处。这里不仅关乎左边成活，还为中腹薄棋暗自留下了"过门"。白 148 先刺要点，与黑 149 交换得到便宜。

此时进入官子战，黑棋稍稍领先，但胜负仍悬而未决。

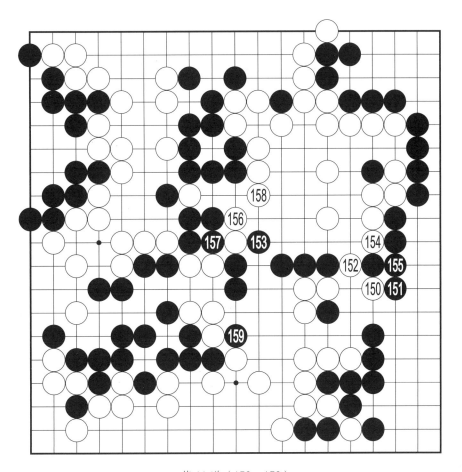

第 11 谱（150—159）

本局经过数次封棋，终于来到对决的最后一日。时逢 1935 年的元旦，满城洋溢着新年的气息。然而，清冷的对局室内，只有冰冷的胜负。

此际左下一块黑棋已干净成活，白棋笔锋一转，白 150 靠后再在 152 位虎断。师父们接连出击，意欲发难中腹，中腹的数枚黑棋已显危机，但黑棋的节奏依然不紧不慢。

盘上的景象如同黑白二士，他们先是浅斟慢饮，渐次弈兴至浓，不觉觥筹交错。

白 152 挖：如此逸兴，还是留下吧？

黑 153 奋力一虎：兴致虽浓，该走时还是要走的。

白 154 先手打后再从 156 位长出：今宵雪盛风紧，还是莫要回去。

黑 157 再从后极力一断：承蒙好意，不敢再叨扰。

白 158 连回：还是留下吧……

黑 159 断：就此别过，我去也。

面对师父们发动的如潮攻势，二位青年面色悠然，处变不惊。黑棋数子如果尽归白腹，当然是胜负立见的结局。但两人远算至此，怎肯轻付？

以上这寥寥数手的攻防，极尽计算之精与变化之妙，令人叹赏。

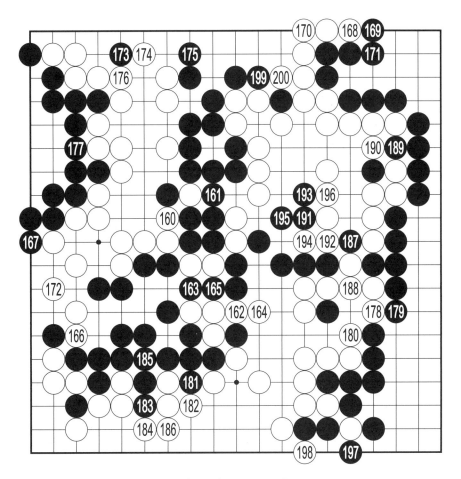

第 12 谱（160—200）

　　黑棋断后已巧妙连回，白 160 打是弃二子前的必要着手。以下黑棋吃住白棋二子，安然连通。白棋割去黑棋一子后，白 166 断一子价值巨大，亦有所获。

　　以下双方数手次序井然，盘上的大官子也渐渐占尽，胜负已在毫厘之间。这种超级慢棋，双方审慎探究、精心布划，终点愈来愈近，变数也愈来愈少，胜负仿若就在眼前……

　　精妙的官子巧手就这样在吴清源与木谷实的手中出现了，当它呈现在对局室的棋盘上时，师父们严厉的神色中，依稀带着一丝欣然的笑意。

　　黑 173 点入是官子巧手，如此黑棋得到 175 立的先手，局部已获大利，再回手补到 177 位挡，白棋留有后手双活的手段消失了。因之前黑棋在下方的挖粘，黑棋继续兑现先手利，白空缩水不少。黑棋以精妙之着，盘面 1 目的优势稳稳不动。

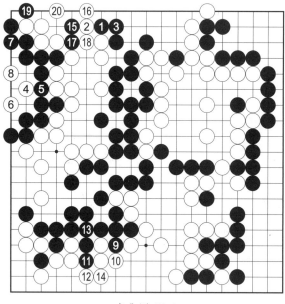

变化图 12-1

上方收束中，黑1、黑3二路扳粘瞩目，而白得先手，在左边黑空中做成双活。下方黑9至黑13是先手利，以后黑若在上方15位夹入，白有巧妙防守，至白20尖，黑无所得，将是黑落后1目的局面。

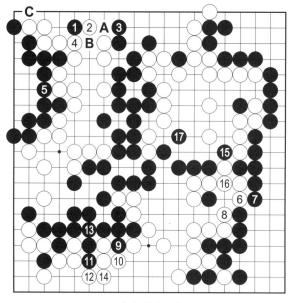

变化图 12-2

1位先点的官子妙手也出现在AI的推荐选点中，黑1点为此局面的官子妙手。

白2只得尖，黑得到先手立。白4虎补后黑得以5位补，边上可成8目棋，价值着实不菲。过程中白4若不补，黑将从一路扳过；白4如在A位团，则黑在4位断，白B位后，黑亦能得C位扳的先手利。此后大致收官定型至黑17，将是黑优1目的局面。

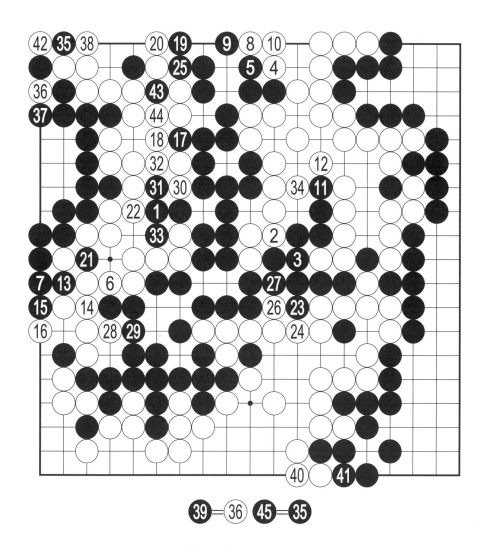

第 13 谱（201—245）

　　盘端变数愈来愈小，官子阶段的锱铢必较，在这寥寥数谱中体现得淋漓尽致。绝世双雄通盘以厚重稳健的步伐行棋，在最后冲刺阶段频施巧手，奠定胜局。

　　盘上的黑白子堆积得越来越多，最终的结果也愈加清晰地浮出水面。所有的变化都指向不变的结果——最善的应对，最小的差距，最体面的结果。

　　执黑棋的徒弟盘面多出 1 目，这样的结果在上一谱时双方就已心知肚明。在不贴目的情况下，他们以最小的差距胜出。

　　终盘一刻，面对爱徒，两位师父的心中想必更多的是欣慰与自豪。

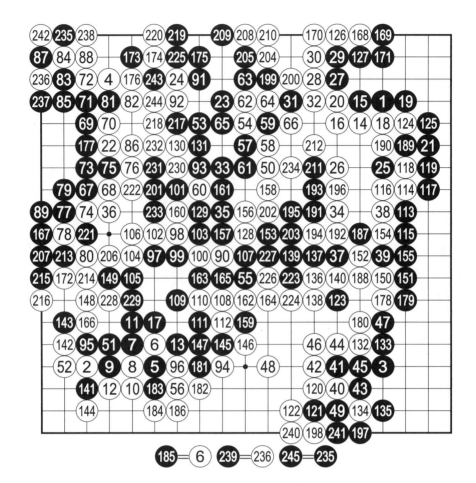

全谱（245 手，黑 1 目胜）

　　终局的那一刻，两位青年好像顿悟了，知道师父为什么会站在对立面并力邀此战。当师父投下最后一手，并表达了对徒弟本局出色发挥的默许和赞赏时，他们终于懂了。

　　"如果你觉得是对的，你就去做。"

　　新布局的奥秘和真髓，就是在探索中生枝生叶、溢满春华。棋道的光辉，也在这样的探索过程中不断丰盈和壮大。

　　"多谢师父成全……"

第十章　旖旎之章

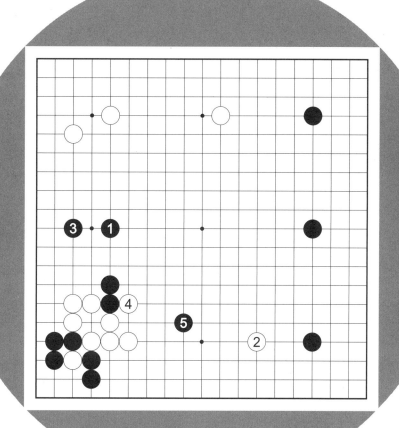

吴清源　**前田陈尔**

○ 新布局之风如自高空飘来的阵阵清风，不激不厉又风规自远

○ 它无踪无影，却以一种肉眼不可见的形式向着盘端弥散开来

○ 这种超凡内质以一种丰富的生命力跃出体外，形成极为鲜明的特质

○ 昭和年间的大幕徐徐拉开，等着一位棋士全盛时期的到来……

1935 年，秋日。东京、大阪的新闻报社主办了"东西对抗优胜棋战"。当时吴清源已升至六段，对手是同为六段的前田陈尔。

前田陈尔，本因坊门的强力大将。少年时期，前田陈尔曾与桥本宇太郎、木谷实三人同拜在日本关西名手久保松胜喜代门下。而桥本宇太郎和木谷实两人与吴清源可谓缘分至深——一位是师兄、一位是挚友。

后来，久保松胜喜代觉得关西的学习资源有限，有意将三人送往东京继续深造。濑越宪作久闻桥本宇太郎是奇才，最终将他邀入门下。铃木为次郎闻此，便写信给久保松胜喜代，希望也能物色到一位天才少年。最终木谷实拜入铃木为次郎门下，而前田陈尔则投身坊门。

三位出自关西的天才少年拜入不同老师门下，这三位老师棋风不同，师风更是各异。本因坊门棋风最为守旧，要求也最为严格；铃木为次郎尊崇棋道，不过分追求天分，认为对"棋道"的不懈追求和对围棋推广的贡献才是至关重要的；濑越宪作则格外看重棋手的天分，让弟子在实战中自行成长，提倡在棋盘上无拘无束地自由探索。不同的师风，也造就了弟子们各异的棋风。

新布局新风正盛，棋界所有的光芒都被吴清源、木谷实两位棋坛双骄所遮掩。两人用前所未见的新下法连战连胜，在大家都赞叹新布局的威力之时，只有一人对此"冷眼旁观"，此者即前田陈尔，他冷静地说："并非是新布局如何优秀，只是木谷实与吴太强大了而已。"

前田陈尔算路深远，力感十足，在诘棋方面更有造诣，被世人誉为"诘棋之神"。其诘棋作品小巧玲珑，颇为精巧，让人一看便有解题欲望，但稍不留神就会掉进他精心设置的陷阱里。

前田陈尔在棋上才华横溢，四段时就和有"怪童丸"之称的木谷实五段相提并论，被称为"鬼童丸"。入坊门后前田陈尔怀揣一腔抱负，励志奋进。他年长吴清源七岁，这一次面对声名鹊起的后者，前田陈尔自然有一番抱负，想要证明自己的心情可想而知。

这局"东西对抗优胜棋战"，两人代表的不仅仅是个人，而是东西两路的一方团体，压力自然不小。

聚精会神，方能全胜。这样两位青年俊才坐于盘侧，即将掀开一局硝云弹雨的对决。

谱1（1—6）

本局吴清源执黑先行，起手落于星位。自新布局日盛且渐成主流，他执黑起手莫不如此。前田陈尔白2竟落子高目，接下来吴清源再占星位，而前田陈尔第4手置于"超高目上"。面对新布局发起人之一，前田陈尔奔放之势不减，不知是对新布局的推崇致敬，还是故作寻衅而为。

开局伊始便有一股疾速强烈的飓风，盘旋于盘端之上，吴清源感受到了。黑5淡淡置于边星位置，构成"三连星"。不过这看似寻常的布局，在那个传统时代却极为新颖少见。白6掷在盘中，势大力足，继续向着黑棋三子的方向进发。此时这黑棋三子仿佛要被左边张牙舞爪的白棋挤到盘外去，一种无形的压迫感隐隐袭来。

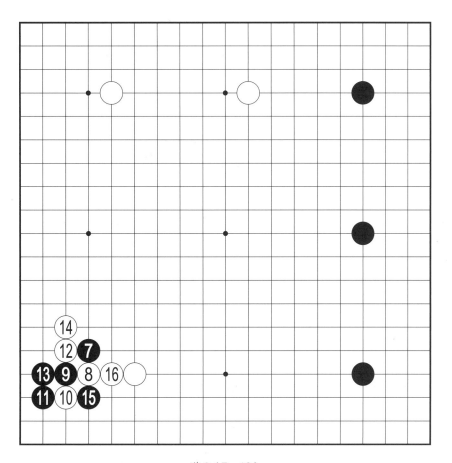

谱 2（7—16）

从对局开始，两人针锋相对的气势就已跃然盘上。

与名人秀哉弈完那局享誉棋坛的"三三·星·天元"对局后，吴清源被秀哉邀请去家中做客。那次秀哉仿若换了一个人，威严的气势不见了，变为一位和蔼的老者，极为热情地招待了吴清源，还邀他下次再来光顾。消息传出，那些想得到秀哉垂青的坊门弟子，心中自有一番翻涌。作为本因坊秀哉门下最杰出的棋手之一，前田陈尔此时更怀着一颗争持之心吧。

面对如此局面，黑棋从左下侵入，白 8 靠下立即引战，黑 9 扳后白 10 连扳。黑 11 连扳后，接下来一本道进行至白 16 粘，白棋将外围黑棋割开，而黑棋转入角部成活。

自白棋布子高位开始，显然是如守株待兔一般，布置下有备而来的"套路"。而吴清源欣然前往，一副悠然从容的表情，丝毫未有犹豫顾忌之色。

黑白二色在角部互相断开，序盘战斗一触即发。

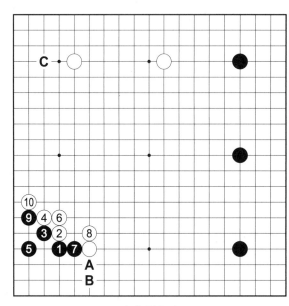

变化图 2-1

"日日新"的人工智能在局部给出更接近"终极答案"的变化。

对超高目进行侵角时，黑占据星位可谓堂堂正正，如此白大致外靠，黑扳虎好应对，至白 10 黑先手得角。后续黑可 A 位扳或 B 位飞，也可脱先他投抢 C 位，如此为简洁定型。

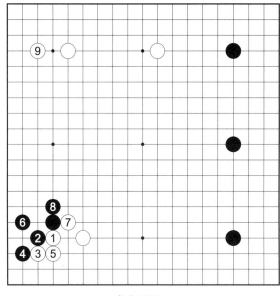

变化图 2-2

实战白靠后角部形成激战，黑 2、黑 4 连扳强烈。不同于实战，白在 5 位粘与黑 6 虎各得其所，亦成一型。

白 9 抢到左上守角，这样将形成各张其阵的另一局面。

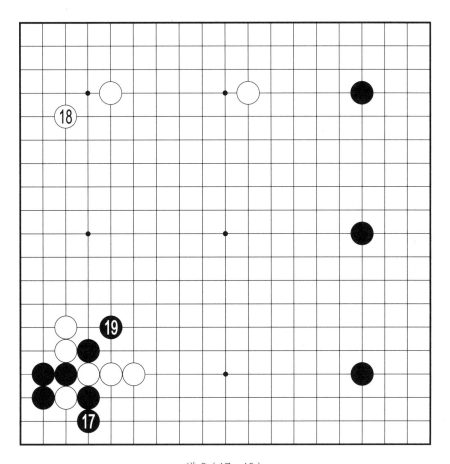

谱 3（17—19）

黑 17 立下，将下方角地补得扎实无比。如以现在目光来看，黑棋更可脱先一手侵入左上，此后白棋若从 17 位反打，黑棋提掉一子后成活虽显委屈，却能抢到上方大场，步伐无疑更快。白棋在左上 18 位飞补。同样是补角之形，前田陈尔却高高撑起一路，像是表达内心的情绪。是什么让前田陈尔行棋如此果敢而迫切呢？或许是因为天才的光芒让他觉得刺目，又或许是背后坊门的门面如同千钧重负压着他。

回头来看，一向以行棋快速著称的吴清源为什么没有脱先侵角呢？

黑 19 的尖出跃于盘端，对以上的疑问做出回答——分断白棋，反手攻击！

寥寥数手，犹如雨后空谷里传来远寺的阵阵钟鸣。"士君子持身不可轻，轻则物能挠我，而无悠闲镇定之趣。"这是《菜根谭》里的一句话，黑 19 这一手，便颇有此意趣。

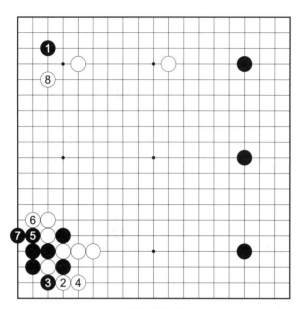

变化图 3-1

AI 推荐黑可左上三三进角。接下来白2打必然，黑3至黑7活角，白虽能兑现先手封角之利，但黑抢到左上亦无不满。

白8飞封后，黑棋将在左上角展开腾挪……

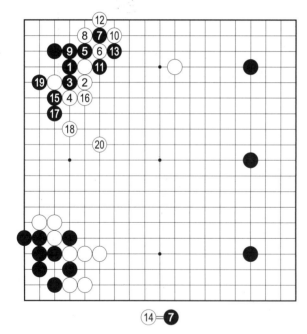

⑭=➐

变化图 3-2

接上图。黑先尖是常用手法，白如挡则黑在黑5、黑7位连扳。

白2退也是强手，以下双方无不用其极，至白20又是一变。至此黑再得一角，白补厚外围，继续形成地势之争。

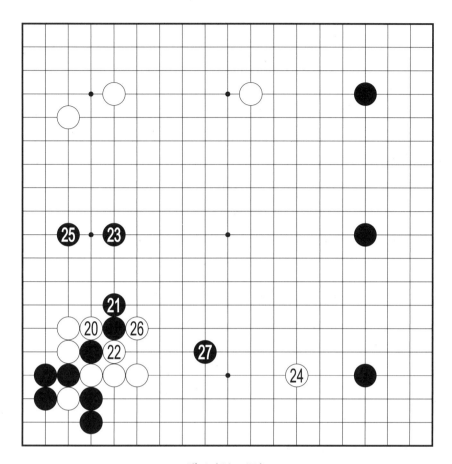

谱 4（20—27）

前田陈尔白 20 打吃，未免稍显急躁。

白 20 打后，棋风如云雀般灵巧的吴清源怎会粘住？若粘成愚形"空三角"，不仅顿显呆滞，还会让整块棋变重，成为对手绝佳的攻击对象。

黑 21 长，这是胸有成竹的一手。此着一出，白棋若再不提掉黑棋，白 20 打吃便显得略失颜面了。

自己打吃的子，含着泪也要提掉。白 22 愤怒提子，将这枚白石掷在棋盘之上，清脆震耳，余音不绝。回头来看，反倒是白棋出现了"空三角""丁四"愚形。

吴清源注目盘侧，蓦地他轻舒宽袖，翘起的指尖将黑子置在盘间五路——黑 23！这一手如同高空飘来的阵阵清风，不激不厉，而风规自远。

前田陈尔不由抬眼看了一眼对面正襟危坐的吴清源——他到底要搞什么？要目没目，要攻击吧看起来对自己又够不成威胁，怪哉！

可是通观全局，一种压力却始终萦绕于盘间的白石——它悄无声息而无踪无影，却以一种肉眼不可见的形式向着盘端外侧散开，从这斑驳的道道纹路中徐徐蔓延，融入他的呼吸，惠及他的周围，让这位坊门大将感到百爪挠心、如坐针毡。

前田陈尔眉头紧绷，难以舒展。他正值盛年，却常年浸淫于胜负之中，额间映出交错的纹路，深刻且明晰。此刻他的耳边回荡起师父秀哉的教诲——难受的地方，就脱先吧！

白24正是无法妥善应对而脱先从右下二间高挂，这一手也富含新布局之韵。通观序盘数着，前田陈尔出手尽是高举高打，是以新布局为圭臬，还是欲以牙还牙、拿新布局对抗新布局呢？吴清源不得而知，也无心揣测。

黑25如空降部队徐徐降落，让前田陈尔愈发不快起来。白26扳出，此处看来看去都是黑棋显薄才是。但他不曾想到，吴清源的下一手，更让他惊愕十分——黑27！

此手在五路空投而下，仿若在空中舞蹈，与白棋虎位的刺正好打个照面。不妨远一些看全局，它凌空阻隔下方白棋的联络，仿佛不紧不松留下余地，实际上却使白棋左右为难。数回合战罢，前田陈尔在高位设的套路，反被吴清源分断攻击，似有自缚之嫌。

通观本谱，黑棋寥寥数着，写意活泼、占尽潇洒，用意皆不可谓不轻灵。

前田陈尔望着盘中错落的黑棋，眉间的纹路更深了……

在 AI 视角下，实战白 20 打吃时，黑 1 看似滞重，却也是 AI 推荐下法！

若视黑棋为棋筋而不舍的话，接下来白 2 扳后，黑 3 至白 6 几乎为必然下法，此后黑 7 夹巧妙，白也毫不退让冲断，一场大战在所难免。

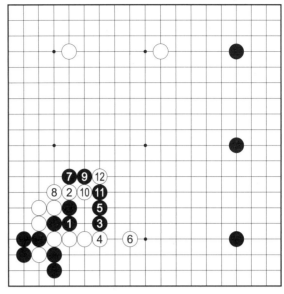

变化图 4-1

接上图。黑 1 靠是行棋步调，接下来白 2 同样施以巧妙一夹。如图形成转换，白吃住外围自无不满。

本图可谓蜿蜒曲折的斗力之作，过程惊心动魄，却极尽缠斗之能。盘上万千之变皆出于心，绝对意义上的"必然"与"不可能"几乎不存在，而以自己的审美方式选择不同的流向，由此蔓延出无尽的"棋风"之别，正是围棋的幽妙之处。

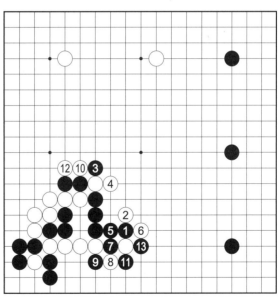

变化图 4-2

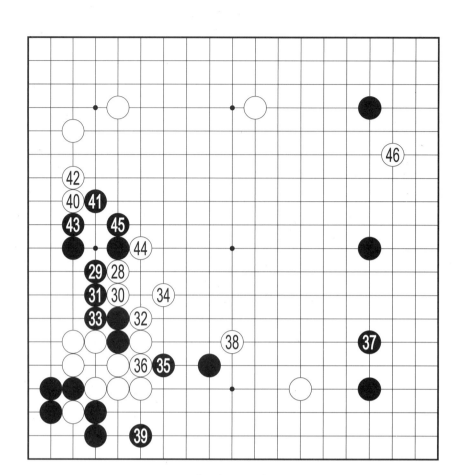

谱 5（28—46）

坊门大将前田陈尔才华出众，能刺激到他的不是什么名利尘土，而是耀眼的天才光芒。是以前田陈尔被这华丽着法所震撼，白28靠入也是激烈无比。接下来为一本道的演绎，白32外打后，白34虎过于稳健。黑35顺手一刺，之后黑37顺手补角，明快之至。通观全盘，左边白龙尚未活净，右边孤子势单力薄，因忌惮对手缠绕攻击，白棋接下来定然马虎不得了。

白38于六路肩冲，乃是前田陈尔施放的"铁腕"强手。吴清源黑39自二路渗入，以柔克刚，五路上的黑二子可弃可取，黑棋行棋依旧是风拂青柳般的轻柔婉转。

下方这两手应接之后，前田陈尔转战左边继续攻逼黑大块。吴清源靠压定型，黑45退如金汤般坚固牢靠，这一步看似滞缓，实为正着。黑棋左边厚实之后，便可放手搏击它处了。左边定型之后，看似待发的战火并未燃烧起来，白棋挂入右上黑角，另辟战场。

实战白28靠，黑虎后，白1扳亦可考虑。接下来黑2挺头，白3粘，双方再次迅速定型。黑4转投右下大场。以后黑如A位出动，白就B位跳出，不辞乱战。

此图对双方而言都是可接受的简明定型。

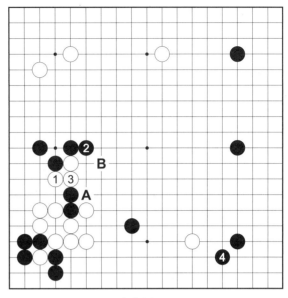

变化图 5-1

黑1靠出试探，也是AI的推荐手段。白2退不予借力为正确应对，此时黑还可3位飞出。

接下来白4在下方挖精巧且严厉，黑5至黑9从容处理，再抽手抢到上方二路侵角，步调颇为快速。

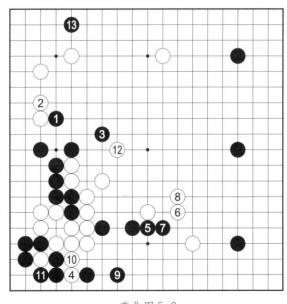

变化图 5-2

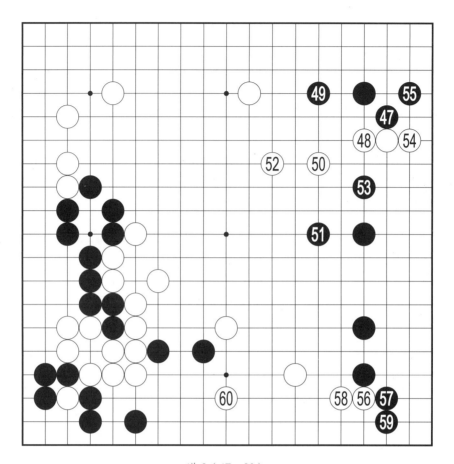

谱 6（47—60）

局面转入右上另开新篇，黑 47 尖顶是必然之着。因边星位有黑棋接应，先尖顶让白形变重再施以攻击是常见的战斗思路。

白 50 小飞，姿态不失柔美。黑 51 跳，白 52 也跳一手，向中腹远奔而去。此后黑 53 拆瞄着白棋联络之弱点，白 54 和黑 55 交换补棋。

右上转战，眼见白棋呈一束长条并无所得，而黑棋取地边角，自得其乐。面临实空紧迫的窘境，想必前田陈尔的眉间皱得更紧了。

右下角是极大之处，若黑棋再抢占到 58 位尖，则右下角地顿成丰饶沃土。白 56、白 58 抢先托退，再回手拆到 60 位抢空，黑棋二子也快被顺道吞并了。

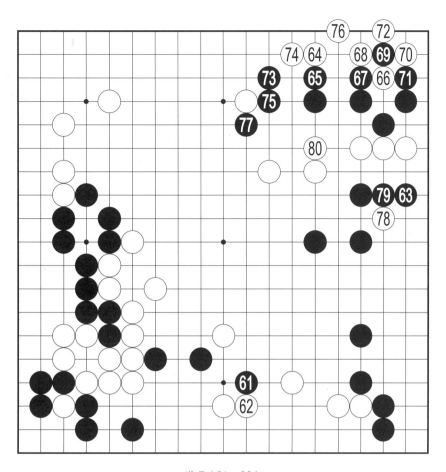

谱 7（61—80）

　　黑 61 飞和白 62 挡交换一手时机正妙。黑棋将下方轻处理的计划已定，而这手交换正是超一流棋士机警之处。接着吴清源拈子径往右边而来——黑 63 二路关起。黑棋于右边空再赚一着，黑空赫然丰裕。

　　前田陈尔发出痛苦的轻吟，这般下去可不成。眼见白棋实空之差愈来愈大，若再不想出应对之着，则无异于温水煮蛙。

　　白棋如何扭转乾坤？穷则思变，经过长考之后，前田陈尔的强手出现了——白 64 掷于右上角中，此手左可联络，右可侵角。黑棋角部三三等位骤然显得空虚起来，乍看之下，黑棋的处境确实相当棘手。然而黑 65 顶是重剑无锋的一着，前田陈尔自然不愿简单从左边连回，趁着角部空虚，白 66 点入三三强横。

　　黑棋又该如何化解呢？此手开始，吴清源以相当平素的着法应对，将对手的凌厉攻势轻松地消弭于无形……

　　吴清源从 67 位冲下，接着黑 69、黑 71 断打是角部常见的定型手法，如此黑可抢先封锁外围。白 72 提一子后，黑棋没有从 74 位简单扳住，而是在 73 位幽然一跳。

棋道之玄妙，深不见底，不同棋手自有其独有的棋风与战法。吴清源以恬静悠然的棋风，不疾不徐而风规自远。这看似简单一手，却尽显吴清源清淡悠远的棋风真髓。

接下来，让我们领略吴清源此手的精妙之处。

黑 73 跳后白棋只有在 74 位长出，黑 75 顺调贴，接下来中腹扳头和攻角必得其一。白 76 倒虎做眼，前田陈尔认为此时固然委屈，也只能如此。

博弈之道贵在新奇，不破不立。黑 77 扳出，一面顺势渗入左方白势，一面对白棋一队并不安全的"小龙"构成威胁。

黑 77 扳后棋形厚实，愈发映衬得下方一带白棋更加薄弱。白 80 并补棋，在此之前，白 78 自右边坚固的黑阵中刺入试探黑棋应手，期待将局面搅得更浑一些。本因坊门的所追慕的棋形之美、步调之畅，此际已是水中月，根本已无暇顾及了。

执白的坊门大将左肩前倾，右肩高高耸起，他将身体探向棋盘，眼睛牢牢盯住棋盘的右上角。而吴清源正襟危坐，一副清逸之姿。此处应对，黑棋无意为之，全在自然之间；白棋欲占角，黑棋便将角部舍予；白棋欲加固，黑棋便顺流而为，厚重地扳出黑 77 即可满足。

局势的天平，已在这一着一式间渐渐倾斜……

实战黑 73 在上方单跳稳健而含蓄，也是此际局面 AI 的首选！吴清源棋步之妙，此一着独见精微。黑 1 如直接扳住虽无不可，但白 2 棒接后黑 3 须补断，白 4 顺势贴下，至黑 11 大致如此。

诚然白角眼位不足，黑吃住白棋目数自然不小，但白棋外围已经走厚，白再抢到 12 位跳补后，白棋左上方一块已颇具规模。白力撑此块以作抗衡，黑角被封也吃不干净白棋，如此尚存胜负之争。

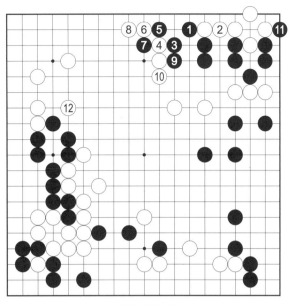

变化图 7-1

上方白棋竭力活棋手段不可谓不精巧，但黑棋弈得高山流水，于平淡中潜藏着对局面精确且深刻的判断。回头再看，白棋并未占到丝毫便宜，反让局势落后了。

相似的一幕也出现在那场令无数人难忘的人机大战。时光转到 2017 年 5 月 27 日，中国乌镇围棋峰会人机大战三番棋的第三局。柯洁拿到喜欢的白棋，开局在右下二路侵分遭到 AlphaGo 脱先。此后白 1 点入角部，以下尽情观赏双方近乎极致的表现。至黑 46，AI 将右下角大方舍予白棋后局面已明显领先，与吴清源此局不谓异曲同工耶？

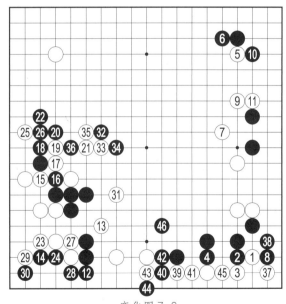

变化图 7-2

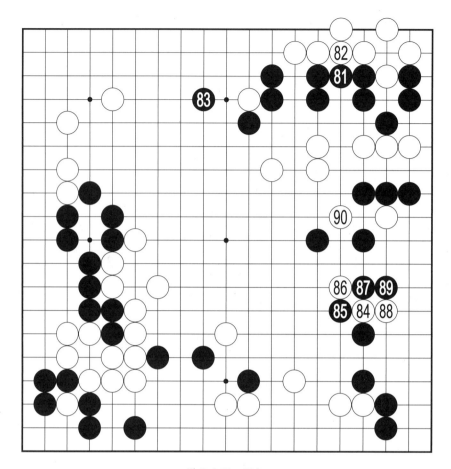

谱 8（81—90）

黑81与白82交换一手后，黑83飞入上方。这一带的处理，黑棋端正步伐，徐徐推进。

反观白棋，右上角委屈成活，还有条小龙尚未安顿，却眼见着黑棋踏入上方白棋的大本营之中，只能心中喊苦，徒唤奈何。

身陷困境中的白棋，如何在右边黑空中翻江倒海呢？白84碰在黑阵中奋力一搏！黑棋强手扳住，待白86扳时，再黑87、黑89两手重力打下。

白棋以少敌多，棋形已是支离破碎。白90刺，前田陈尔咬紧牙关，于已近无望的盘中寻觅着丝丝生机。

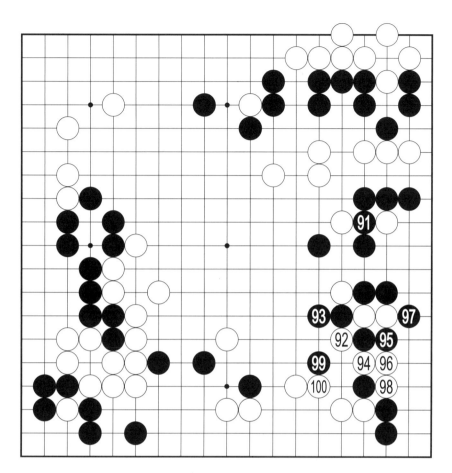

谱 9（91—100）

黑 91 稳稳粘牢，白 92 再启动下方的作战计划，这一切黑棋早已洞若观火。

白棋舍弃二子，换得冲破黑角。不过黑棋拔掉二子后已然厚如龟甲，右边一队白孤子愈发显得岌岌可危。

下方黑角尚存手段，不过执黑棋的吴清源积攒的厚势一旦确立，将稳步推进把优势转为胜势。现在的局面，成了吴清源一个人的表演。

前田陈尔此际眉间的纹路更深了。而吴清源注目着左上方空旷的白角，正构思着一个宏大的计划。

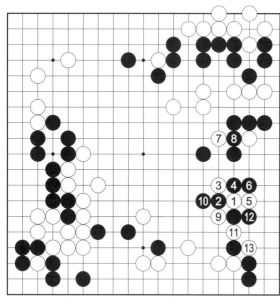

变化图 9-1

不过，白1自靠下开始，双方的应对可谓行云流水，至黑12打为止，竟与AI的推荐不差分毫，局部的战斗表现出了双方极高的棋艺水准。

不过，AI推荐白13应如图打吃，这又是何缘由呢？

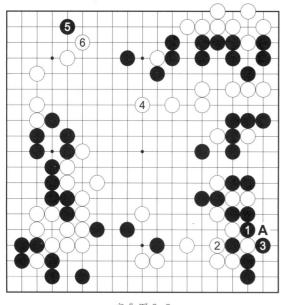

变化图 9-2

接上图。此后黑1打，白2提，黑3再打几乎为必然，白得到先手可以从4位跳出头，以下黑5脱先打入左上，黑6小尖紧紧攻杀。

上方战斗略去，单看下方。白虽然相比实战获利变小，但得到先手照顾弱子，同时右下还保留着A位打的劫争，白此变或许更为合理。

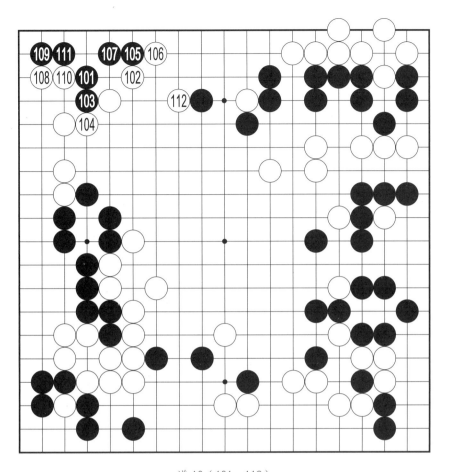

谱 10（101—112）

下方简单处理后得到先手，面对大优局面，吴清源内心平静似水。他像仙士一般揣度着局面，洞彻着盘端的种种玄机。

终于出手了，只见吴清源拈起黑子，手指带风，黑 101 打向盘间左上角。

白棋正常应对已无法吃黑，前田陈尔左思右想，白 102 可谓不得已而为之的苦手，借着右边围棋尚未完全活净，以图攻击右上一队黑子。

白 112 碰，本该补断的白棋往右边延伸，步伐变得激进而愤怒。绝境下的前田陈尔把这一手当作救命稻草，他稳稳将右上黑龙当作猎物，尽管他深知右边白数子已是伤痕累累。

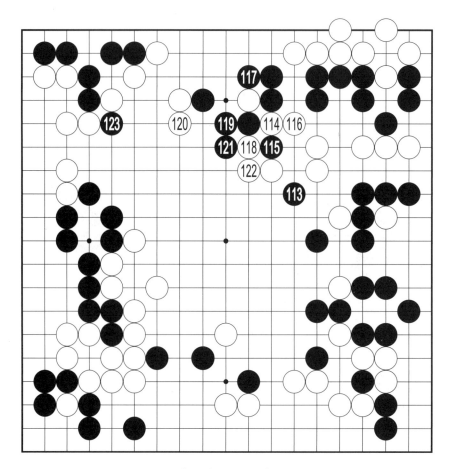

谱 11（113—123）

黑 113 刺白眼位，反守为攻。白 114 断是小巧的反击，劣势下的前田陈尔极为顽强。

白棋巧手吃住黑 115 一子。白 120 强撑棋形，并堵住黑棋，至白 122 粘，黑棋得先手。

吴清源仰头长思，双目如炬，一枚黑子已落在盘上。

黑 123 断，正中白形要点。坊门大将眼中的那团熊熊激燃的火光顿时熄灭了。

这一带的演变，以及黑棋抢得的这手断，似乎一直在吴清源的计划之中。倘若白棋不能擒拿此子，那么局部必然大受苦头，实空差距将进一步拉大。

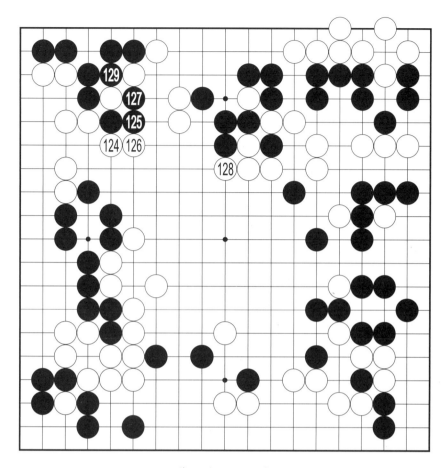

谱 12（124—129）

白 124、白 126 贴出，黑 127 打吃后黑棋已经连通。白 128 再拐，心情已是痛苦之极，黑 129 简单一提，落在笥盖中的蛤碁石发出清脆的声音。

望着这百余手棋，前田陈尔竟笑了。他将一枚黑子置于盘端，苦笑着摇头，这是委婉表示"我不行了"的方式。

前田陈尔虽然怀揣着一腔激斗的烈火，但是被通盘压制，最后也只能草草结束了战斗。倒不是因为弈出什么特别的错着，但通观整盘，形势就在这不知不觉间，渐行渐远了。

不是大杀局的惨负或是微弱劣势的惜败，而是眼见差距越来越大却始终无法追赶，这样的失败方式，是最让人难以释怀和接受的。棋士之痛，莫过于此。

吴清源淋漓的战法，惊奇的步调，再一次深深刻在前田陈尔的心中。"并非是新布局如何优秀，只是木谷实与吴清源太强大了而已……"一局战罢，这样的观点或许更为强烈了。

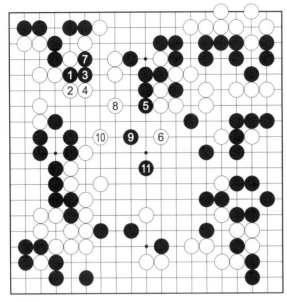

变化图 12-1

黑1断也是AI的推荐之着，此手严酷无比，白只能2、4位贴住应对，黑5再抢先贴出头，白6不得不跳入上方，黑9飞，白10尖，黑11再飞后，右边一队白子也危如累卵。

此图还潜藏着白棋分断反击的手段。相较此图，实战吴清源采取了更为柔和的处理。

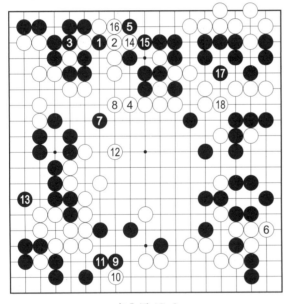

变化图 12-2

最后，如果黑从1位打，不是吃的更多吗？这恰恰是白棋最期待的，如此白2顺手打，再4位长出，黑还需要补活右上大块棋，白再抢到6位吃厚角部极大。

双方应对至白18，白落后的局面将大幅缓和，局面虽不至于反转，但毕竟有了一线生机。是以实战黑从3位提，洞见一切玄机，幻灭了白棋的最后希望。

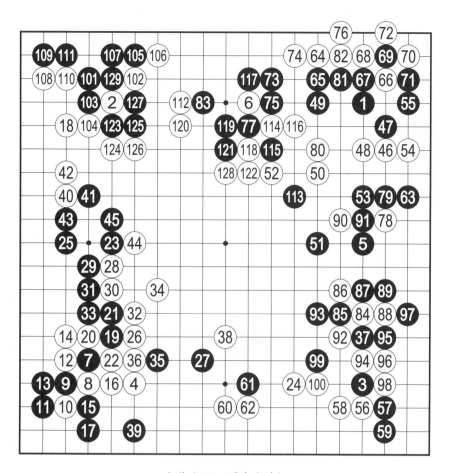

全谱（129，黑中盘胜）

通过这一局，吴清源展现出强大的掌控之能，令前田陈尔叹为观止。这位坊门大将深刻地感受到，所谓天才，在某些方面的强大是不可思议的，也是无解的。吴清源以肉眼可见的速度成长并壮大起来，向着棋道之路奔袭飞驰，并远远地甩开紧追其后的人们。

"东西对抗优胜棋战"以吴清源中盘战胜前田陈尔而告终，开局坊门大将即以新布局邀战，吴清源自是承受着巨大的压力。不过多年以后，当曾经的胜负渐渐退却，一些惊奇的传言方才浮出水面。

据说在本因坊秀哉和吴清源的"世纪之战"中，秀哉弈出的那手起死回生的绝妙手（见第七章第14谱），就是其弟子前田陈尔发现的。当时，本因坊秀哉和吴清源正值中后盘鏖战之时。经过打挂一周之后，秀哉一开场，便亮出那震惊世人的一着。

十几年后，时任日本棋院理事长的濑越宪作在一次座谈会中，在事先说明

"不能发表"的前提下，提到的那一着妙手实际上是出自本因坊弟子前田陈尔四段之手。但是记者不遵守口头约定，在第二日便将此话公布于报纸，引起巨大舆论。坊门棋手愤愤不平一致抗议，迫于压力，濑越宪作只好辞职。

许多年后，本因坊门下弟子高桥重行回忆道："160那手棋，是前田陈尔在睡下后，突然起身，他大叫发现了好手！"而同为本因坊门下的村岛谊纪则回忆说："那是大家一起摆出来的，不一定是前田陈尔一个人发现的，秀哉老师只是在旁边看着。"

不管怎么说，都证明吴清源的恩师濑越宪作所说的绝非妄言。那一着鬼手，也浸透着"鬼童丸"的深远心机。

一直以来，在吴清源的棋路当中，人们会感到他似乎随时都打算寻求变化，但是却又看不到任何确定的东西。天纵棋才的他总有源源不断的创造力，这种虚无缥缈的特质，引领着新布局之风激扬漫天，所向披靡 。

昭和年间的大幕徐徐拉开，等待着一位棋士全盛时期的到来……